铁路运输安全管理

主　编　秦　进
副主编　李　亚　高桂凤

中南大学出版社
www.csupress.com.cn

高等院校交通运输类十二五规划教材

编 审 委 员 会

总序

交通运输业是国民经济体系的重要组成部分，也是促进国民经济发展的重要基础产业和推动社会发展的先决条件。在最近的 30 年里，我国交通运输业整体上取得飞速发展，交通基础设施、现代化运输装备、客货运量总量和规模等都迅猛扩展，大量的新技术、新设备在铁路等交通运输方式中被投入应用。同时，通过大量的交通基础设施建设，特别是近年来我国高速铁路的不断投入使用，使我国的交通供需矛盾得到一定的缓解，我国交通运输网络的结构也得到了明显改善，颇具规模的现代化综合型交通运输网络已经初步形成。

我国交通运输业日新月异的发展，不仅对专业人才提出了迫切的需求，更使其教材建设成为专业建设的重点和难点之一。为解决当前国内高校交通运输类专业教材内容落后于专业与学科科技发展实际的难题，由中南大学出版社组织国内交通运输领域内的一批专家学者，协同编写了这套交通运输类"十二五"规划教材。参与规划和编写这套教材的人员都是长期从事交通运输专业的科研、教学和管理实践的一线专家学者，他们不仅拥有丰富的教学和科研经验，同时还对我国交通运输相关科学技术的发展和变革也有深入的了解和掌握。这套教材比较全面、系统地介绍了目前国内交通运输领域尤其是高速铁路的客货运输管理、运营技术、车站设计、载运工具、交通信息与控制、道路与铁道工程等方面的内容，在编写时也注意吸收了国内外业界最新的实践和理论成果，突出了实用性和操作性，适合大中专院校交通运输类以及相关专业的培养目标和教学需求，是较为系统和完整的交通运输类系列教材。该套教材不仅可以作为普通高校交通运输专业课程的教材，同时还可以作为各类、各层次学历教育和短期培训的首选教材，也比较适合作为广大交通运输从业人员的学习参考用书。

由于我们的水平和经验所限，这套教材的编写也有不尽如人意的地方，敬请读者朋友不吝赐教。编者在一定时期之后会根据读者意见以及学科发展和教学等的实际需要，再对教材进行认真的修订，以期保持这套教材的时代性和实用性。

最后衷心感谢参加这套教材编写的全体同仁，正是由于他们的辛勤劳动，编写工作才得以顺利完成。我们还应该真诚感谢中南大学出版社的领导和同志们，正是由于他们的大力支持和认真督促，这套教材才能够如期与读者见面。

田红旗

前　言

　　长期以来，铁路都是我国国民经济的大动脉，其主要任务是将旅客和货物安全、快速地运送到目的地，铁路运输的地位和任务就决定了它必须将安全放在工作的首要位置，"安全第一，预防为主"也一直就是我国铁路运输系统的安全管理方针。

　　"铁路运输安全管理"课程是铁路运输专业一门非常重要的专业课程，在铁路运输人才的培养体系中占有重要地位，其主要内容是阐述如何将安全系统工程的思想应用于铁路运输安全工作。本教材在编写过程中，在充分参考我国既有有关国家法律、法规和有关铁路规章、国家相关工作标准等内容的基础上，注意结合国内外铁路运输行业发展的实际情况，将近几年来国内外新出现的安全管理的新方法、新理论和新技术纳入教材主要内容，并对高速铁路安全保障系统进行了阐述和分析，充分体现了教材的先进性、科学性和系统性，适用于铁路大中院校铁路运输专业学生进行专业学习，也适用于铁路运输现场中有关在职人员的培训。

　　本书由中南大学秦进博士主编，石家庄铁道大学的高桂凤老师、郑州铁路职业技术学院李亚老师完成了其中的部分章节内容，同时在书稿的完成中还有幸得到了清华大学、北京交通大学、西南交通大学、西华大学和广州交通职业技术学院等学校多位教授和博士提供的大力支持和帮助。

　　铁路运输安全管理内容非常广泛，本书是从铁路运输安全的相关基础理论出发，对铁路运输安全管理的相关问题进行了比较系统的阐述，其中涉及了安全管理理论、方法和技术等多个方面。由于作者水平有限，在编写过程中难免有所疏漏和缺陷，敬请专家和广大读者不吝批评指正。在编写中，我们还参考了很多有关的资料和书籍，从中得到了很多启示，在此向有关作者一并表示衷心的感谢。

编　者

目　录

第1章 绪 论

1.1 安全在铁路运输管理中的地位

我国是一个典型的大陆性国家，经济联系和相互交往跨度大，需要有一种强有力的运输方式将整个国家和国民经济联系起来，同时引导和促进其他运输方式的发展。铁路最显著的特点是载运质量大、运行成本低、能源消耗少，既在大宗、大流量的中长以上距离的客货运输方面具有绝对优势，而且也在大流量、高密度的城际中短途旅客运输方面具有很强的竞争优势，是最适合我国经济地理特征和人们收入水平的区域骨干运输方式，这也决定了铁路在我国运输市场中应居于主导地位，因此铁路是我国重要的基础设施、国民经济的大动脉、交通运输体系的骨干，安全、准确、迅速、经济地输送旅客和货物是铁路的职责。

运输安全是运输生产系统运行秩序正常、旅客生命财产平安无险、货物和运输设备完好无损的综合表现，也是在运输生产全过程中为达到上述目的而进行的全部生产活动协调运作的结果。铁路运输作为现代社会主要的运输方式之一，确保运输安全是第一要务，安全是整个运输工作的核心。铁路运输生产的根本任务就是把旅客和货物安全及时的运送到目的地，但是铁路是一个大联动机，具有高度集中、半军事化、各个工作环节紧密联系和协同动作的特点，铁路运输工作是一个由互相联系、互相影响的多部门、多单位所组成的完整的系统，在这个系统中，各部门、各单位、各工种间的紧密联系和协调一致对于保证铁路运输安全有着决定性的意义。因此，铁路运输生产的作用、性质和特点，都决定了铁路运输必须把安全生产摆在各项工作的首要位置。

1.1.1 安全在铁路运输管理中的地位

1. 安全是铁路运输适应经济和社会发展的先决条件

铁路是我国主要的现代化交通工具，我国有超过70%的人出行时会首先选择铁路，因此铁路运输行业对经济、社会和科技发展、满足人民物质和文化生活需要起着重要作用。作为国家的基础设施，铁路运输安全既保证了国家重点物资、重要工程建设、重大科研基地及军事运输的需要，也为地方区域经济开发、招商引资和科技发展带来了生机和活力。作为公益服务事业，铁路运输安全保障了人民生命财产不受伤害和损失，提高了广大人民群众的生活质量。随着国家经济体制改革步伐的加快，铁路作为国民经济的大动脉，如果发生事故，特别是重大、大事故，造成行车中断，甚至造成车毁人亡的严重后果，无疑将会给人民带来不幸，给国家造成巨大损失。

事实证明，铁路运输安全的可靠程度，不仅直接关系到我国社会主义市场经济的健康发展和改革开放的进程，而且直接影响社会生产、社会生活和社会的安定，甚至影响国家的声誉和形象。

2. 铁路运输安全的特殊地位是由铁路运输生产的特点所决定的

铁路运输的安全问题，有着与其他运输方式不同的特征，这主要是由于铁路运输是在特定的线路上运行，运输的技术组织具有"大联动机"特性，需要车机工电辆多部门的协同配合；由于运输生产的"结合部"较多，所牵扯的生产工种较多，因而安全工作的难度相对较大。另一方面，随着运输市场的不断发展，各种运输方式的竞争在不断地加剧，运输管理体制、经营机制、利益分配等也在发生深刻的变化，也增加了铁路运输生产安全的复杂性。概括起来讲，铁路运输安全工作的特点主要体现为连续性、动态性、开放性、伴随性、高风险性及系统性等6个方面。

（1）连续性。它要求铁路运输生产的产品即"位移"必须以安全作为保证。如果某一生产过程发生了事故，造成位移过程的中断，也就是运输产品生产过程的中断，就等于生产出了"废品"或"次品"。铁路运输生产的各个部门、各个环节是环环相扣、缺一不可的，只有协调一致，才能保障运输生产的正常进行，任何一个环节发生事故都会影响一条线甚至一大片，波动范围很大。

（2）动态性。是指运输生产"位移"过程中处于时空的巨大变换之中，不可预料的因素很多，所以要求每位职工都要把安全放在第一位，不能发生任何差错，稍有不慎，就会造成不可挽回的巨大损失。

（3）开放性。铁路运输生产属于全天候作业，受外界干扰的因素较多，又是露天的环境，受自然条件的影响较大，只有在确保安全的前提下，运输生产才能不间断地进行。它要求每名职工都要忠于职守、坚守岗位、尊规守纪、全神贯注，不能有任何疏忽。由此可见，保证安全是由铁路运输生产自身的特点所决定的，是其内在的客观要求。

（4）伴随性。安全依附于生产而存在，只要有铁路运输生产活动，运输安全问题就必然会发生；从另一角度看，由于市场机制的作用，企业间的竞争性在不断加剧，伴随竞争而引发的不安全隐患也在不断增加。

（5）高风险性。随着现代科学技术的发展，铁路运输生产活动广泛采用高新技术，客运高速化、货运重载化正使铁路各种技术系统的复杂程度在增加，而相应的安全事故的风险性也在随之增加，铁路运输安全工作的艰巨性越来越大。

(6) 系统性。铁路运输系统是一个开放系统，安全问题涉及铁路运输生产的各个环节，以及铁路运输技术系统的各个方面，包括人员、设备、环境、管理等诸多因素，需要用系统工程的方法加以分析、综合和处理，才能收到更好的效果。

3. 安全是铁路运输产品最重要的质量特性

铁路运输业是一个从事社会化运输的物质生产部门，运输是生产过程在流通过程中的继续。运输生产的全部意义就在于有计划、有目的、有成效地实现旅客和货物空间位置的移动，"位移"即为铁路运输的产品。产品的数量以吨公里、人公里(或换算吨公里)计算，产品质量特性包括安全、准确、迅速、经济、便利和文明服务，其中安全最为重要。

就货物运输而言，任何企业的产品只有从生产地安全运达消费地后，才能实现其使用价值，产品的整个生产过程才算最后完结，运输产品"位移"的质量和社会价值也同时得到体现。"位移"这种产品既不能贮存，也不能调剂，它在运输生产的同时就被消费掉了。如果在发站、到站或途中因安全得不到保证，导致物毁损失的不仅是物质生产部门，而且因铁路无法向社会提供运输产品而造成的巨大损失必然使铁路经济效益下降。如发生旅客列车重大伤亡事故，其后果更不堪设想。安全不好，路无宁日，安全已成为铁路运输的生命线。

4. 安全是铁路各项工作质量的综合反映

铁路运输车站多、线路长、分布广，其运输生产系统是由机务、车务、工务、电务、车辆、水电等部门构成的，它犹如规模庞大的"联动机"昼夜不停地运转，自然条件复杂，作业项目繁多，情况千变万化。安全工作贯穿于运输生产全过程，涉及每个作业环节和人员。只要有一段路基、一根钢轨、一台机车和一辆车辆关键零部件，一架信号机发生故障或损坏，一个与运输生产直接有关人员的瞬间疏忽、违章作业、操作失误，就会造成行车事故、货运事故或人身伤亡事故。因此，在铁路运输生产过程中，各部门、各工种人员必须遵章守纪，才能确保旅客和货物运输安全。

5. 安全是加快铁路改革与发展的重要保证

加快铁路改革与发展，必须要有一个稳定的运输安全局面。如果安全形势不稳，不断发生事故，势必打乱运输秩序，干扰总体部署，分散工作精力，社会舆论也会反映强烈，铁路工作就会处于被动状态，铁路改革与发展就失去了重要前提与基础，难以顺利进行。铁路走向市场，更需要确保安全、提高运输产品质量，树立良好的运输企业形象。

若铁路运输安全质量下降，必然会损害企业形象，从而阻碍或延缓铁路深化改革、全面走向市场的进程。面对日趋灵活多变的市场需求，铁路通过运输管理体制、组织方法、经营方式的改革，努力从粗放型经营向集约型经营转变，重载、高速（提速）及多元化经营带来的运输安全问题日益突出，安全已成为影响市场竞争实力的"当头炮"。没有稳定的安全形势，就没有铁路大联动机的高效正常运转，就难以使铁路运输优势和铁路运力资源得以充分发挥。不仅如此，发生事故本身就是对运输生产力的破坏。所以，铁路越是深化改革、加快发展、走向市场，越要强化安全意识，搞好安全生产。

6. 安全是法律赋予铁路运输的义务和责任

《中华人民共和国铁路法》（简称《铁路法》）是保障铁路运输的法律手段。为了保证铁路运输的安全畅通，避免事故的发生，《铁路法》规定了一系列法律规定和措施。其中，有关条文明确指出："铁路运输企业应当保证旅客和货物运输的安全，做到列车正点到达。""铁路运输企业必须加强对铁路的管理和保护，定期检查、维修铁路运输设施，保证铁路运输设施完好，保障旅客和货物运输安全。"这就从法律意义上规定了保障客货运输安全是铁路应尽的职责和义务。从法律角度讲，旅客和货物托运人（当事人）与铁路运输企业之间的关系是合同关系（合同形式是客票和运单）。当事人支付费用后，运输企业向其提供运输产品，彼此的权利和义务对等。如果铁路运输企业因人为事故不能保证旅客和货物运输安全，不仅违背了当事人的意愿，损害了他们的权益，而且也违反了《铁路法》的规定。对有关运输安全方面的法律，全路广大职工应知法守法，树立"遵章守纪是光荣、违章违纪法不容"的思想，并结合事故案例教育，真正做到忠于职守、安全生产。

在我国，党和国家一贯高度重视铁路运输安全工作，多次强调指出："铁路一定要把安全运输放在第一位"，"要把安全作为铁路运输的永恒主题"。经过长期实践和科学总结，"安全第一、预防为主"已成为我国铁路运输安全管理方针。

1.1.2 铁路运输中安全与效率的关系

长期以来，铁路各级管理人员也都将运输安全摆在重中之重的位置，提出了"安全第一、预防为主"、"安全是铁路永恒的生命线"、"安全为了生产、生产必须安全"等一系列体现安全重要性的耳熟能记的口号。正是因为铁路运输在国民经济发展中所处的地位和其关系到广大人民群众生命财产安全的基本属性，决定了安全必须摆在铁路运输生产的首位。

铁路运输作为一种运输方式，铁路局作为一个运输企业，在从计划经济向市场经济转变的历史大潮中，在与其他运输方式竞争日益激烈的今天，如何在保证安全的前提下，提高运输效率，进而提高运输效益，是关系到铁路运输生存与发展的关键问题。

牢固树立"安全第一"的思想是正确处理安全与效率、效益关系的根本保证。

效率一般是指单位时间内所完成的工作量，效益主要包含社会效益和经济效益。运输生产的目的是不断满足国民经济发展和人民生活提高的需求，安全没有保证或效率低下都不能实现"人民铁路为人民"的宗旨，应力求达到安全与效率的辩证统一。尤其是要将安全和效率看成是一个统一的有机整体，安全形势的良好为提高效率创造了条件，效率提高后又能更好地为安全提供物质保障。

铁路运输企业具有公益企业的性质。公益企业最主要的特点是它的一切生产和经济活动，首先考虑社会效益，然后才是它自身的经济效益。由此可见，铁路运输企业从国家、人民和自身利益出发，需要不断提高运输效率和经济效益，以获得社会效益和自身持续发展的条件。但是，安全状况不好，运输生产效率就失去原有的意义；生产效率不高，运输安全的根本目的也难以达到，只有在安全的基础上提高效率，才能使社会效益和经济效益两全其美成为现实；"安全第一"的意义和作用也才真正落到了实处。

"安全第一"是安全与生产或工作效率、经济效益相比较的结果。因为安全是运输生产效率和效益的前提和保证，有了安全，运输生产才能有序进行，才会带来效率和效益。特别是当安全与生产发生矛盾时，生产要服从安全，更要坚持"安全第一"的位置不动摇、不移位，防止把安全与生产对立起来的倾向。那种安全不好抓安全而不顾效率、效率不高抓效率而忽视安全的做法得不到有效遏制，必然会造成生产上不去，安全不稳定，铁路运输整体工作下滑的严重后果。

铁路运输中安全与效率的辩证关系主要体现在以下两个方面：

1. 安全是效率的基础

在铁路运输生产过程中，安全与生产效率是相辅相成的统一体。安全是生产效率的前提、基础和保证，生产效率寓于安全之中，没有安全，生产效率就无从谈起。一旦发生重大事故，不仅意味着人民的生命和社会劳动成果的丧失，而且也使铁路运输的具体劳动成为无效劳动。生产效率是安全的目的，安全是实现这一目的的手段。

一方面，从确保铁路运输畅通无阻、充分发挥运输能力的角度看，安全是最基本的效率。据近10年来的有关资料统计，我国对铁路日均需求的总运量为7～7.5万车，而铁路运输能力在正常情况下，只能满足4万车左右。近几年来，随着铁路建设的发展，运能运量的矛盾总体上有所缓解，但在一些繁忙区域的铁路运输能力仍然严重不足，以能定运、以能限运的情况仍然存在。解决运能运量矛盾不仅要靠增加投资扩大运输能力，更重要的是要靠安全正点、畅通无阻，保证铁路运输的正常运转，向安全要效率、要运能。如果发生事故，造成行车中断，则会造成运能大量浪费，运输效率下降。另一方面，即使在运能需求比较平缓的情况下，同样要保证安全。因为一旦发生事故，不仅造成设施设备的破坏，还要投入大量的人力物力予以救援；并且打乱运输秩序，造成列车晚点甚至停运，给铁路运输市场信誉造成无法估量的损害。

可见，安全是最基本的效率。没有了安全，就没有铁路运输的高效正常运转，就难以充分利用运力资源，更谈不上生产效率。例如，美国 CSX 铁路公司就特别提出"安全即是效率，安全即是效益"，该公司不仅从物质上和制度上保证安全生产，而且授权每个职工可以拒绝不安全的工作，大大减少了无效成本。

因而，铁路运输企业必须把安全放在第一位，消灭事故，保证畅通，最大限度地发挥运输能力，向安全要能力，向安全要效率。

2. 效率是安全的目标

运输的最终产品是人或物的位移。铁路运输需要固定资产、人力、材料、能源的大量投入。提高运输生产的效率，有利于降低运输成本，加快设备的利用效率，使铁路运输在市场竞争中更有竞争力。安全是运输的前提，只有保障运输生产的安全可靠进行，才能提高效率。

提高运输能力，降低综合成本，安全、高效是铁路运输一贯追求的目标。保障行车安全，则是提高运输能力和效率的先决条件。离开效率，片面地讲运输安全就失去了应有的意义。富有效率的运输生产，才能更好地完善和改进生产过程和生产设施，更好地强化安全。

铁路运输安全生产是一个动态的过程，影响安全的各种因素、内外部环境在不断发展变化。但铁路运输安全管理的方式方法没有大的差别。我们应当根据铁路运输市场新的环境和特点，积极探索和创新安全管理机制。以贯彻 ISO9000 系列标准为契机，建立健全各项安全管理机制；实现安全的有序可控、稳定，使铁路运输安全工作真正落到实处，实现安全、效率和效益的统一。

很多铁路运输企业正确处理了安全与效率、效益的关系，在运输生产中领导干部带头，整顿干部作风，突出重点，综合治理，提高职工队伍素质和运输设备质量，建立健全规章制度，加强安全监督，不断取得运输安全好成绩。"十一五"与"十五"同期相比，我国铁路重大、特大事故减少约68件，减幅为27.1%；百万机车总走行公里重大、大事故率由 0.02 件降为 0.012 件；险性事故减少 512 件。而多年来，由于在运输组织和运输经营方面加大了投入和改革力度，使我国的铁路运输产品结构和运输市场营销有了突破性进展，取得了显著的经济效益和社会效益。这都说明安全与效率并非势不两立，二者和谐统一的关键在于认识上不能有偏差，措施上必须有保证，才能把安全生产搞得更好。

安全不仅本身是效益，而且是实现铁路整体效益的基本保证。要实现铁路工作重点转到以提高质量和效益的轨道上来，铁路运输生产部门的各级领导和广大铁路职工必须把安全生产作为头等大事抓紧抓好，用科学的态度和方法处理好安全与效率的关系，保持铁路运输长治久安的局面，以适应国民经济和人民生活日益增长和提高的需要。

1.2 我国铁路运输安全现状

铁路运输生产是在全国纵横交错的铁路网上进行的。截至 2010 年，全路一共有 18 个铁路局(包括铁路集团公司，以下同)；拥有几万公里线路，数千个车站，几百万铁路职工，配备有大量先进的技术设备；每天有几万台机车和几十万辆货车、客车，编成数以千计的各种列车昼夜不停地运行。整个运输生产活动主要有客运作业、货运作业和行车技术作业，相应地铁路运输安全主要包括行车安全、货运安全、客运安全、人身安全、设备安全和路外安全等。其中铁路行车安全在运输安全中最为突出。因为人员伤亡、货物损毁、设备破坏等大多数损失是因为行车事故而造成的。行车安全状况好，旅客和货物运输的安全可靠程度就高，反之亦然。因此，我国铁路在评价运输企业安全工作好坏时，一般采用无重大、大事故天数以及行车事故率等指标来衡量。一般地说，考察分析铁路行车安全状况，就足以反映铁路运输安全的基本情况。

1.2.1 我国铁路行车安全现状

近 20 年以来，我国铁路行车安全状况经历了一个起伏不定的动态变化过程，其间，有许多综合治理确保安全的成功经验，也有一些触目惊心、损失惨重的事故教训。它们从正反两个方面留给我们众多的思考，为我们提出了许多亟待解决的问题。

自 1993 年以来，铁道部在全路范围内，围绕干部作风、职工"两纪"、规章制度、设备管理和班组建设等问题，深入开展了安全基础整顿和基础建设，使安全基础得到加强、行车安全周期延长。1996 年 5 月 21 日 18 时，全路首次实现了 100 天无行车重大、大事故的运输安全百日，1997 年一季度连续实现了三个安全月。但是，在成绩面前，有些单位领导和职工产生了松懈麻痹和盲目自满情绪，全路运输安全进入四月份后严重滑坡。尤为严重的是 4 月 29 日，在京广线荣家湾车站内，发生了震惊中外的 324 次旅客列车与停站的 818 次旅客列车追尾冲突的特大事故，造成 324 次旅客列车机后 1 至 9 位颠覆，10 至 11 位脱轨，818 次旅客列车机后 15 至 17 位(尾部 3 辆)颠覆，共造成死亡 126 人，重伤 48 人，轻伤 182 人，机车报废 1 台，客车报废 11 辆、大破 3 辆、中破 1 辆、小破 1 辆、线路损坏 415 m，直接经济损失 415.53 万元(当年价格)，给国家和人民生命财产造成了极为惨重的损失，同时还在国内外造成了恶劣的负面影响。

进入 21 世纪以来，随着各种新的设备和技术在铁路运输上的应用，大大地提高了铁路运输系统的安全水平，但是尽管如此，各类铁路运输事故，包括重大事故仍然时有发生，其中尤为突出的有 2008 年 4 月 28 日发生的胶济铁路列车相撞特大事故，造成 72 人死亡，416 人受伤，一辆机车严重受损，14 节车厢报废，另外还有 648 m 铁路线及部分牵引供电设备损坏，胶济铁路也因此中断运行共 21 h 22 min；2009 年 6 月 29 日，在京广线郴州火车站内，发生列车侧面相撞事故，造成 3 人死亡、58 人住院治疗。这些事故的发生都与铁路系统的安全管理工作失误有关，相关责任人员也都受到党纪国法的严惩。

近年来，高速铁路和客运专线的大量投入运营，对铁路运输安全管理工作提出了新的更高要求。全路在"规范管理、强基达标"工作中，运用科学管理方法（如全面质量管理、ISO9000 系列标准等），努力构建规范科学的安全管理体系，全面加强安全基础建设，达到了安全有序可控、基本稳定的目的。近年全路运输安全取得了事故件数减少、安全周期延长的好成绩。

近几十年来的经历说明，尽管铁路各部门、各级领导和广大干部职工为运输安全生产付出了许多的心血，做了大量的艰苦细致的工作，使铁路行车安全技术和管理不断改善和进步。但运输安全形势仍不稳定，波动、反复性较大，损失严重的列车重大、大事故时有发生，旅客列车伤亡事故仍未杜绝，货物列车险性事故和一般事故层出不穷。"抓一下好一阵，抓不紧就反弹"的现象客观存在，安全生产的主动权还未牢牢掌握住。铁路运输安全是一个长期而艰巨的任务，不可能一劳永逸地解决，需要在努力完成运输生产任务的同时，居安思危、坚持不懈地抓紧务实、做好各项安全工作。

1.2.2 综合治理、确保安全的铁路运输安全管理经验

影响运输安全的因素复杂多变，各种事故可能会以不同形式出现。但是，遵循铁路运输生产的客观规律，依靠科技进步和发展，把安全经验管理上升到安全科学管理，就一定能够做到防患于未然。长期以来，我国铁路主管部门和运输企业，组织广大干部和职工根据形势发展和条件变化，进行开创性的工作，总结出许多好的经验。

纵观我国铁路经实践检验并加以推广的经验，大多内容丰富、内涵深刻、方法科学，并具有以下共同之处：

（1）把安全是铁路运输永恒的主题和"安全第一，预防为主"的思想，通过艰苦细致的工作深深扎根于各级领导和职工群众之中，成为人们行动指南及价值观念的重要组成部分。

（2）将运输安全视为一个大的系统工程，运用安全系统工程理论和方法，分

析、评价、管理运输系统，优化"人 – 机 – 环境"系统结构，逐步形成比较完备的、可操作性强的铁路运输安全保障体系。

（3）坚持运输安全两手抓：一手抓安全技术设备，一手抓安全科学管理。因时因地制宜地重点抓好安全管理工作。

（4）安全管理工作抓根本，一是以人为本，建立健全以人的素质为核心兼容教育、培训、考核、激励、约束为一体的安全管理体系；二是规范人的行为，抓好各项安全管理制度的建设，建立健全安全生产落实机制，使人的行为、群体行为、管理行为制度化、规范化。

（5）安全管理注重实效，不搞形式主义，尤其针对后果严重的旅客列车重大事故，列车冲突、断轴、断轨事故，排出行车作业操作和控制系统中的关键点，分层次实行有序控制。

1.2.3 铁路运输安全管理的主要问题

事实表明，我国当前铁路运输安全状况的总体发展趋势良好，但仍不稳定，还不能适应铁路和国家经济快速发展的需要。而安全管理的基础不牢固已成为铁路运输安全不稳定的最主要原因，其主要表现可归结为人员素质偏低、设备质量不良、环境条件较差和安全管理薄弱等方面。人员、设备和环境问题比较直观、易于理解。以下着重对铁路运输安全管理中的问题加以分析。

现代化运输生产必须以现代化管理与之相匹配。多年来，我国铁路引进了不少科学管理方法和手段，在很大程度上促进了运输安全生产。然而，剖析运输安全形势不稳的原因，恰恰在安全管理方面，暴露出一些不容忽视的问题。

1. 安全管理的目标不明确

在市场经济条件下，企业理应以经济效益为中心，但由于长期的政企不分，使铁路运输企业客观存在的主体内在利益要求与政府主管部门的政策导向并不一致。表现在安全管理上，突出的是安全与效益的辩证关系尚未正确处理好，往往以牺牲效益为代价，不计成本地搞安全，把安全作为终极目标来追求。这种本末倒置的做法，使企业的经济理性和目标抉择得不到承认和尊重，显然这是难以适应市场经济要求的，其结果必然是导致企业管理重心不断移位，最终也难以搞好安全。

2. 安全管理的思想观念较陈旧

较长时期以来，受传统经验管理的影响，铁路运输企业的安全管理往往是局部的、定性的和静态的，比较注重事故发生后的"事后"管理，而又主要以事故指标判断安全工作好坏。就安全抓安全，就事故论事故，不能经常从有利于提高企业整体素质和管理水平的高度去认识解决问题。"不出事故就是安全"的片面认识，淡化了预防为主，消除隐患的思想。此外，重硬件轻软件、重形式轻内容、重眼前得失轻长远利益等认识上的偏差，很容易造成安全管理工作上的被动。

3. 事故信息价值未得到充分利用

事故是其成因的信息载体，事故信息的价值不仅在于惩罚和教育，而是可用于分析事故成因，预防同类事故再次发生。因此，在分析处理事故时，应坚持铁道部提出的"三不放过"的原则。然而，在许多时候，对于事故原因的分析，常常停留于表面的直接原因，而对事故的根本原因及原因间的内在联系缺乏深入分析，急于定性定责，忙于经济罚款。尤为严重的是因受利益驱使，对事故隐瞒不报、弄虚作假、互相推诿、大事化小、小事化了的不良现象屡禁不止。这种不正当行为既为运输安全留下了后患，也浪费了难以估量的事故信息价值。

4. 安全管理的手段和方法落后

在市场经济的大潮中，铁路的改革和发展使职工队伍结构、生产技术和运输设备的先进水平、运输组织方式和运营管理模式都发生了很大变化，但铁路部门习惯性指派工作组、检查组下基层的工作方式变化不大。这种突击式的方法虽能暂时收效，但难以从根本上解决问题。相反，可能会起消极作用。如有的单位急功近利、外美内虚、应付检查；有些单位把安全管理等同于行政管理，抓措施性的东西多，抓实质性的工作少；事故预测技术及计算机安全管理辅助系统应用，还局限在较小的范围。

5. 安全基础仍然比较薄弱

这主要表现在有些干部作风飘浮、责任心不强、工作抓得不实；少数职工"两纪松弛"，作业有章不循，违章蛮干，简化作业，有些主要行车工种职工对基本规章制度不熟悉，非正常情况下应急和故障处理能力较差，简化培训现象大量存在；规章制度不完善、有重叠，有的规章制度不随设备、作业条件变化及时修订，甚至与《技规》相抵触；一些行车设备失修，维修费用不到位，新上设备缺乏完善的修、管、用制度，责任制不落实；班组基础不牢，有些班组长不称职，班组自我约束机制不健全，缺乏自控能力。

6. 安全监督管理机制亟待健全和规范

一是管理责任界定不清，各层次管理职责雷同，而且职责中原则性、笼统性的内容较多，操作性不强；二是监督检查不规范，一些单位和部门在安全检查工作中，不同程度地存在着随意性和盲目性，达不到预期效果；三是逐级负责与专业负责、岗位负责之间缺乏有效的衔接，存在着管理漏洞；四是对安全事故的整改效果不明显。一些单位和部门对事故的定性定责推诿、隐瞒之风严重，丧失了追究责任、吸取教训、超前预防的机遇，从而陷入事故防不胜防的恶性循环。

1.2.4 安全的普遍性与铁路运输安全的特殊性

1. 安全的普遍性

作为伴随生产而存在的安全问题，对于所有的技术系统都具有普遍的意义，铁路运输系统也不例外。

(1)安全的系统性

安全涉及到技术系统的各个方面，包括人员、设备、环境等因素，而这些因素又涉及到经济、政治、科技、教育和管理等许多方面。特别对于像铁路运输这样的开放系统，安全既受系统内部因素的制约，也受到系统外部环境的干扰。而安全的恶化状态，即事故，不仅可能造成系统内部的损害，而且可能造成系统外部环境的损害。因此，研究和解决安全问题应从系统观点出发，运用系统工程的方法，进行综合治理。

(2)安全的相对性

凡是人类从事的生产活动，都有安全问题，所不同的只是发生事故的可能性有大有小，危害程度有轻有重而已。安全是相对的，不安全是绝对的，系统发生事故的可能性始终存在。但是，事故是可以预防的，可以利用安全系统工程的原理和技术，预先发现、鉴别、判明各种隐患，并采取安全对策，从而防患于未然。

(3)安全的依附性

安全是依附于生产而存在的，它不可能脱离具体的生产过程而独立存在，只要存在生产活动，就会出现安全问题。另外，安全是生产的前提和保障，安全工作搞得不好，生产便无法顺利进行。因此，需要经常持久地抓好安全工作。

(4)安全的间接效益性

要保证生产安全必须在人员、设备、环境和管理方面有相应适时的安全投入，但安全投入所产生的经济和社会效益却是间接的、无形的，难以定量计算。因此，安全投入往往被忽视，只有发生了事故造成了损失之后才会意识到安全投入的必要性和重要性。事实上，安全的效益除了减少事故的直接和间接经济损失外，更重要的是体现在提高人员素质、改进设备性能、改善环境质量和加强生产管理等方面所创造的积极的经济和社会效益上。

(5)安全的长期性

人对安全的认识在时间上往往是滞后的，不可能预先完全认识到系统存在和面临的各种危险，而且，即使认识到了，有时也会由于受到当时技术条件的限制而无法予以控制，随着技术进步和社会发展，旧的安全问题解决了，新的安全问题又会产生。所以，安全工作是一个长期的过程，必须坚持不懈，始终如一地努力抓才行。

（6）安全的艰巨性

高技术总是伴随着高风险，随着现代科学技术的发展，各种技术系统的复杂化程度增加了。以现代交通运输系统为例，无论从规模、速度、设备和管理上都发生了极大的飞跃，一旦发生事故，其影响之大、伤亡之多、损失之重、补救之难，都是传统运输方式不可比拟的。此外，事故是一种小概率的随机偶发事件，仅仅利用已有的事故资料不足以及时、深入地对系统的危险性进行分析，而现代社会的文明进步又不容许通过事故重演来深化对安全的认识。因此，认识事故机理，不断揭示系统安全的各种隐患，确实是艰巨的任务。

2. 铁路运输安全的特殊性

由普遍性与特殊性的关系可知，普遍性寓于特殊性之中，特殊性离不开普遍性，可见，铁路运输安全除具有上述安全的普遍性外，还有其特殊性。

（1）铁路运输安全的动态性

机车、车辆在固定轨道上的定向运动，是铁路运输最显著的特点，一系列铁路运输安全问题，例如轮轨作用、弓网作用、列车速度控制和进路控制等都是围绕机车、车辆或列车在轨道上的定向运动而展开的。

（2）铁路运输安全失控的严重性

处于高速运动状态的列车，一旦发生设备异常或人的操作失误，可供纠正和避免事故的时间很短，可供选择的应急方式也很有限。加之，铁路线路、机车车辆等硬设备的成本很高，列车对旅客和货物的承载量很大，事故不仅造成巨大的财产损失、人员伤亡和环境破坏，而且由于运输中断将波及路网，打乱运输秩序，影响社会生产和运输的全局。更重要的是，铁路对其运输对象——旅客和货物没有所有权和支配权，而只提供必要的运输服务，因此事故损失涉及广泛的社会因素，极大地损害铁路的形象甚至政府的威信，其社会影响的严重性难以估量。

（3）铁路运输安全问题的反复性

铁路运输生产具有连续性、周期性和季节性的特点，伴随着生产的各种事故和不安全状况常常都是重复发生的，我国铁路年复一年的春运、暑运、防洪、防寒、防暑等安全问题反复存在。由于受铁路总体技术和管理水平的制约，各种事故和不安全状况的产生也具有一定的"惯性"和反复性，如"两冒错排"（冒进进站和出站信号，错排列车进路）、断轨、断轴等惯性事故，成为经常困扰运输安全的主要问题。

（4）铁路运输安全对管理的依赖性极强

铁路犹如一台大联动机，是复杂的人–机动态系统，其运输生产过程是由车、机、工、电、辆等多工种联合的多环节（如货物运输的承运、保管、装卸、运送、途中作业、交付等）作业过程，涉及设备数量庞大、种类繁多，设备布局的网络状态和作业岗位独立分散的特点，使各工种和各环节的协同配合都离不开严格有效的管理。因此，铁路运输安全在很大程度上取决于管理的效能。

（5）铁路运输安全的复杂性

铁路运输安全受外部环境的影响很大，难于预测和控制。铁路运输生产是在一个开放的环境中进行的，其过程有较大的空间位移和较长的时间延续。自然环境，如雨、雾、风、雪及各种自然灾害等，对运输安全均有不利影响。社会环境，如社会治安、社会风气及社会政治经济状况等，均与运输安全状况密切相关，而且难于预测和控制。因此，铁路运输环境安全的综合治理涉及面广、难度大。铁路安全技术的发展，包括设备安全性能改进、人员安全素质提高、环境安全质量改善和安全管理水平提高，都是以上述对安全的普遍性和铁路运输安全的特殊性的认识为基础的。

第2章　铁路运输安全管理概述

2.1　安全基本概念和特性

2.1.1　基本概念

1. 安全

关于安全的概念，可归纳为两种，即绝对安全概念和相对安全概念。

绝对安全观是人们较早时期对安全的认识，目前仍然有一部分现场生产管理人员和科技工作人员保有此认识。绝对安全观认为，安全的定义，是指没有危险、不受威胁、不出事故，即消除能导致人员伤害，发生疾病、死亡或造成设备财产破坏、损失以及危害环境的条件。无危则安，无损则全。

在简明牛津词典中，就将安全定义为"不存在危险和风险"。有的学者还认为安全是"免于能引起人员伤亡或财产损失的条件"，"安全意味着系统不会引起事故的能力"，"安全即是无事故、没有遭受或引起创伤、损失或损伤"。这种安全观认为安全的环境下，发生死亡、工伤等的概率应该为零，但是我们只能说这个愿望是美好的，因为这种绝对安全在现实的各种生产系统中都是不可能存在的，绝对安全观是安全的一种极端理想的状态。由于绝对安全观过分地强调安全的绝对性，使其应用范围受到了很大的限制，特别是在分析社会-技术系统的安全问题时更是如此。

与绝对安全观相对应的就是目前人们所普遍接受的相对安全观。相对安全观认为，安全是相对的，绝对安全是不存在的，即安全是一种模糊数学的概念。按模糊数学的说法，危险性就是对安全的隶属度，当危险性低到某程度时，人们就认为是安全的了。

有研究人员从相对安全观出发将安全定义为："安全就是被判断为不超过允许极限的危险性，也就是指没有受到损害的危险或损害概率低的通用术语"；也有学者指出，"所谓安全系指判明的危险性不超过允许限度"；在《英汉安全专业大语词典》中，就将安全定义为"安全意味着可以容许的风险程度，比较地无受损害之忧和损害概率低的通用术语"。

根据相对安全的定义可知，安全是在具有一定危险性的条件下的一种状态，安全并非意味着绝对无事故。事故与安全是对立的，但事故并不是不安全的全部内容，而只是在安全与不安全这一对矛盾斗争过程中，某些瞬间突变结果的外在表现。

安全依附于生产过程，伴随生产过程而存在。但安全不是瞬间的结果，而是对系统在某一时期、某一阶段过程状态的描述，换言之，安全是一个动态过程，它是关于时间的连续函数。但在现有理论和技术条件下，确定某一生产系统的具体安全函数形式是非常困难的，通常采用概率法来估算系统处于安全状态的可能性，或者利用模糊数学来说明在非概率情形下的不精确性。

因此，可以认为，安全是指在生产活动过程中，能将人或物的损失控制在可接受水平的状态。换言之，安全，意味着人或物遭受损失的可能性是处于人们可以接受的范围之内的，若这种可能性超过了可接受的水平，即为不安全。

这里要注意的是，后面本书所讨论的安全问题，具有以下几个方面的含义：

① 所讨论的安全问题，专指生产领域中的安全问题，并不涉及军事或社会意义的安全与保安，也不涉及与生活、疾病有关的安全。

② 安全不是瞬间的结果，而是对于某种过程状态的描述。

③ 安全是相对的，绝对安全是不存在的。

④ 构成安全问题的矛盾双方是安全与危险，而非安全与事故。因此，衡量一个生产系统是否安全，不应仅仅依靠事故指标。

⑤ 不同的时代，不同的生产领域，可接受的损失水平是不同的，因而衡量系统是否安全的标准也是不同的。

2. 危险与危害

关于危险，截至目前，还没有研究人员能给出一个被广泛接受的概念。一般而言，危险是指某一系统、产品或设备或操作的内部和外部的一种潜在的状态，其发生可能造成人员伤害、职业病、财产损失、作业环境破坏的状态。本书将危险作为安全的对立面，可以将其定义为：危险是指在生产活动过程中，人或物遭受损失的可能性超出了可接受范围的一种状态。

危险与安全一样，也是与生产过程共存的过程，是一种连续型的过程状态。危险包含了尚未为人所认识的以及虽为人们所认识但尚未为人所控制的各种隐患。同时，危险还包含了安全与不安全矛盾斗争过程中某些瞬间突变发生外在表现出来的事故结果。

描述危险时应细心区分。例如存放在车库里的一桶汽油，如果油桶不漏，虽使之接触空气及火源，也不会成为危险。若漏油或汽油在车库里暴露，就具有汽油着火和爆炸的危险，但如果火并不威胁到人或财产，则着火和爆炸仍然仅仅是潜在的伤害。

危险的几个例子如下：火；爆炸；有毒气体的释放；结构失效；超高温或超低温；无防护的车床；跌倒；风暴；冰雹。

某些实践表明，危险是能量以不期望的方式转变的潜力。这在大多数情况下是对的，但在有些情况下却不然。

危害是造成事故的一种潜在危险，它是超出人的直接控制之外的某种潜在的环境条件。危害是可能出毛病的事物或环境。在有发生工伤或职业病的劳动环境中操作是一种危害，如坠落危害、矽尘危害等。危害相当于习惯上所说的不安全隐患，是潜在的危险因素。

3. 风险(危险性)与危险严重度

"风险"一词在不同场合含义有所不同。就安全而言，风险是描述系统危险程度的客观量，它用危险概率和危险严重度来表示可能的损失，这主要有两种考虑：一是把风险看成是一个系统内有害事件或非正常事件出现可能性的量度；二是把风险定义为发生一次事故的后果大小与该事故出现概率的乘积。

一般意义上的风险，具有概率和后果的二重性，因此我们可以使用危险事件可能的损失程度 c 和危险事件的发生概率 p 的函数，来表示风险 R，即：

$$R = R(p, c)$$

为简单起见，大多数文献中将风险表达为概率与后果的乘积，即期望损失，为：

$$R = p \times c$$

上述风险的定义中，无论是损失或者后果，均是针对事故而定义的，这些事故包括已发生的事故和将会发生的事故。

但是风险既然是对系统危险性的度量，那么仅仅以事故来衡量系统的风险，显然是很不充分的，除非管理人员能够辨识系统中所有可能的事故形式。

从整个系统的角度出发，风险是系统危险影响因素的函数，即风险可表达为如下的形式：

$$R = R(R_1, R_2, R_3, R_4, R_5)$$

式中：R_1——人的因素；

　　　R_2——设备因素；

　　　R_3——环境因素；

　　　R_4——管理因素；

　　　R_5——其他因素。

危险严重度，是对危害造成的最坏结果的定性评价，即由于人的失误、不安全的环境条件、设计缺欠、措施不当、系统、子系统、组件故障或缺陷造成的最严重后果的定性尺度。它可以用工伤、职业病、财产损失或设备损坏的最终可能出现的程度来度量。在研究人员遭受伤害时，危险严重度即为伤害严重度。

危险严重度一般可以分为以下几类：

Ⅰ类——致命的，可造成人员死亡或系统损坏；

Ⅱ类——严重的，可造成严重伤害，严重职业病或主系统损坏；

Ⅲ类——危险的，可造成轻伤、轻职业病或次要系统损坏；

Ⅳ类——可忽略的，不会造成伤害和职业病，系统不遭受破坏。

4. 安全性

从系统的安全性能来讲，安全性是一个衡量系统安全程度的客观量表示。与安全性对立的概念，是描述系统危险程度的指标——风险（或称危险性）。如果假定系统的安全性为 S，危险性为 R，则有：

$$S = 1 - R$$

从上面的式子可以很容易地知道，如果 R 越小，S 越大；反之亦然。因此，若在一定程度上消减了系统中的危险因素，就等于创造了系统的安全条件。

另外，由于安全性与可靠性的联系十分密切（可靠性的定义在后面介绍），在实际应用中存在着很多将可靠性与安全性混用的现象，因而有必要明确二者之间的联系和差异。可靠性是指系统或元件在规定条件下、规定时间内，完成规定任务的能力，而安全性则是指系统的安全程度。可靠性与安全性当然具有共同之处，因为从某种程度上来讲.可靠性较高的系统，其安全性通常也会较高，许多事故之所以发生，就是由于系统可靠性较低所致。

但是，可靠性也有不同于安全性的特性，可靠性要求的是系统完成规定功能的能力，只要系统能够完成规定功能，那么该系统就是可靠的，而不管该系统的运行是否会带来安全问题。安全性则要求识别系统的危险所在，并将这些隐患从系统中排除，从而保证系统的安全。此外，系统发生故障，也不一定导致事故和损失，反过来看，即使系统的所有元件均正常工作时，也可能伴有事故发生。

5. 事故

事故是以人体为主，在与能量系统有关的系列上，突然发生的与人的希望和意志相反的事件。在牛津词典中，将事故定义为"意外的、特别有害的事件"；美国安全工程师海因里希则认为，事故是"非计划的、失去控制的事件"；在此基础上有学者从更为一般的意义上提出，"事故是与系统设计具有不可容忍的偏差的事件"；另有学者进一步补充说明了"事故是指任何计划之外的事件，可能引起或不会引起损失或伤害"。

还有的学者从能量观点出发解释事故，认为事故是能量逸散的结果。同时作者认为，事故也可定义为：个人或集体在时间的进程中，在为了实现某一意图而采取行动的过程中，突然发生了与人的意志相反的情况，迫使这种行动暂时地或永久地停止的事件。

尽管对事故的定义多种多样，但是从上述有关学者对事故的定义，我们可以归纳出事故的一些特性：

（1）事故是违背人们意愿的一种现象。

（2）事故是不确定的事件，其发生形式既受必然性的支配，但也不可避免地要受到偶然性的影响。

（3）事故发生的原因，可归结为三类：

① 目前尚未认识到的原因；

② 已经认识，但目前尚不可控制的原因；

③ 已经认识，目前可以控制而未能有效控制的原因。

（4）事故一旦发生，可以造成以下几种后果：

① 人受到伤害，物受到损失；

② 人受到伤害，物未受损失；

③ 人未受伤害，物受到损失；

④ 人、物均未受到伤害或损失。

许多生产领域如铁路运输系统，将凡是造成系统运行中断的事件均归入事故的范畴，这是因为尽管铁路运输系统运行中断不一定会造成直接的财产损失或人员伤害，但却严重干扰了系统的正常运行秩序，从而会带来严重的间接损失。

（5）事故的内涵相当复杂。

从宏观的生产过程看，事故是安全与危险矛盾斗争过程中某些瞬间突变结果的外在表现形式，是时间轴上一系列离散的点；从微观而言，每一个事故均可看作是在极短时间内相继出现的事件序列，是一个动态过程，可以表达为如下形式：

危险触发──→以一定的逻辑顺序出现的一系列事件──→产生不良后果

综上所述，本书给出事故的定义如下：事故是指在生产活动过程中，由于人们受到当前科学知识和技术力量的限制，或者由于认识上的局限，当前还不能防止，或能防止而未有效控制所发生的违背人们意愿的事件序列。事故的发生，可能迫使系统暂时或较长期地中断运行，也可能造成人员伤亡、财产损失或者环境破坏，或者其中二者或三者同时出现。

事故的特征主要包括：事故的因果性、事故的偶然性、必然性和规律性，事故的潜在性、再现性和预测性。

① 事故的因果性。

因果，即原因和结果。因果性是指事物之间的一种关联性，即一事物是另一事物发生的根据。我们观察众多事故，发现事故实际上是许多因素互为因果而连续发生的结果，其中一个因素既是前一个因素的结果，又是后一个因素的原因。也就是说，因果关系有继承性，是多层次的。

事故的因果性决定了事故发生的必然性。因为事故是一系列因素互为因果、连续发生的结果，因此导致事故发生的因素及其因果关系的存在，就决定了事故将必然会发生，只是或迟或早的问题，其随机性仅表现在何时、何地、因何原因意外触发产生而已。

掌握具体事故发生的因果关系，采取措施中断导致事故发生的多因素之间的因果连锁，就可以消除事故发生的必然性，从而可以在一定程度上防止事故的发生。

②事故的偶然性、必然性和规律性。

纵观各类生产事故，分析事故发生的原因，都有它的偶然性，更有它的必然性。用概率事件分析，它是事物的必然性和偶然性的对立统一。事故的发生都是与该生产过程相关的各要素在一定条件下发生冲突的结果。冲突要素主要有人、物、作业环境、生产管理等，由于某要素或某几种要素存在不安全因素，在特殊条件的激发下发生冲突形成事故。

从本质上讲，事故都是属于在一定条件下可能发生、也可能不发生的随机事件。因此就一特定事故而言，其发生的时间、地点、状况等，均是无法事先预测的。

事故，实际上都是由于系统中客观存在不安全因素（即隐患），随着时间的推移，出现某些意外情况或特殊条件而导致的，而这些意外情况往往是难以预知的。因此，只有掌握事故发生的原因，才可以降低事故发生的概率；但是掌握事故发生的原因，只是防止事故发生的必要条件，因为即使完全掌握了事故发生的原因，也不能保证绝对不发生事故。

不安全因素是事故发生的必然性，意外情况或特殊条件成为事故发生的偶然性。隐患具体表现为人的因素即作业人员违反安全操作规程，表现为物的因素即生产设备及其附属设施不符合规范要求，表现为作业环境因素即工作的环境条件不符合规范要求，表现为管理性因素即管理行为和规章制度不符合规范要求。特殊条件即人的失误或自然条件的突然改变产生不安全因素形成对人身或作业现场构成危害的因素。

事故的偶然性，还表现在事故发生后是否会产生后果（人员伤亡、物质损失）以及后果的大小如何，都是难以预测的。反复发生的同类事故，并不一定会产生相同的后果。因此，事故的偶然性，决定了要完全杜绝事故的发生是非常困难的，甚至是不可能的。

在通常情况下，隐患只表现为一种危险，只有在突发的不安全条件的激发下才造成事故,只要不存在隐患,就是有突发的不安全的特殊条件,也不会造成事故。就像在铁塔上安装了合格的避雷器就不怕打雷,使用了安全照明电压就不怕触及用电器材。因此只要控制住任何一方面因素,就可以控制住事故的发生。

同时,事故的必然性中,又包含着规律性。既为必然,就有规律可循。必然性来自因果性,深入探查、了解事故发生的因果关系,就可以发现事故发生的客观规律,从而为防止事故发生提供依据。应用概率理论,收集尽可能多的事故案例进行统计分析,就可以从总体上找出带有根本性的问题,为宏观安全决策定基础,为改进安全工作指明方向,从而做到"预防为主",实现安全生产的目的。

由于事故或多或少地含有偶然性,因而要完全掌握它的规律非常困难。但在一定的范围内和一定的条件下,用一定的科学仪器或手段,却可以找出事故发生的近似规律。

从偶然性中找出必然性,认识事故发生的规律性,变不安全条件为安全条件,把事故消除在萌芽状态之中,这就是防患于未然,预防为主的科学根据。

③事故的潜在性、再现性、预测性和复杂性。

事故往往是突然发生的。然而导致事故发生的因素,即"隐患或潜在危险"却是早就存在的,只是事故发生之前未被发现或未受到重视而已。随着时间的推移,一旦条件成熟,这些"隐患或潜在危险"就会显现出来而酿成事故,这就是事故的潜在性。

事故一经发生,就成为过去,完全相同的事故不会再次发生。如果没有真正地了解事故发生的根本原因,并采取有效的措施去消除这些原因,系统就可能会再次出现类似的事故。因此,应致力于消除这种事故的再现性,这一点在目前的科学条件下是完全能够做到的。

为了达到上述目的,人们需要根据对过去事故所积累的经验和知识以及对事故规律的认识,并使用科学的方法和手段,对未来可能发生的事故进行预测。事故预测就是在认识事故发生规律的基础上,充分了解、掌握各种可能导致事故发生的危险因素及它们的因果关系,推断它们发展演变的状况和可能产生的后果。事故预测的目的在于识别和控制危险,预先采取对策,最大限度地减少事故发生的可能性。

事故的发生取决于人、物和环境的关系,也与管理的有效性有关,这就决定了事故具有极大的复杂性。

6. 隐患

在长期的事故预防工作中人们经常使用事故隐患一词。所谓隐患是指隐藏的祸患,事故隐患即隐藏的、可能导致事故的祸患;这是一个在长期工作实践中大家形成的共识用语,一般是指那些有明显缺陷、毛病的事物,亦即人的不安全行为和物的不安全状态。

从系统安全的角度来看，通常人们所说的事故隐患包括一切可能对人-机-环系统带来损害的不安全因素。

事故隐患可定义为：在生产活动过程中，由于人们受到科学知识和技术力量的限制，或者由于认识上的局限，而未能有效控制的有可能引起事故的一种行为（一些行为）或一种状态（一些状态）或二者的结合。隐患是事故发生的必要条件，隐患一旦被识别，就要予以消除。对于受客观条件所限不能立即消除的隐患，要采取措施降低其危险性或延缓危险性增长的速度，减少其被触发的"几率"。

7. 危险源

在系统安全研究中，认为危险源的存在是事故发生的根本原因，防止事故就是消除、控制系统中的危险源。

危险源一词译自英文单词 Hazard，按英文词典的解释，"Hazard—a source of danger"，即危险的根源的意思。哈默定义危险源为可能导致人员伤害或财物损失事故的、潜在的不安全因素。按此定义，生产、生活中的许多不安全因素，即隐患都是危险源。根据危险源在事故发生、发展中的作用，把危险源划分为两大类，即第一类危险源和第二类危险源。

第一类危险源是指系统中存在的、可能发生意外释放的能量或危险物质，实际工作中往往把产生能量的能量源或拥有能量的能量载体作为第一类危险源来处理。第一类危险源具有的能量越多，一旦发生事故其后果越严重。相反，第一类危险源处于低能量状态时比较安全。同时，第一类危险源包含的危险物质的量越多，干扰人的新陈代谢越严重，其危险性越大。

第二类危险源是指导致约束、限制能量措施失效或破坏的各种不安全因素，包括人、物、环境三个方面的问题。人失误可能直接破坏对第一类危险源的控制，造成能量或危险物质的意外释放；同时，人失误也可能造成物的故障，进而导致事故。物的故障可能直接使约束、限制能量或危险物质的措施失效而发生事故；有时一种物的故障可能导致另一种物的故障，最终造成能量或危险物质的意外释放；物的故障有时会诱发人失误；人失误会造成物的故障，实际情况比较复杂。环境因素主要指系统运行的环境，包括温度、湿度、照明、粉尘、通风换气、噪声和振动等物理环境以及企业和社会的软环境。不良的物理环境会引起物的故障或人失误；企业的管理制度、人际关系或社会环境影响人的心理进而可能引起人失误。

第二类危险源往往是一些围绕第一类危险源随机发生的现象，它们出现的情况决定事故发生的可能性，第二类危险源出现得越频繁，发生事故的可能性越大。

8. 可靠性、维修性和有效性

一般所说的"可靠性"指的是"可信赖的"或"可信任的"。我们说一个人是可靠的,就是说这个人是说得到做得到的人,而一个不可靠的人是一个不一定能说得到做得到的人,是否能做到要取决于这个人的意志、才能和机会。同样,一台仪器设备,当人们要求它工作时,它就能工作,则说它是可靠的;而当人们要求它工作时,它有时工作,有时不工作,则称它是不可靠的。由此,根据国家标准的规定,产品的可靠性可以是指产品在规定的条件下、在规定的时间内完成规定的功能的能力。

可靠性的经典定义则是:产品或系统(设备)在规定条件下和规定时间内完成规定功能的能力。一个台设备或一个系统本身不出故障的概率称为"结构可靠性",满足精度要求的概率称为"性能可靠性"。狭义可靠性通常包括"结构可靠性"和"性能可靠性"。对产品而言,可靠性越高就越好。可靠性高的产品,可以长时间正常工作(这正是所有消费者需要得到的);从专业术语上来说,就是产品的可靠性越高,产品可以无故障工作的时间就越长。

产品经有一定技能的人员利用可获得的资源、在规定的时间内按规定的程度和维修保养级别进行维修后,保持或恢复到规定状态的能力,称为这种产品的可维修性,又称可维护性。对于可修复的产品,一旦出现故障是可能修复的,修复的能力通常用维修性表示。

在产品设计时,强调可靠性能减少产品出现故障的次数,但不说明在出现故障之后能不能修好或需花多长时间、多大代价才能修好。可维修性好的产品,能在最短的时间、以最低限度的资源(人力与技术水平、备件、维修设备和工具等)和最省的费用,经过维修使产品恢复到良好状态。可维修性既是产品可靠性的必要补充,又是产品维修保障决策的重要依据。

有效性本来是指完成策划的活动和达到策划结果的程度。对于产品而言,产品的狭义可靠性和维修性能反映产品的有效工作能力,这一能力称有效性,它是指可以维修的产品在某时刻具有或维持规定功能的能力。考虑产品的有效性和耐久性就可获得产品的广义可靠性。

一般耐久性是指材料抵抗自身和自然环境双重因素长期破坏作用的能力,即保证其经久耐用的能力。耐久性越好,材料的使用寿命越长。对于产品而言,耐久性则是指当按着规定的程序和方法进行维修时,产品在规定的使用和维修条件下,达到某种技术或经济指标极限时,完成规定功能的能力。

2.1.2 相互关系

1. 安全与危险

安全与危险是矛盾的统一体,它具有矛盾的所有特性。没有危险就谈不上有安全,安全工作的前提就是因为有危险的存在。从某种意义上说安全本身就是一种危险度,只不过是一种未超过允许限度的危险;安全与危险一方面双方互相排斥、互相否定;另一方面,安全与危险两者互相依存,共同处于一个统一体中,存在着向对方转化的趋势。安全与危险这对矛盾的运动、变化和发展推动着安全科学的发展和人类安全意识的提高。

描述安全与危险的指标分别是安全性与危险性,安全性越高则危险性就越低,安全性越低则危险性就越高。即如前所述,二者存在如下关系:

$$安全性 = 1 - 危险性$$

2. 安全与事故

事故与安全是对立的,但事故并不是不安全的全部内容,而只是在安全与不安全矛盾斗争过程中某些瞬间突变结果的外在表现。安全与事故应该是对立统一、相互依存的关系,即有了事故发生的可能性,才需要安全,有了安全的保证,才可能避免事故的发生。某一安全性在特定条件下是安全的,但在其他条件下就不一定会是安全的,甚至可能很危险。

系统处于安全状态并不一定不发生事故,系统处于不安全状态,也未必完全由事故引起。

3. 危险与事故

危险不仅包含了作为潜在事故条件的各种隐患,同时还包含了安全与不安全的矛盾激化后表现出来的事故结果。

事故发生,系统不一定处于危险状态,事故不发生,也不能否认系统不处于危险状态,事故不能作为判别系统危险与安全状态的惟一标准。

4. 事故与隐患

事故总是发生在操作的现场,总是伴随隐患的发展而发生在生产过程之中,事故是隐患发展的结果,隐患是事故的基本组成因子,是事故发生的必要条件。

按照安全工程理论的观点,事故的发生,必定是一系列隐患在时间、空间序列上的相互交叉而逐步增强造成的结果。

从隐患到发生事故要经过一段时期,这一时期长短不定,但绝不是在一瞬间。因为若子系统的状态变化所需的时间为无限短,那么引起状态变化的作用势(各种隐患的量)必为无穷大,而在实际的生产系统中作用势只能为有限量,不可能为无穷大量。一切系统的变化只能在一定的时间范围内进行,保障了事故预防在时间上的要求。

在存在隐患到形成事故这一段时期内，有效地辨别隐患是消除和抑制事故发生的根本。而在事故调查中不仅应查清造成事故的所有原因，而且有必要了解形成事故的时间过程，以便人们更加深刻地认识某一类事故的发生发展规律。

5. 危险源与事故

一起事故的发生是两类危险源共同起作用的结果。第一类危险源的存在是事故发生的前提，没有第一类危险源就谈不上能量或危险物质的意外释放，也就无所谓事故。另一方面，如果没有第二类危险源破坏对第一类危险源的控制，也不会发生能量或危险物质的意外释放。第二类危险源的出现是第一类危险源导致事故的必要条件。

在事故的发生、发展过程中，两类危险源相互依存、相辅相成。第一类危险源在事故时释放出的能量是导致人员伤害或财物损坏的能量主体，决定事故后果的严重程度；第二类危险源出现的难易决定事故发生的可能性的大小。两类危险源共同决定危险源的危险性。

2.2 系统工程与运输安全管理

2.2.1 系统概念

1. 系统的定义

在自然界和人类社会中，普遍存在着由若干环节组成的链状事物。这种环环相扣，由此及彼的链状事物就是我们常说的系统。尽管系统一词频繁出现在社会生活和学术领域中，但不同的人在不同的场合往往赋予它不同的含义。

长期以来，系统概念的定义和其特征的描述尚无统一规范的定论。在本书中，我们采用如下的定义：系统是由一些相互联系、相互制约的若干组成部分结合而成的、具有特定功能的一个有机整体(集合)。

要注意的是，系统的概念是相对的，而不是绝对的。许多小系统可以组成一个较大的系统；许多较大的系统又可以组成一个更大的系统，它没有一个绝对规模的界限。

人们对系统的认识有一个发展过程。系统概念的进一步发展，使人们认识到，系统整体的行动是有确定目的的。任何人造系统的开发和建立，离开明确的目的性，必将导致要求上的模糊和措施上的不力，从而带来先天性不足。人们对系统的认识并没有结束，因而系统概念还在发展。这是理解系统的概念时必须予以注意的。

2. 系统的要素

由上述定义可以知道，"系统"是由一些（两个或两个以上的）称之为"元素"或"要素"的东西所组成的。一般而言，系统含有五个基本要素：功能、组元或组成、结构、运行与环境。

（1）功能

所谓功能，是指系统将一定的输入（外界对系统的作用）转换为一定的输出（系统对外界的作用）的能力，且这种输入不等于输出。用通俗的话来解释，系统的功能是指系统与外部环境相互联系和相互作用中表现出来的性质、能力和功能。

系统有一定的功能，或者说系统要有一定的目的性。例如，建造一幢房屋，总是有其特殊的功能即一定的目的，如建医院，就是用来治病救人，救死扶伤；建商店，就是用来出售商品，搞活流通，繁荣市场，发展经济；建学校则是为了教书育人，培养人才；建住宅，是为了给人们的生活、学习提供一个宁静、温馨的环境等等。在这里，尽管医院、商店、学校、住宅都是房屋建筑，但由于它们的功能作用不同，其系统内部元素之间的联系也就不同。也就是说，系统内各元素的组织（联系）方式是按照系统的不同功能（目的）要求而建立的。

（2）组元或组成

组元，是指组成系统的成分或要素；作为系统概念要素的"组成"一词，是指系统组元的集合，每个系统都有两个以上的组元。通常人们将组元理解为相对独立、具有特定功能的部件或要素。系统的组元依相对运动的特性可以分为三类：固定组元、运转组元和流动组元。交通运输系统中的基础设施（线路、港、站等）为固定组元；载运工具（飞机、轮船、汽车、列车等）为运转组元；运输计划、统计报表等为流动组元。

（3）结构

系统的组元之间总以某种方式相互联系和作用着。某些组元之间往往存在着较为紧密而稳固的联系，而与其他组元相互作用时呈现出一定的整体特性——系统性。系统之内存在着较为紧密而稳固的组元团体称为子系统。

所谓结构，是指系统内子系统的划分及子系统功能的分配，当然也包含子系统间的联系。系统的整体功能，是其子系统功能的综合。系统与子系统之间、子系统与子系统之间的联系，本质上都是物质、能量、信息在它们之间的流通。这种流通是有方向的，相互联系的事物之间的流通是不等价的。系统的功能是通过与外界进行（关于物质、能量和信息）不等价交换体现的。子系统构成及子系统间流通成分的质和流动方向的规定，形成了子系统在空间上的有序性，这就是系统结构。结构对系统的功能体现有很大的影响。

　　有了组成系统整体的各部分，并不一定就构成了一个整体。系统整体是各个要素按一定的方式构成的有机体，其要素作为整体的部分，要素与整体、环境以及各要素之间相互联系、相互作用，使系统整体呈现出各个组成要素所没有的新的质，因而具有局部所不具有的功能。例如，钟表也是一个系统，它是由许多零件(元素)如齿轮、螺丝、发条等组成，这些零件必须是按一定的接结方式有规则地装配在一起才能成为钟表，如果把这些零件随意地放在一起，哪怕就是放进一个装钟的小盒子里，无论如何这些零件都不会被认为是钟表，我们都只会认为这是钟表的零件而不是钟表。

　　总之，系统的结构是系统由内部各要素相互作用的秩序，而功能则是系统对外界作用过程的秩序。归根到底，结构与功能所说明的是系统的内部作用与外部作用。系统功能揭示了系统外部作用的能力，是系统内部固有能力的外部体现。换句话说，系统的功能是由系统的内部结构所决定的，即"系统的结构决定系统的功能"。

　　(4)运行

　　无生命的物理系统，如各种人造机器与设备，结构完全决定了子系统间的联系，从而在组成固定情况下完全决定了系统的功能。但是有人参与的系统，由于具有能动性的组元存在，结构并不能唯一确定各子系统间的联系。在系统结构，即对流动组元流通的质及其方向规定的情况下，系统能动部分还可以对流通的具体内容、数量及其在时间上的分布进行控制。比如铁路运输系统中的调度员，结构(职能)赋予它向车站下达接发列车的调度命令，但是命令的具体内容及其是否符合车站的实际、何时下达并不确定。再如驾驶员与汽车固然是操纵与被操纵的关系(这是结构赋予的)，但驾驶员可以有不同的操纵方式，或者安全行驶，或者发生交通事故。这种在结构的基础上决定了运转组元的实际运动，从而决定了流动组元的实际变换与流通的机制称为运行。显然，依托于一定结构上的运行最终决定了系统的实际功能。

　　(5)环境

　　由系统功能的定义，必然有与它相互作用(有输入、输出关系)的外界，这个客观存在的与系统有着较密切联系的外界就是系统的环境。不存在没有环境的系统。许多系统，特别是生物系统和社会系统，离开环境无法生存，更不用说发展。

　　上述要素或者组元之间的有序联系，形成事物的结构和事物变化的实际运行过程，事物与外界的有序联系形成事物的环境和功能，组成、结构、运行、环境与功能的统一，就是科学的系统概念。但我们要注意的是，并不是说只要这些元素简单地堆积或集合在一起，就构成了一个"系统"，还必须要求这些元素之间存在这样或那样的关系，即元素之间必须是按一定的方式有机地结合在一起时，它们才可能组合成为一个"系统"。

2.2.2 系统特性

系统有自然系统与人造系统、封闭系统与开放系统、静态系统与动态系统、实体系统与概念系统、宏观系统与微观系统、软件系统与硬件系统之分。不管系统如何划分，凡是能称其为系统的，都具有如下特性：

1. 整体性

系统是由两个或两个以上相互区别的要素（元件或子系统）组成的整体。构成系统的各要素虽然具有不同的性能，但它们通过综合、统一（而不是简单拼凑）形成的整体就具备了新的特定功能，就是说，系统作为一个整体才能发挥其应有功能。所以，系统的观点是一种整体的观点，一种综合的思想方法。

2. 相关性

构成系统的各要素之间、要素与子系统之间、系统与环境之间都存在着相互联系、相互依赖、相互作用的特殊关系，通过这些关系，使系统有机地联系在一起，发挥其特定功能。

3. 目的性

任何系统都是为完成某种任务或实现某种目的而发挥其特定功能的。要达到系统的既定目的，就必须赋予系统规定的功能，这就需要在系统的整个生命周期，即系统的规划、设计、试验、制造和使用等阶段，对系统采取最优规划、最优设计、最优控制、最优管理等优化措施。

4. 层次性

系统有序性主要表现在系统空间结构的层次性和系统发展的时间顺序性。系统可分成若干子系统和更小的子系统，而该系统又是其所属系统的子系统。这种系统的分割形式表现为系统空间结构的层次性。

5. 环境适应性

系统是由许多特定部分组成的有机集合体，而这个集合体以外的部分就是系统的环境。系统从环境中获取必要的物质、能量和信息，经过系统的加工、处理和转化，产生新的物质、能量和信息，然后再提供给环境。

另一方面，环境也会对系统产生干扰或限制，即约束条件。环境特性的变化往往能够引起系统特性的变化，系统要实现预定的目标或功能，必须能够适应外部环境的变化。研究系统时，必须重视环境对系统的影响。

2.2.3 系统方法的基本原则

系统方法是指按照事物的系统性把研究对象放在系统形式中加以考察的方

法。系统方法的基本原则如下：

1. 整体性原则

系统观点的第一个方面的内容就是整体性原理或者说联系原理。从哲学上讲，所谓系统观点首先不外乎表达了这样一个基本思想：世界是关系的集合体，而非实物的集合体。整体性方法论原则就根据这种思想。

整体性原则是把对象作为由各个组成部分构成的整体，研究整体的构成及其发展规律，即把系统当作整体来对待，从整体与部分相互依赖、相互结合、相互制约的关系中揭示系统的特征和运动规律。整体功能不等于部分功能的总合，整体将产生部分所没有的功能。

2. 综合性原则

要求对系统从时间上、空间上进行综合考察，在综合的基础上进行分析，再回到综合，每一层次分析的结果都要反馈到上一层次的综合中去；与整体进行比较，并进行修正，使之部分与整体达到统一。

3. 联系性原则

构成系统的元素之间，元素与环境之间，有着特定的联系，物质与能量之间的相互转换及不同物质形态之间的信息交换，都体现着联系性。

4. 有序性原则

系统都是有序的，因此系统必然是有层次的，系统的发展一般是由较低级的有序状态走向较高级的有序状态的定向演化，在这一发展的过程中，系统必然是开放的，与外界环境之间存在着物质、能量和信息交换，系统内部各子系统将按照一定的目标协同运动，以达到系统总的目的。

5. 动态性原则

从哲学上看，这一原理不外是说：世界是过程的集合体，而非既成事物的集合体。动态性原则就依据这一原理。

任何系统内部都存在着矛盾运动，推动着系统的发展，因此研究系统时，应在动态中协调各部分的关系，才能准确地掌握系统的规律，取得综合的动态平衡，使系统不断得以优化。

6. 结构性原则

系统的整体性功能是由系统的结构决定的，同样的元素，组成不同的结构，将会产生不同的功能。系统优化的一个重要方面就是取得最优的结构。

7. 模型化原则

模型化是使系统方法从定性到定量的重要途径，通过对真实模型的实验，可以具体分析系统的运行状况，也可以建立数学模型对系统进行定量描述。

2.2.4 系统工程

系统工程这个词汇对我们来说，一定是并不陌生，但是到底什么是系统工程或者什么是系统工程思想呢？

在我国古代的北宋(公元960—1127年)年间，有一天皇帝居住的皇城因不慎失火，酿成一场大灾，熊熊大火使皇宫在一夜之间变成断壁残垣。为了修复烧毁的宫殿，皇帝诏令大臣丁渭组织民工限期完工。当时，既无汽车、吊车，又无升降机、搅拌机，一切工作都只能人挑肩扛。加之皇宫的建设不同于寻常民房建筑，它高大宽敞、富丽堂皇、雕梁画栋、十分考究，免不了费时费工，耗费大量的砖、砂、石、瓦和木材等。当时，使丁渭头痛的三个主要问题是：

① 京城内烧砖无土；

② 大量建筑材料很难运进城内；

③ 清墟时无处堆放大量的建筑垃圾。

如何在规定时间内完成皇宫修复任务，做到又快又好呢？聪明的丁渭经过反复思考，终于想出了一个巧妙的施工方案，不但提前完成了这项修筑工程，而且"省费以亿万计"。

丁渭是这样做的：把烧毁了的皇宫前面的一条大街挖成了一条又深又宽的沟渠，用挖出的泥土烧砖，就地取材，解决了无土烧砖的第一个难题；然后，他再把皇城开封附近的沐河水引入挖好的沟渠内，使又深又宽的沟渠变成了一条临时运河，这样，运送砂土、石料、木头的船就能直接驶到建筑工地，解决了大型建筑材料无法运输的问题；最后，当建筑材料齐备后，再将沟里的水放掉，并把建筑皇宫的废杂物——建筑垃圾统统填入沟内，这样又恢复了皇宫前面宽阔的大道。此举被古人赞誉为"一举而三役济"。

丁渭的修复工作能达到如此效果，正是因为将皇宫的修复全过程看成为一个"系统工程"，将取土烧砖、运输建筑材料、垃圾回填看成一串连贯的环节并有机地与皇宫的修筑工程联系了起来，有效协调好了工程建设中看上去是无法解决的矛盾，从而不但在时间上提前完成了工程，而且从经济上也节省了大量的经费开支，又快又好地完成了皇宫的修复工作，实现了整个系统的最优——既省时又省钱方案。

概括而言，系统工程是组织管理系统的规划、设计、制造、试验和使用的科学方法，是一种对所有系统都具有普遍意义的科学方法。这个定义表明，系统工程属工程技术范畴，主要是组织管理各类工程的方法论，即组织管理工程；系统工程是解决系统整体及其全过程优化问题的工程技术；系统工程对所有系统都具有普遍适用性。

而当前我们所说的系统工程，更是专指由运筹学、系统论、控制论、信息论、计算技术和现代管理科学等相互渗透发展以来的一门以大规模复杂系统为研究对象的应用学科。它把自然科学和社会科学中某些思想、理论、方法、策略和手段等根据总体协调的需要，有机地联系起来应用于实践，以实现系统整体优化为目的。

系统工程方法的核心思想就是把我们所做的每一项工作或所研究的每一件事物看成为一个有机的称之为"系统"的整体，并且设法找出使这个系统变得最好、最佳、最优的方法与途径。著名科学家钱学森在《组织管理的技术——系统工程》一文中指出："把极其复杂的研制对象称为系统……系统工程则是组织管理这种系统的规划、研究、设计、制造、试验和使用的科学方法，是一种对所有系统都具有普遍意义的科学方法。"

系统工程打破了各学科之间的界限，沟通了自然科学和社会科学的联系，使人们能够摆脱传统方法的束缚，为综合运用现代科技成就提供了最有效的方法和思路，为解决庞大复杂的系统性问题开辟了新的途径。其特点可归纳为以下几点：

(1)研究方法的整体性

把研究对象看作一个整体，同时，把研究过程也看作一个整体，按系统工程的三维结构，即时间维(工作阶段)、逻辑维(思维步骤)和知识维整体配合研究解决问题。

(2)应用学科的综合性

综合运用多学科理论和管理工程技术，揭示并协调系统各要素之间以及系统与外部环境之间的关系，为实现系统整体功能最优化提供决策、计划、方案和方法。

(3)组织管理科学化

运用数学方法和计算机技术定量(或定量与定性相结合)分析、评价系统构成和状态，以达到最优设计、最优控制和最优管理的目标。

2.2.5 安全系统工程

安全系统工程是系统工程在安全领域中的实际应用。

任何系统的设计、制造、施工、运行、维护等都有安全与否的问题，系统中的人员、设备、环境等都需要强化安全管理，才能实现系统的整体功能和预定目标。安全系统工程就是以系统工程的理论和方法为指导，运用运筹学、控制论、信息论、概率论与数理统计及电子计算技术，科学分析、评价系统安全状况，预测并控制系统中的隐患和事故，为调整设计、工艺、设备、操作、管理、生产周期和费用投资提供决策依据，从而实现系统安全优化管理，预防或减少事故发生。安全系统工程是一门综合性组织管理工程技术，是安全科学的一个重要分支。

安全系统工程的主要内容包括安全系统分析、安全系统评价和安全系统管理。

2.2.6　运输安全系统工程

运输安全系统工程是对运输安全从计划、实施、监控的全过程进行组织管理和过程控制的综合性技术。

1. 运输安全系统分析

按照系统工程的观点，系统分析的本意是对一个系统内部的基本问题，用系统观点进行思维和推理，在确定和不确定的条件下，设计可能争取的方案，通过分析对比，对方案进行优选，为决策者提供可靠的依据。

运输安全系统分析在运输安全系统工程中占有十分重要的地位。对运输的安全系统分析，主要是从事故的预防和预测角度出发，通过对运输事故的发生原因、概率及各种隐患表现的定性或定量分析，识别系统的安全性和危险性。其目的在于：找出引发事故的因素及其不同的组合形式，把握运输系统的安全薄弱环节所在，寻求预防事故发生的最佳途径，并为运输安全系统评价和运输安全系统管理提供依据。

2. 运输安全系统评价

运输安全系统评价是在运输安全系统分析的基础上，从运输事故指标和隐患指标两个方面，对运输安全保障系统的整体安全性、运输安全工作的薄弱环节及系统的主要矛盾和矛盾的主要方面进行比较和评价。根据评价结果可选择确定保证运输系统安全的技术路线和投资方向，拟定安全工作对策。各级领导和监察部门可有的放矢地督促下属单位强化安全管理，落实安全措施。

3. 运输安全系统管理

运输安全系统管理是经过安全系统分析和评价，在了解掌握运输安全薄弱环节的基础上，对运输安全所实施的全员、全要素、全过程的系统管理，包括安全总体管理、安全重点管理和安全事后管理。与主要凭经验的传统安全管理相比，运输安全系统管理在全面、动态和定量分析和评价的基础上，构建安全规范的管理体系方面迈出了一大步，更具有预见性和科学性，其防范措施的效果更为显著。

2.3　人-机-环系统工程

2.3.1　人-机-环系统工程的含义

　　人-机-环系统工程是运用系统科学理论和系统工程方法，正确处理人、机、环境三大要素的关系，深入研究人-机-环系统最优组合的一门科学，其研究对象为人-机-环境系统。系统中的"人"，是指作为工作主体的人(操作人员或决策人员)；"机"是指人所控制的一切对象的总称(飞机、汽车、船舶、生产过程等)；"环境"是指人、机共处的特定的工作条件(温度、湿度、噪声、震动、有害气体等)。

　　人-机-环系统工程的最大特点是，把人、机、环境看作是一个系统的三大要素，在深入研究三者各自性能的基础上，着重强调从全系统的总体性能出发，通过三者间的信息传递、加工和控制，形成一个相互关联的复杂系统，并运用系统工程方法，使系统具有"安全、高效、经济"等综合性能。这其中，所谓"安全"，是指不出现人体的生理危害或伤害，并尽量减少事故的发生；所谓"高效"，是指令系统具有最好的工作性能或最高的工作效率；所谓"经济"，就是在满足系统技术要求的前提下，系统的建立要花钱最少，亦即保证系统的经济性。

　　此外，人-机-环系统工程还抛弃以往把环境作为干扰因素的消极观点，积极主张把环境作为系统的一个环节，并按系统的总体要求对其进行全面的规划和控制。这样一来，人-机-环系统工程不仅把人的因素、人体工程学、工程心理学、工效学、人的因素工程、人-机系统等学科纳入一个统一的科学框架，避免概念和术语的混乱，而且从系统的总体高度来研究人-机-环境系统各种组合方案的优劣，改变以往分散、孤立的研究局面，也把人们设计和研制人-机-环系统的实践活动推向一个崭新阶段。应该强调指出的是，人-机-环系统工程的提出，不是对上述各学科的否定或取代，而是把这些大致相近或相辅相成的研究范畴提到一个更高的层次、更广的视野去分析和综合，从而把该领域的研究水平推进到一个新的水平。

　　1. 人是一种安全因素和防护对象

　　在人-机-环系统中，只有人向安全问题提出了具体的挑战。人-机-环结合的目的，就是充分利用人体科学的发现，使技术和机器在更大程度上适合于人，从而提高人-机-环境系统的安全性。

　　在人-机-环系统的规划过程中，应综合考虑以下因素：

　　(1)要把人体生理过程和生理功能作为必要条件考虑在内，就像设计机器必须考虑其所用材料的应力特性一样。

（2）发生在人体中的主要生理过程必须像能量在机器中传递一样来考虑。当用于人-机-环系统时，人体的心理-神经效能条件之种种特性要像机器中保证其控制功能的技术组元（部件）一样来看待。

（3）应把人的天赋以及一些特殊心理、生理功能和对这些功能进行补偿的可能性一齐加以考虑。在必要情况下，还要制定补偿的最低值。

在现代化技术系统中最大的贡献是它能起一个信息处理机的作用。因此很有必要研究人是怎样获取、选择、处理和传递信息（包括人体本身的信息）的基本规律。此外，为了使人的生理和心理——神经活动控制和保持在正常的安全值范围内，对于人承受的并最终使人疲倦的应力和应变后果必须加以考虑；甚至连人体的各器官和人的整体都应加以关注。可用计划的工间休息和娱乐活动来抵消那些会降低工作效率的受力状态和紧张的影响。而且，必须明确一个正常工人的工作器官与维持必要工作效率之间的差别。必要情况下还需要对他们进行特殊训练，以保证工人实行安全操作，避免不安全行为。

那些导致事故的冒险和不安全操作，往往是已作为正面经验接受而且根深蒂固的坏习惯行为。一旦在班组或个人中偶尔养成了不安全习惯，就必须采取"再培训"和恢复正确习惯的措施。

2. 机器是一种安全因素

机器是人-机-环系统中三个主要子系统之一，仅仅由于机器与人及其环境的相互作用，它才成为一个安全因素。实际上，在机器的规划阶段，即在确定机器的功能及应用模式和对机器的形式及有效性作必要的论证时，人-机关系就已开始形成。从机器制造到运行的各个阶段，人与机器之间的相互关系一直保持着。在上述各阶段，人作为一种安全因素，对另一安全因素-机器的性质及特点，可以有广泛的影响。

概观历史，可以发现，新技术方法的引进和新机器的应用，常常需要一个痛苦、耗时又昂贵的学习过程。这个过程的结果最后以肯定的方式予以评价，然后转为"经验"。然而，随着人们生活水平的提高，用试错法从事故中获得"经验"，毫无疑问地具有较大的风险和代价。

因此，对于作为安全因素之一的机器，在其规划、制造和应用的所有阶段，都经常很细心而费时地预定检查是非常必要的。同时，必须对机器的运行状态作大量的观察，确定和评价使规划目标与运行数据处于相匹配的应力状态，限制应力因素，使设计结构与使用结构在运行条件下相匹配。

3. 环境是一种安全因素和应予保护的财富

人和机器都被置于一定的环境中。环境在人-机-环系统中，是第三个重要的基石。人的操作可能引起机器方面的事故和损失，从而对环境产生有害影响。另一方面，环境中有许多自然过程，例如地震和灾难性暴风雨、洪水等，以及源于技术的灾害（比如火灾和爆炸），都会对机器产生危害。

为此必须首先确定机器是否影响和怎样影响环境，或者环境是否危及机器。只有通过对人与机器、人与环境的各种相互关系进行透彻的分析，才能避免在人–机–环境系统的构建中出现错误。低估环境的重要性可能会对技术系统的运行安全带来严重后果。

在人–机–环系统中，人们使用机器，同时也暴露在机器的危险之中。人的行为和机器的状态依赖于所处的环境条件，人和机器也常常以不同的方式影响环境。在这个人–机–环交互作用的系统中，由于事故、事变或局部环境的持久应力，人或财产可能遭受损害。事故或事变可能源于技术，亦即由于制造缺陷、大气中的有害物质或气候条件等其他干扰因素的影响。尽管使用和操作是正确的，技术装备仍然可能不像预期的那样运转。另一个可能的原因是人和机器的相互作用缺乏协调。

应根据人机工程学原理，通过适合操作者的装备设计，将这样的缺陷减小到最低限度。这就意味着要尽量使机器设计适合于人。另一方面，经过合适的选择、培训和诱导，可以促使人正确地动作，并有意识地保护自己。但必须考虑到：人的行为绝不是一致的或一成不变的，而是因人而异并且因时而异的。此外，人的行为还受周围环境的影响。因而，环境的任何改变也要适应人的要求。

然而，技术装备中的事变不可能通过预防措施而完全排除，因此使事变影响最小的补充措施必不可少。一旦技术装备内部的潜在危险超过一定限度，则事故预防措施的系统规划就必须强制执行。

因此，为了控制事故损失，必须及早识别事变、报警、警告信号，并采取相应的积极对策。为了识别事变，最重要的是及时得到有关事变程度的确切信息。这就要求对技术装备进行连续监测。此外，为了监视环境，需要有报警中心，也要有通过实际观测或者通过估计而确定灾害危及的敏感区的能力。

2.3.2 人–机–环系统工程的研究内容和方法

1. 研究内容

人–机–环系统工程的研究内容可用图2–1来形象描述。它包括7个方面：人的特性的研究、机器特性的研究、环境特性的研究、人–机关系的研究、人–环关系的研究、机–环关系的研究、人–机–环系统总体性能的研究。

①人的特性研究，主要包括人的工作能力研究，人的基本素质的测试与评价，人的体力负荷、脑力负荷和心理负荷研究，人的可靠性研究，人的数学模型

34

(控制模型和决策模型)研究,人体测量
技术研究,人员的选拔和训练研究等。

②机器特性的研究,主要包括被控
对象动力学的建模技术,机器的防错设
计研究,机器特性对系统性能影响的研
究等。

③环境特性的研究,主要包括环境
检测技术的研究,环境控制技术的研究,
环境建模技术的研究等。

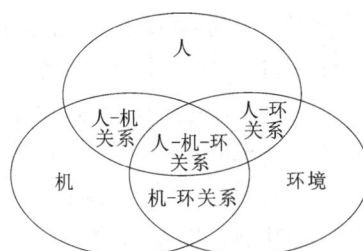

图 2-1　人-机-环境工程
研究范畴示意图

④人-机关系的研究,主要包括静态
人-机关系研究、动态人-机关系研究等。静态人-机关系研究主要指作业域的布
局与设计研究;动态人-机关系研究主要有人、机功能分配研究(人、机功能比较
研究,人、机功能分配方法研究,人工智能研究)和人-机界面研究(显示和控制
技术研究,人-机界面设计及评价技术研究)等。

⑤人-环关系的研究,主要包括环境因素对人的影响,个体防护技术的研
究等。

⑥机-环关系的研究,主要包括环境因素对机器性能的影响,机器对环境的
影响等。

⑦人-机-环系统总体性能的研究,主要包括人-机-环系统总体数学模型的
研究,人-机-环系统全数学模拟、半物理模拟和全物理模拟技术的研究,
人-机-环系统总体性能(安全、高效、经济)的分析、设计和评价等。

2. 系统界面

系统界面是人与机、环境以及其他人之间的信息或能量的交换空间。系统界
面中包括人与机器之间的相互作用关系,因此系统界面的优劣,取决于系统要素
(即人、机、环境)之间的匹配程度,其表现形式为信息或能量交换的准确性、及
时性和有效性。

系统界面还包括人与硬件、软件、环境以及其他人之间的关系。前者是各种
操纵装置和显示装置以及作业环境的各种设备,后者包括操作程序、信息表现形
式等。

系统界面也包括人-机界面(人与机器、硬件和软件、相互匹配)、人-环境界
面(人与环境相互匹配)、人-人界面(人与人之间的分工和配合)。这些界面必须
相互匹配,否则,该人机系统就不能发挥作用。人们设计系统(包括机器、程序以
及环境)以适应人的要求,反过来,对于现有的机器或程序,人必须接受训练以与
之相适应。例如,对于非母语的驾驶舱而言,语言训练是必要的;如果设计中改

为母语的语言环境,语言障碍就消除了。

人处于特定的系统界面,可以用 SHEL 模型来描述。SHEL 模型是用来研究安全工作中"人"所处的特定系统界面。它的名称是由组成系统的四个要素:软件(Software)、硬件(Hardware)、环境(Environment)和生命件(Liveware)的首字母组成的,模型框图如下图 2 - 2 所示。人的失误容易产生于以人为中心的与硬件、软件、环境以及其他人

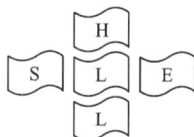

图 2 - 2　SHEL 模型

之间的相互关系上。这些关系也被称为 SHEL 模型的四个界面:L - S 界面、L - H 界面、L - E 界面、L - L 界面。

(1)核心是人

从 SHEL 模型可以看出,人在其中起主导作用,即处于核心地位的是人,人是系统中最关键、最灵活的要素,也是系统中适应能力最强的部分。系统的其他元素必须与其适应和匹配,以避免系统内出现内应力而使系统完全崩溃,实现该人机系统高效和安全的目标。因而重视人的因素,利用和发展人的潜力必须首先要注重研究人的特点,掌握人的特性。

(2)四个界面

L - S 界面包括人与软件之间的关系,研究人与操作程序、检查单程序以及应急程序和计算机应用程序等之间的相互适应问题,以便简化作业环节,减少人的劳动负荷和劳动强度。

L - H 界面是指人与硬件之间的关系,研究人与显示器、操纵器之间的相互适应问题,以使系统界面设计更适合人的要求。

L - E 界面指人与其所处环境的关系,研究特定环境中的噪声、振动、高低温、加速度、生物节律、时差等对人的影响以及适应过程和反应规律。

L - L 界面指人与人之间的关系,即工作中人和其相关的人之间的配合协调关系。训练和熟练性测试按照传统做法是针对个人分别进行的,如果小组每一成员的技术熟练,则认为由他们组成的小组也是熟练和有效的。然而,事实并非如此。近年来,人们的注意力已逐步转向团队工作的好坏上。

(3)SHEL 模型的应用

SHEL 模型中每个界面在元素间不匹配时都会存在潜在差错,因此可利用 SHEL 失误进行分析。

3. 研究方法

人 - 机 - 环系统工程的研究方法可以概括为四句话,24 个字:基于三个理论(控制论、模型论、优化论),分析三个要素(人、机、环境)、历经三个步骤(方案

决策、研制生产、实际使用)、实现三个目标(安全、高效、经济)。

(1)基于三个理论

人-机-环系统工程是一门综合性边缘技术学科,为了形成其理论体系,它从一系列基础学科中吸取了丰富营养,并奠定了自身的基础理论。人-机-环系统工程的基础理论可以概括为控制论、模型论和优化论。

① 控制论。

控制论的根本贡献在于,它用系统、信息、反馈等一般概念和术语,打破了有生命与无生命的界限,使人们能用统一的观点和尺度来研究人、机、环境这三个物质属性本是截然不同、互不相关的对象,并使其成为一个密不可分的有机整体。

② 模型论。

模型论能为人-机-环系统工程研究提供一套完整的数学分析工具。很显然,人-机-环系统工程不仅要求定性,而且要求定量地刻画全系统的运动规律。为此,就必须对不同客观对象,引入适当的数学模型,并通过建模、参数辨识、模拟和检验等步骤,用数学语言来阐明真实世界的客观规律。

③ 优化论。

优化论的基本出发点是,在人-机-环系统的最优组合中,一般总有多种互不相同的方法和途径,而其中必有一种或几种最好或较好的,这样一种寻求最优途径的观点和思路,正是人-机-环系统工程的精髓。优化论正是体现这一精髓的数学手段。

(2)分析三个要素

分析三个要素,是指研究如何运用人、机、环境这三个要素来构成所需要的、具有特定功能的人-机-环系统。通常,根据各种系统的性能特点及复杂程度,又可将人-机-环系统分为三种类型:简单(或单人、单机)人-机-环系统,复杂(或多人、多机)人-机-环系统以及广义(或大规模)人-机-环境系统。

很显然,无论是简单的、复杂的,还是广义的人-机-环系统,都是一个复杂的巨系统。这是因为,人体本身是一个巨系统,机器(或计算机)也是巨系统,再加上各种环境因素的作用和影响,因而形成人-机-环这个复杂巨系统。

实践证明,对任何一个系统来说,系统的总体性能不仅取决于各组成要素的单独性能,更重要的是取决于各要素的关联形式,也即信息的传递、加工和控制方式。

因此,要实现人、机、环境的最优组合,其难度是相当大的。而且,人们对人、机、环境这三种因素的研究,原先都是隶属于不同的学科领域,其研究方法和研究思想也大不相同。现在,为了将它们组合成一个复杂巨系统,首先就必须有一个能够统一描述人、机、环境各自能力及相互关系的理论，没有这样一个理论作指导，就根本谈不上对整个系统做深入研究，也就更谈不上实现系统的最优化设计。所以，人–机–环境系统工程正是针对这种现实应运而生的。

（3）历经三个步骤

为了将人–机–环系统工程理论应用于各个领域，一般都应经历方案决策、研制生产和实际使用三个阶段。

① 方案决策阶段。

方案决策属于理论分析范畴，也是最关键步骤。在这个阶段，人–机–环系统工程能为人–机–环系统的总体方案设计提供一套完整的决策理论，其中最主要的任务是建立人、机、环境的各自数学模型和系统的总体模型，并借助计算机进行全系统的数学模拟和优化计算，以确定人、机、环境的最优参数和系统的最优组合方案。

② 研制生产阶段。

在研制生产阶段，人–机–环系统工程的任务是确定实现最优方案的最佳途径。在这个阶段，始终强调把作为工作主体的人参与到系统中去，并通过半物理模拟或全物理模拟不断分析和检验人–机–环系统的整体性能和局部性能，并协调各分系统的技术指标，使总体性能达最佳状态。

③ 实际使用阶段。

在实际使用阶段，人–机–环系统工程的任务是通过实际使用的验证，提出充分发挥现存系统性能的意见(如选拔操作人员的标准和训练操作人员的方案和计划)，全面做到物尽其用、人尽其才，并为进一步改善和提高系统性能提出新的建议。

4. 实现三个目标

一般而论，要同时满足安全、高效、经济这三个指标是困难的，而且有时是矛盾的。因此，为了用系统工程方法来使所建造的人–机–环系统实现安全、高效、经济这三个目标，首先需假设几种设计方案，然后针对每种方案用全数学模拟、半物理模拟或全物理模拟方法，获得人、机、环境各种参数对系统性能影响的关系曲线。

第3章　铁路运输安全保障系统

3.1　铁路运输安全影响因素分析

铁路运输系统是一个在时间、空间上分布很广的开放的动态系统，铁路运输安全影响因素错综复杂，涉及面很广。从系统论的观点出发，与运输安全有关的因素可以划分为四类：人、机器、环境以及管理。这种分类具有下述优点：

（1）它从构成生产系统的最基本元素出发，从事故的最根本原因着手，具有普遍的意义。

（2）充分体现安全是一项全员、全要素、全过程的活动。因为系统中的"人"，是指作为工作主体的人，"机"是指人所控制的一切对象的总称（包括固定设备和移动设备），"环境"是指人、机共处的特定的工作条件（包括内部环境和外部环境）。

（3）考虑了人、机、环对安全的影响，尤其考虑了三者之间的相互作用，包括人-人、人-机、机-机、机-环、人-环以及人-机-环等。

（4）以管理作为控制、协调手段，协调人、机、环之间的相互关系，并通过反馈作用将系统状态的信息反馈给管理系统，从而改进安全管理方法，最终得到更为安全的系统。

3.1.1　单因素影响分析

1. 人员因素影响分析

1）人在保障运输安全方面的重要性

在安全问题中，人是矛盾的主要方面，因为即使是高度自动化的系统也不可能完全避免人的介入，不可能完全不受人的操纵和控制。安全专家库尔曼认为，人是一种安全因素和防护对象，机器是一种安全因素，环境是一种安全因素和应予保护的财富。在人-机-环境系统中只有人向安全问题提出挑战，一个掌握足够技能和装备的人能够发现并纠正系统故障，并且使其恢复到正常状态。不幸的是，绝大多数事故的发生均与人的不安全行为有关。众所周知的前苏联的切尔诺贝利事故与美国的三哩岛事故均与人的差错有关。

据统计，德国大约80%以上的道路交通事故起因于人的差错；法国电力公司在 2002 年的安全分析研究报告中指出，在 70% ~ 85% 的事故中人的因素起着决定性的作用；美国研究发现在机动设备事故中，由人的因素引起的事故占 89%（其中单纯人的因素占 57%，人与环境的相关因素占 26%，人与设备的相关因素占 6%）；美国矿山调查表明，由于人的差错导致误判断、误操作而造成的事故占矿山事故总数的 85%；日本劳动省 1983 年对制造业伤亡事故原因分析表明，大约 86000 起歇工 4 天以上的事故中，由人的不安全行为导致的占 92.4 %。

人对于安全的主导作用，在铁路运输安全方面也不例外。铁路运输安全与许多活动有关，所有各项活动都依赖于高效、安全和可靠的人的行为。在铁路运输工作的每个环节、每项作业中，都是由人来参与并处于主导地位的，人操纵、控制、监督各项设备，完成各项作业，与环境进行信息交流，与其他作业协调一致。正是由于人在运输工作中的重要地位，使得人的因素在运输安全中起着关键的作用。

国外铁路高度重视人在保证运输安全中的特殊作用。各国铁路专家认为，"技术设备故障-调度指挥失当-司机缺乏警惕"是导致事故发生的主要原因；前苏联通过对事故分析的研究认为，机车乘务员必须具备良好的职业生理和心理条件，才能保证正常运输和意外情况下防止事故发生；德国建立了对运营部门职工，首先是机车乘务人员的职业挑选制度，从 ABT（考虑对运输工作拥有的知识水平和从事该项工作的动机）、PBT（检查心理状态和身体素质）和 BT（运用临床心理学方法进行专门检查）三个方面对他们进行考核；波兰从 1979 年起就制定了司机履历表，包括对司机的职业合格程度和能力及个人素质等 16 项标准进行考察，分不同等级评分鉴定；日本每年通过不同形式，安排约 50% 的铁路员工参加技术训练，这些人员中 85% 通过函授教育，15% 通过脱产学习来提高业务水平；英国铁路历年重大事故责任的分析资料表明，由于职工失职和失误造成事故所占比重大于技术缺陷所占的比重，所以，对有关运输人员的录用和考核必须有严格的规定，培训工作也应不断改进和加强。

人对运输安全的特殊作用可归纳为下述三点：

（1）人的主导性

在人和设备的有机结合体中，人是主导方面。设备必须由人来设计、制造、使用和维护，即使是技术状态良好的安全设备，也只有通过人的正确使用，才能发挥它的保安作用。

（2）人的主观能动性

当情况突然变化时，人能立即采取相应的措施和灵活的方法，排除故障等不安全因素，使系统恢复正常运转。只有人才具有主观能动性，从而具有合理处理意外情况的能力。

（3）人的创造性

人能够通过研究和学习，不断地提高和改进现有系统的安全水平。

2）影响铁路运输安全的人员分类

影响铁路运输安全的人员包括：

（1）运输系统内人员

主要指车务、机务、工务、电务、车辆、安监、客运、货运、工程、给水、供电等部门的各级领导人员、专职管理人员和基层作业人员，他们是保证运输安全的最关键人员。铁路运营实践表明，铁路员工，特别是运输生产第一线的职工和负有管理责任的人员，他们的思想品质、技术业务水平及心理、生理素质等不适应铁路运输工作的要求，往往是酿成事故的重要原因。

日本铁路在2000—2005年间因作业人员失职的事故所占比重为42.3%，其中司机误认信号最危险，极易导致重大事故的发生（占23%），2005年约有60%的行车事故，93%的道口事故都是由人的错误引起的；印度大约52%的事故是由于铁路职工技术水平低、心理素质差所致；前苏联1985年发生的重大事故中，机务部门约有70%是由于冒进信号造成的，运输部门有40%以上是由于向占用区间发车和车辆溜逸等造成的，而其机务部门所发生的重大事故中，因机车乘务员操作失误的占96%，技术设备不良仅占4%。2004年俄罗斯由于机务部门违章作业而发生的重大事故占46%，大事故占41%；据美国统计，由于作业人员失误造成的事故约占60%；英国1995—2005年重大列车事故中，人的因素占41%～54%；我国2006和2008年发生的运输重大、大事故中，因职工劳动纪律和技术水平等原因造成的责任事故占36.9%，由此而发生的险性事故比重更高达75%以上。

（2）运输系统外人员

主要指旅客、货主以及铁路沿线居民、机动车驾驶人员等。系统外人员对安全的影响主要表现在以下四个方面：

① 旅客携带"三品"上车，不遵守铁路安全有关规定而引起行车事故；

② 在铁路−公路平交道口，经常发生机动车驾驶员和道口行人不注意瞭望，强行过道所致的道口事故；

③ 铁路沿线人员无视铁路安全法规，关闭折角塞门、偷盗通信器材、拆卸铁路设备和在线路上放置障碍物等，严重威胁铁路运输安全；

④ 货主不遵守货物运输安全规定，例如在承运货物中携带危险品而不如实申报等，也会影响铁路运输安全。

3）运输安全对人员的素质要求

影响铁路运输安全的人的因素，是指上述人员的安全素质，包括思想素质，技术业务水平,生理、心理素质,以及群体素质,且对不同人员有不同的素质要求。

(1)对铁路运输系统内人员的安全素质要求

① 思想素质:

思想素质包括职业道德、劳动纪律、安全观念等。安全思想素质差,责任心不强,是导致"违章违纪"等不安全行为的重要原因,特别是某些领导的安全意识差,"安全第一,预防为主"的思想树立不牢,往往会制约一个单位的安全状况。

② 技术业务素质:

技术业务素质包括业务知识、文化素养、安全法律知识和安全技能,以及处理各种非正常情况的作业能力等。由于铁路运输作业经常可能面临各种意外情况,所以运输工作人员的应变能力非常重要。此外,对安全管理人员而言,还应具备相应的安全管理知识和能力。

③ 生理素质:

生理素质是指影响运输安全的人体生命活动,包括身体条件及生理状况。主要有年龄、性别、记忆力、体力、耐力、血型、视力、视觉(色觉、形觉、光觉)、听觉、动作反应时间和疲劳强度等均与铁路运输安全有十分密切的关系。例如,机车司机的视觉功能障碍,不能准确瞭望,极易发生行车事故。再如,司机年龄与行车事故之间构成一种浴盆曲线,如图3-1

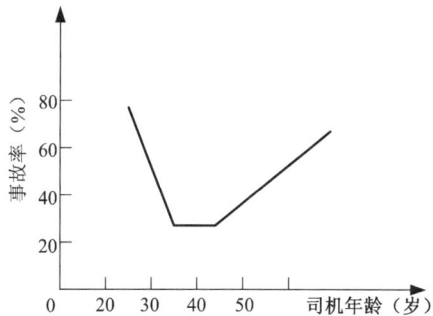

图 3-1 事故率与司机年龄的关系

所示,发生这种情况的主要原因在于青年人缺乏必要的工作经验和对自身的控制能力,冒险性强,容易受到外界人为因素的干扰,而年长者由于生理机能不断衰退,体力减退,力不从心,所以发生事故往往难以避免。

④心理素质:

心理素质是指影响运输安全的人的心理过程及个性心理特征。主要包括个体的气质、能力、性格、情绪、需要、动机、态度、爱好、兴趣、意志等各个方面。例如,在气质方面,胆汁质的人往往易冲动,表现为性急而粗心,多血质的人注意力容易转移,缺乏耐性,都可能成为引发事故的条件;黏液质的人表现为稳定、细心、工作有持久性,比较适合于在安全和要害部门工作。在性格方面,表现为勤劳、认真、细致、具有自信心和控制能力的人,以及富有稳定和持久的情绪特征的人，都有利于做好各项安全工作。因此，正确判断职工的气质，培养良好的性格和其他心理特征，是保障安全生产的重要前提。

⑤群体素质：

群体是个体的集合，群体素质是指影响运输安全的群体特征，包括群体目标、群体内聚力、群体的信息沟通、群体的人际关系等。由于铁路运输工作要求多工种协同动作，涉及多个环节，因而它对于运输系统内部门与部门之间、部门内人员之间以及同一作业的不同操作者之间的协调性要求很高，这就使群体的作用变得十分突出。群体对运输安全的影响，主要表现在群体意志影响其成员的行为。包括：

ⓐ社会从众作用

个体在群体中，往往不知不觉地受到影响与压力，表现出与群体内多数人的知觉、判断和行为相一致的现象，即从众现象。社会从众作用表现在安全生产上具有正反两方面的意义。在一个遵章守纪的群体中，个别惯于冒险作业的人会感受到群体的压力而改为安全作业。相反，如果是在一个不重视安全的群体里，少数一贯遵章守纪的人也会顺从群体的错误行为。

ⓑ群体助长作用

一方面，群体的存在可以起到满足个体心理需要、增加勇气和信心的作用；另一方面，群体成员在一起工作，有助于消除单调和疲劳，激发工作动机，使工作效率得以提高。但是，对于某些脑力劳动，特别是创造性的思维劳动，多数人在一起工作，反而会使注意力不集中，降低工作效率。

ⓒ群体规范作用

群体成员在彼此相互作用的条件下，会发生一种类化现象，个体差异会明显缩小。规范作用的强弱取决于群体意识的强弱。在安全意识较强的群体里，成员大多能保持安全的操作行为。与此相反，在安全意识薄弱的群体里，成员们为了抢时间、省力气、突击完成任务，往往倾向于不安全行为。对于这样的群体，必须密切注意，加强管理。

(2)对运输系统外人员的安全素质要求

运输系统外人员不直接从事铁路运输生产活动，因此，对他们的安全素质要求主要体现在要严格遵守铁路运输安全法规有关规定，具备铁路安全法规知识，具有较强的安全意识和一定的安全技能。

运输安全对不同人员的素质要求如图3-2所示。

2. 设备因素影响分析

特殊路运输设备是除人之外，影响运输安全的另一个重要因素，质量良好的设备既是运输生产的物质基础，又是运输安全的重要保证。

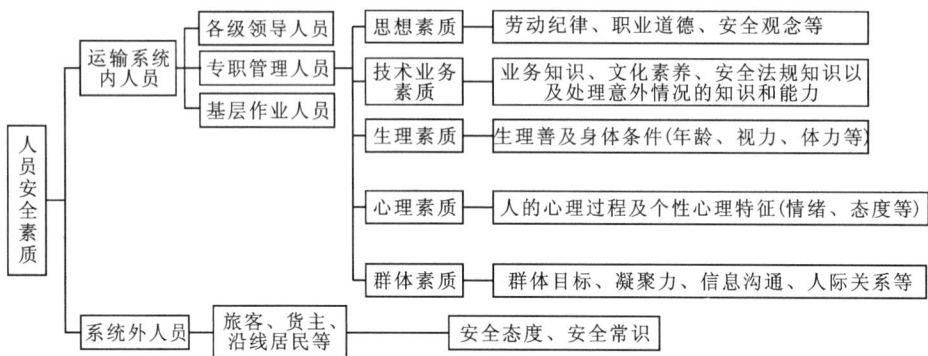

图 3 - 2　铁路运输对不同人员的素质要求

1）与运输安全有关的设备类型

（1）运输基础设备　包括：

① 固定设备。线路（路基、桥隧建筑物、轨道）、车站（编组站、区段站、中间站）、信号设备（铁路信号、联锁设备、闭塞设备）等。

② 移动设备。机车（蒸汽、内燃、电力）、车辆（客车、货车）、通讯设备（各种业务电话、列车预确报电报）、信号设备等。

（2）运输安全技术设备　包括：

① 安全监控设备。对铁路员工操作正确性进行监督，防止在实际运输作业过程中由于人的精力和体力出现不适应而造成行车事故。如防止机车冒进信号的列车自动报警、自动停车、速度监控、列车无线调度电话等，以及防止错办进路的红外线列车压标报警装置、列车进路监视器等。

② 安全监测设备。对各种运输基础设备的技术状态进行监测，如轴温探测装置、轨道检测车、钢轨探伤车等。

③ 自然灾害预报与防治设备，如塌方落石报警装置、地震报警系统等。

④ 事故救援设备，如消防、起复、抢修、排障等设备。

⑤ 其他安全设备，如道口栏木，安全管理设备等。

2）铁路运输设备特点及改进安全性的途径

（1）铁路运输设备特点

铁路运输设备由于具有下述特点，因而对其安全性要求较高。

① 种类多，数量大，整体性强。

② 延伸面广，配置分散，连续运转。

③ 冲击剧烈，自然力影响大，设备有形损耗严重。

④ 运用中设备监控难度大，故障处理时间紧。

（2）改进安全性的途径

正是由于运输安全对设备的安全性要求较高，各国铁路都在积极依靠技术进步，不断更新改造原有设备，采用更先进的运输安全技术设备。包括下述两个方面：

① 强化运输基础设备，加大其安全系数，使之适应列车重量、密度、速度提高的要求。如平交道口改立交，铺设重型钢轨，采用自动闭塞、电气集中、调度集中，增加各类道口信号的装备率等。

② 研制和采用先进的运输安全技术设备。例如，美国铁路为了改进道口安全，在道口安装了三万套报警系统，它们将道口栏木、闪光灯信号和警铃等硬件与微处理机结合起来，能判断并确定报警和栏木落下的时间，具有高度的可靠性。英国铁路从 1988 年 12 月在可拉菲姆站发生三列车冲撞重大行车事故后，决定加快列车自动防护装置的实验工作，加快安装信号箱与列车间的无线连接，在旅客列车上安装"黑匣子"数据记录器。法国国有铁路为了提高安全标准，研制实时列车识别、监视和控制系统。日本铁路为了预防地震灾害，自 1964 年开始就在铁路沿线地区安装地震报警装置和地震报警系统；为了保障列车运行安全，在东海道新干线安装了风速及降雨量监视系统。前苏联铁路系统在机务部门，开始采用制动装置自动控制系统和牵引工况自动控制系统等。

经过多年努力，我国铁路运输安全装备得到了较大改善。例如 2008 年中南大学科研人员研制成功了青藏铁路大风监测系统并投入实际运用，为青藏线的安全运用提供了最基础的物质保障；另外新开发的车站集中联锁的微机监控系统，为信号系统改革维修体制打下了基础；红外线轴温监控系统基本成网，第二代红外线轴温检测装置更趋成熟，形成了监控网络和维修体系；成功研制了货车垂下品、超偏载等新的检测装备；不同速度等级的轨道检测车、接触网检测车普遍投入运用；旅客列车道口安全报警系统、接发列车防错办装置等安全设备得到广泛应用；货车脱轨在线检测系统的研制已取得初步成果。尤其是在高速铁路上所有这些安全技术装备为减少行车事故提供了有力保障，对运输安全有序可控做出了突出贡献。

3）影响运输安全的设备因素

影响运输安全的设备因素主要指运输基础设备和运输安全技术设备的安全性能，包括设计安全性和使用安全性。

（1）设计安全性

设备的设计安全性是指设备的可靠性、可维修性、可操作性（人–机工程设计）以及先进性等。

设备可靠性是指设备在规定条件下、规定时间内，处于正常工作的能力，它可以用可靠度、故障前平均时间、故障率等来衡量。在整个寿命期过程中，设备的故障率可以用浴盆曲线表示，如图3-3所示。从图中可以看出，机器设备在调整后的开始阶段，通常具有较高的可靠性，而经过一段时间的使用、运转后，由于一些物理和化学因素的影响，如磨损、老化等，其可靠性会逐

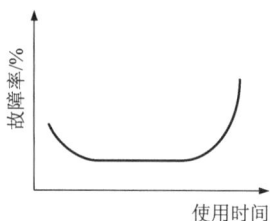

图3-3 浴盆曲线

渐降低，且随着使用时间的延长，最终必然会发生故障。因此，无论从生产上，还是从安全上考虑，均希望可靠性越高越好，而且，设备使用人员应充分了解设备的可靠性，保证及时修理或更换。

设备可维修性是指设备易于维修的特性，即设备发生故障后容易排除故障的能力。可维修性与维修的含义不同，维修是指设备保持和恢复功能的作业活动，是在使用中设备发生故障后，由设备维修部门采取的行动。而可维修性则是设备的固有特性之一。可维修性好，可使设备在需要维修时以最少的资源(人力、技术、测试设备、工具、备件、材料等)在最短的时间内顺利地完成任务。铁路运输系统长期不间断地运行，对设备可维修性的要求较高，尤其希望维修时间越短越好。

可操作性是指机器设计要便于人进行操纵。因此，机器设备在设计过程中，要同时考虑人与机器两方面的因素，要着眼于人，落实在机。在机器设计中凡要求人进行操作时，其操作速度要求低于人的反应速度，凡要求操作者以感官作用下的间歇操作，必须留出足够的间隔时间，这样才能获得人机设计的综合最佳效果。可操作性主要指人机界面设计。应保证：显示器与人的信息通道匹配，操纵器与人的效应器匹配，人机与环境要素之间的匹配。在生产过程中，信息流要从界面通过，如果人机两个子系统匹配得好，信息流畅通，人机系统就会处于较佳状态。因此，人机界面的设计应满足：

① 显示器要具有可识别性。

② 控制器要具有可控性。

③ 显示器与控制器应合理布局。

④ 人机恰当分工。

设备先进性是指尽量利用最新科技成果，采用先进的装备，淘汰落后的设备。如用自动闭塞取代半自动、路签闭塞等。对于铁路运输系统来说，越是先进的设备，通常其安全性也较高。例如平交道口改立交后，道口事故将会大幅度下降。当然，先进的设备要求有先进的安全技术设备与之相匹配，否则，一旦发生

事故，后果将难以预料。

（2）使用安全性

设备的使用安全性包括设备的运行时间，维护保养情况等。设备运行时间越短，即设备越新，其使用安全性越好；设备维修保养得越好，其使用安全性也越好。反之，则相反。

3. 环境因素影响分析

影响运输安全的环境条件包括内部小环境和外部大环境两部分。

（1）内部小环境

对于一般微观的人–机–环境系统而言，内部环境通常是指作业环境，即作业场所人为形成的环境条件，包括周围的空间和一切生产设施所构成的人工环境。然而，铁路运输系统是一个非常复杂的宏观大系统，它是由系统硬件（运输基础设备和运输安全技术设备）、系统工作人员（运输系统内的各级管理人员和基层作业人员）、组织机构（管理机构、运行机构、维修机构等）以及社会经济因素（政治、经济、文化、法律等）等相互作用而构成的社会–技术系统。因此，影响运输安全的内部环境绝非仅是作业环境，它还包括通过管理所营造的运输系统内部的社会环境，即运输系统外部社会环境因素在运输系统内的反映，它涉及的面很广，包括运输系统内部的政治、经济、文化、法律等环境。

（2）外部大环境

影响运输安全的外部环境包括自然环境和社会环境。自然环境是指自然界提供的、人类暂时尚难以改变的生产环境。自然环境对运输安全的影响很大。铁路线路暴露在大自然中，经常遭受洪水、暴雨、风沙、泥石流以及地震等自然灾害的威胁。在各种自然灾害中，最常见的是暴雨、洪水，严重影响运输安全，危害极大。此外，气候因素（风、雨、雷、电、雾、雪、冰等）、季节因素（春、夏、秋、冬）、时间因素（白天、黑夜）以及铁路沿线的地形地貌等也是不容忽视的事故致因。

社会环境包括社会的政治环境、经济环境、技术环境、管理环境、法律环境以及社会风气、家庭环境等等，它们对铁路运输安全均有不同程度的影响，较为直接的是铁路沿线的治安和站车秩序状况。

3.1.2　各种因素相互影响分析

人、机、环境三者之间的相互作用有7种方式。

（1）"人–人"之间

铁路运输是由多部门、多层次人员分工与协作来实现的。人与人之间相互作用、相互影响、相互依赖、相互制约，必须协调配合，才能有效保证运输生产的顺利进行。如果人与人之间的协调配合不好，就会造成事故隐患乃至发生行车事故，影响铁路运输安全。

（2）"人–机"之间

在"人"与"机"的关系中，"人"是行为的主体，由人操纵"机"运转，人的劳动能力、劳动熟练程度、劳动态度直接影响"机"的运转状况。同时自动化"机"可以部分地监督人的行为，减少人为偏差。所以"人–机"之间是相互作用和相互影响的关系。

（3）"人–环"之间

人的活动是在一定的环境之中进行的，受环境的影响和制约，一方面人从环境中获取物质、能量和信息，可以创造环境、改进环境，对环境施加能动性的影响；另一方面环境反作用于人，使人必须适应环境，根据环境的变化调整自己的行为。

（4）"机–机"之间

"机–机"之间表现为一种联动的关系，为使联动有效地传递下去，要求每一环节必须运转正常与协调，任何一个环节出现不协调的现象，都会成为事故隐患的一种可能，需要加强"机–机"之间衔接的可靠性。

（5）"机–环"之间

一方面良好的环境有利于保证"机"的状态良好和运行正常，另一方面通过一定的"机"改造环境，使环境向有利于系统的方向发展。

（6）"环–环"之间

不可控制的大环境之间、可控制的小环境之间、大环境与小环境之间相互影响和制约，彼此之间是相互的改造和被改造的关系。应充分发挥可控制的小环境的能动作用，影响不可控制的大环境的变化。

（7）"人–机–环"之间

"人–机–环"构成铁路运输安全保障系统的最基本组成要素，根据系统的整体性思想，单纯一个要素的良好状态，并不能保证系统的优化，为充分发挥系统的整体功能，必须有效地组合与协调三者之间的关系。

3.1.3 管理因素影响分析

铁路运输安全管理是指管理者按照安全生产的客观规律，对运输系统的人、财、物、信息等资源进行计划、组织、指挥、协调和控制，以达到减少或避免铁路运输事故的目的。换言之，铁路运输安全管理是指为了有效地减免运输事故及由运输事故所引起的人和物的损失而进行危险控制的一切活动。该定义包含5个方面的含义：

① 运输安全管理的目的是消灭和减少运输事故及其损失。

② 运输安全管理的主体是运输系统的各级管理人员。

③ 运输安全管理的对象是人（基层作业人员）、财（安全技术措施经费等）、物（运输基础设备和运输安全技术设备等）、信息（安全信息）等。

④ 运输安全管理的方法是计划、组织、指挥、协调和控制。

⑤ 运输安全管理的本质是充分发挥人的积极性和创造性，调动一切积极因素，促使各种矛盾向有利于运输安全的方面转化。

管理具有计划、组织、指挥、协调、控制的职能，管理使人、机器和环境组成一个能够有效实现预期目标的系统。虽然人、机、环境往往是造成事故的直接原因，而管理看似间接原因，但追根溯源却是根本的、本质上的原因，这是因为前者都是受后者——"管理"要素支配的，所以安全工作的关键是管理。管理对运输安全的重要性主要体现在下述三个方面：

① 管理有助于提高运输系统内人员、设备和环境的安全性，如进行人员教育与培训等。

② 管理具有协调运输系统内人、机、环境之间关系的功能，包括人-人关系、人-机关系、人-环关系、机-机关系、机-环关系、环-环关系、人-机-环关系。

③ 管理具有优化运输系统人-机-环境整体安全功能的能力，亦即管理具有运筹、组合、总体优化的作用。

影响运输安全的管理因素较多，主要有安全组织、安全法制、安全技术、安全教育、安全信息和安全资金等。

3.2　人的可靠性问题

人在各种工程系统的可靠性中起着重要的作用，因为各种系统都是由人这个环节使之相互联系的。为了使可靠性分析有意义，必须考虑人的可靠性因素。为了提高工作系统的安全，除了提高系统硬件的可靠性和改善工作环境以外，重要的是要同时认识到人的可靠性的一面和不可靠性的一面，然后采取措施来提高人的可靠性，以保证系统运行的安全。例如必须按岗位需要聘用合适的人才，这是前提，并且通过各种规章制度、操作规程等来防止人的不安全行为，通过人员培训特别是岗位培训来不断提高其可靠性。

人和机器相比较，虽然机器也有失灵、故障等不可靠的地方，但是，在目前技术经济条件下，机器按照设定的条件工作，一般来讲是比较可靠的，不会有很大的变化，也比较容易预测；而人则不然，虽然工作条件、环境条件没有变化，但由于生理、心理的原因，有时动作不准确、不协调，由此导致工作质量下降、操作失误、违章等，这是人的不可靠性的一面，是人特有的禀性。

人虽然有不可靠性的一面，但是与机器不同的是人有思维，有判断能力，有学习能力，人有无限的潜能。通过培训，可使潜能不断释放，不但工作能力可以不断提高，而且能够自己发现失误，及时纠正失误，还能发挥创造性，改善和提高整个运行系统的可靠性，这也是人特有的禀性。

这里将人的可靠性定义为：人在系统工作的任何阶段，在规定的最小时间限度内（假定时间要求是给定的）成功地完成一项工作或任务的概率。在系统设计阶段，遵循人的因素的原则能有效地提高人的可靠性。另一方面，诸如仔细地挑选和培训有关人员等也有助于提高人的可靠性。

3.2.1 应力

应力，也就是我们平常所说的压力，是影响人的行为及其可靠性的一个重要因素。显然，一个承受过重应力的人，一般会有较高的可能性造成各种失误。根据研究表明，人的工作效率与应力（或忧虑）之间有如图3-4所示的关系。

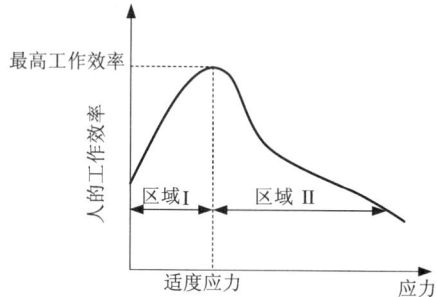

图3-4 人的工作效率与应力的关系

从图3-4中的变动曲线可看到，人的压力或应力，对于工作中的人而言，并不完全一定是安全的消极影响因素。实际上，适度的压力或应力，在一定程度上反而有利于增强人的积极性，从而把人的工作效率提高到最佳状态。但是如果压力或应力过小或过轻，例如分配的工作任务简单且单调，反而会使人觉得手中的工作简单、没有意义而变得反应迟钝，因而此时人的工作效率不会达到高峰状态；另外，若对人施加的应力过重，而且超过一定应力的情况下，将会引起人的心理等压力过大，进一步会导致人的工作效率下降，这里引起人的工作效率下降的原因可能是多方面的，如疲劳、忧虑、恐惧或其他心理上的应力。

上面的图中，还可以清晰地看到，人的应力-工作效率曲线可以划分为两个区域：在区域Ⅰ内，人的工作效率随应力的增加而提高；在区域Ⅱ内，人的工作效率随应力增加而降低。在适度的应力条件下，人的工作效率将可达到最高峰。

（1）职业应力

职业应力是指人因职业或工作方面的原因而导致的应力或压力，具体可以分为以下4种类型：

类型Ⅰ：与工作负荷有关。在超负荷工作的情况下，任务要求超过了个人满足要求的能力，同样，在低负荷工作的况下，一个人完成的工作调动不起积极性。低负荷工作的例子有：

① 不需要动脑筋；

② 没有发挥个人专长和技能的机会；

③ 重复性工作。

类型Ⅱ：与职业变动有关。职业改变破坏了个人行为上的、心理上的和认识上的功能模式，这种应力类型出现在与生产率和增长有关的机构中。职业变动的形式如调整编制、职务提升、科研开发和重新安置等。

类型Ⅲ：与职业上受到的各种挫折有关。当工作不能满足预先的目标时，会导致这种情况，如缺乏联系、分工不明确、官僚主义、缺乏职业开发准则等。

类型Ⅳ：其他可能的职业性环境因素，如振动、噪声、高温、光线太暗或太亮、不好的人际关系等。

（2）操作人员的应力特征

人能承受的应力都有一定的局限性，当执行某一具体任务时，若人承受的应力超过这些限度，差错的发生概率就会上升。因此，为了使人发生差错的可能性减到最小，设计工程师和可靠性工程师应密切配合，在任务或工作设计阶段，就应考虑到操作人员的能力限度和相关特征。

操作人员可能受到的应力特征，包括：

① 反馈给操作人员的信息不充分，不能确定其工作正确与否；

② 要求操作人员迅速地对两个或两个以上的显示值做出比较；

③ 操作人员要在很短时间内做出决策；

④ 要求操作人员延长监视时间；

⑤ 为了完成一项任务，所要做的步骤很多；

⑥ 有一个以上的显示值难以辨认；

⑦ 要求同时高速完成一个以上的控制；

⑧ 要求操作人员高速完成操作步骤；

⑨ 要求根据不同来源收集到的数据做出决策。

（3）个人的应力因素

个人应力因素，是指一般工作人员可能因某种原因造成了心理压力而引起的应力。这些因素中，有一些可能是在一个人在一生中遇到的某些实际问题，这里将其中一些列举如下：

① 必须与性格难以捉摸的人在一起工作；

② 心理上不喜欢甚至厌恶做现在的工作或事情；

③ 生活中与配偶或子女有矛盾；

④ 严重的经济困难造成的心理上的压力；

⑤ 在工作中有可能成为编外人员；

⑥ 在工作中得到职位晋升的机会很少；

⑦ 自身缺乏完成现在工作的能力，或做一项以自己的能力和经验不屑去做的工作等；

⑧ 身体健康欠佳；

⑨ 面临时间上要求很紧迫的工作；

⑩ 为了按期完成工作，不得不加班；

⑪ 上级在工作上提出了过多的要求，且难以达到。

3.2.2 人的差错(或失误)

1. 人的差错含义及原因

人的差错，是指人在执行规定任务时发生失误(或做了禁止的动作)而可能导致预定操作中断或引起人员伤亡和财产损坏。古人云："金无足赤、人无完人"，也就是说，人出错总是难免的。认识人的差错，就是要重视在工作和生活环境中，人与设备、环境的关系及与他人的关系，对可能搞错的地方，不能心存侥幸，只有积极采取有效措施，才能预防出错。而且人的差错对系统产生的影响随不同的系统而不同，造成的后果也是不一样的。因此，必须对人的差错的特点、类型以及后果加以分析，并定量化地给出它们发生的概率。

系统安全理论指出：事故发生通常不是孤立的事件反映，而是多种缺陷累加到一起的后果。因为任何企业首先是存在于人类社会之中的，人在组织中是从事一切生产活动的主体，而组织管理、制度及人的生理、心理，对其所担负工作的能力又有正反两方面影响。其次，再先进的设备都离不开人的操作，更何况任何设备系统又都有它本质安全设计不足的局限。另外，员工的个人生活、工作和人际关系环境，对人的差错因素的形成也有非常紧密的联系。美国 NTSB 公司曾经调查过 37 起重大事故，其中有 31 起与缺乏必要监督和无人对他人差错及时提醒有关。

人的差错的发生有各种不同原因，大多数人的差错发生的原因是基于这样一个事实，即人可以用各种不同方式去做各种不同的事情。因此，按照 Meister 的观点，人的差错的原因主要包括：在工作的环境中光线不合适；操作人员由于培训上的不足而没有达到一定的技能，因而造成失误；仪器设备的设计太差，质量不好；工作环境温度太高；高噪声的环境；工作图纸不合理；工作人员的空间太挤；目标不明确；使用工具错误；操作规程写的质量太差或者有错误；管理太差；任务太复杂；信息和语言交流上太差。另外，当然也还包括如下的原因：分工与职责不够明确，有的单位机构设置较多，职责却不清楚，易做的事争着干，难做的事没人干，工作中时常发生缺位、越位和错位的现象，形成责任"真空"和管理"盲区"等等。

2. 人的差错的分类

人的差错一般可按以下几种形式分类：

（1）按信息处理过程分类

① 未正确提供、传递信息。如果发现提供的信息有误，那就不能认为是操作人员的差错。在分析人的差错时，对这一点的确认是绝对必要的。

② 识别、确认错误。如果正确地提供了操作信息，则要查明眼、耳等感觉器官是否正确接收到这一信息，进而是否正确识别到了。如果肯定其过程中某处有误的话，就判定为识别、确认错误。这里所谓识别，是指对眼前出现的信号或信息的识别；确认是指操作人员积极搜寻并检查作业所需的信息而言。

③ 记忆、判断错误。进行记忆、判断或者意志决定的中枢处理过程中产生的差错或错误属于此类。

④ 操作、动作错误。中枢神经虽然正确发出指令，但它未能转换为正确的动作而表现出来。这种情况包括姿势、动作的紊乱所引起的错误，或者拿错了操作工具及弄错了操作方向等错误，遗漏了动作等。

（2）按执行任务性质分类

人的差错按照执行任务阶段的错误性质可划分为几种类别：

① 设计错误：这是由于设计人员设计不当造成的错误。错误一般分为三种情况：设计人员所设计的系统或设备，不能满足人机工程的要求，违背了人机相互关系的原则；设计时过于草率，设计人员偏爱某一局部设计导致片面性；设计人员在设计过程中对系统的可靠性和安全性分析不够或没有进行分析。

② 操作错误：这是操作人员在现场环境下执行各种功能时所产生的错误，主要有：缺乏合理的操作规程；任务复杂而且在超负荷条件下工作；人的挑选和培训不够；操作人员对工作缺乏兴趣，不认真工作；工作环境太差；违反操作规程，等等。

很多潜在的错误与职责有关。就决策来讲，例如决定不成熟、采用了一些不必要的规则、对一些行之有效的规章制度没采用、对目标变化反应不成熟、操作方向不正确以及对控制对象的变化反应不及时等都易出现错误。在制定程序时易发生潜在错误，例如安排一些不必要的操作步骤或遗漏了一些重要步骤等。此外，与解决问题有关的潜在错误，如使用错误的公式，识别、检测、分类及制定标准等也可能造成人的错误等。

在操作运行中所产生的错误，一般分为两种类型：一种是疏忽型，由于操作人员注意力不集中，没有注意到仪表显示上的变化或记错、忘记执行某一功能；另一种是执行型，包括操作、识别（判断）和解释错误，例如采取了不必要的控制动作来达到所希望的效果，对信息的判断不正确从而进行了一些有害操作，误将正确的对象当作错误对象处理等。这一类型错误发生的频率较高。

③ 装配错误：生产过程中装配错误有：使用了不合格的或错误的零件；漏装了零件；零部件的装配位置与图纸不符；虚焊、漏焊及导线接反等。

④ 检验错误：检验的目的是发现缺陷或毛病。由于在检验产品过程中的疏忽而没有把缺陷或毛病完全检测出来从而产生检验错误，这是允许的，因为检验不可能有 100% 的准确性。一般认为检验的有效度只有 85%。

⑤ 安装错误：没有按照设计说明书、图纸或安全手册进行设备安装造成的错误。

⑥ 维修错误：维修保养中发生的错误例子很多，如设备调试不正确、校核疏忽、检修前和检修后忘记关闭或打开某些阀门、某些部位用错了润滑剂等。随着设备的老化，维修次数增多，发生维修错误的可能性增加。

（3）哈默对人的差错分类

① 疏忽性：对困难做出不正确的决策；

② 执行性：不能实现所需的功能；

③ 多余性：完成一项不该完成的操作；

④ 次序性：执行操作时，发生次序差错；

⑤ 时间性：时间掌握不严，对意外事件反应迟钝，不能意识到的风险情况。

3. 人的故障模式

人的差错的发生有各种不同的原因，诸如信息提供、识别、判断、操作等一个或多个人的活动都可涉及人的差错。这些差错归纳起来为人的故障模式，如下图 3–5 所示。

4. 人的差错概率估计

人的差错概率是对人的行为的基本量度。其定义如下：

$$P = E/O$$

式中：E——某项工作（作业对象）中，发生的差错数；

O——某项工作中，可能发生差错的机会的总次数；

P——在完成某项工作中，差错发生的概率。

人发生差错的概率，受多种因素的影响，如操作的紧迫程度、单调性、不安全感、设备状况、人的生理状况、心理素质、教育、训练程度以及社会影响和环境因素等。因此，具体进行人的可靠性分析非常复杂，一般要根据操作的内容、环

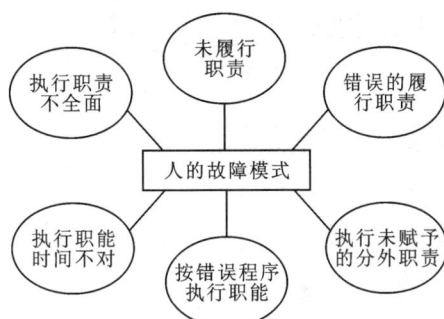

图 3 – 5 人的故障模式

境等因素进行修正,而且在决定这些修正系数时带有很大的经验性和主观性。

人们在处理或执行任何一次任务时,例如操作人员在操纵使用和处理设备、装置和物料时,都有一个对任务(情况)的识别(输入)、判断和行动(输出)三个过程,在这三个过程中都有发生差错的可能性。因此,就某一行动而言,工作人员的基本可靠度 R 为:

$$R = R_1 \cdot R_2 \cdot R_3$$

式中:R_1——与输入有关的可靠度;

R_2——与判断有关的可靠度;

R_3——与输出有关的可靠度。

R_1,R_2,R_3,的参考值见表 3 – 1。

表 3 – 1 R_1、R_2、R_3 的参考值

	影 响 因 素	R_1	R_2	R_3
简单	变量数量较少,人机工程学上考虑全面	0.9995 ~ 0.9999	0.9990	0.9995 ~ 0.9999
一般	变量数量不超过 10 个	0.9990 ~ 0.9995	0.9950	0.9990 ~ 0.9995
复杂	变量数量超过 10 个,人机工程学上考虑不全面	0.9900 ~ 0.9990	0.9900	0.9900 ~ 0.9990

由于受作业条件、工作人员自身因素及作业环境的影响,工作人员的基本可靠度还会降低。例如,有研究表明,人的舒适温度一般是 19 ~ 22℃,当人在作业时,环境温度若超过 27℃,人的失误概率就会上升约 40%。因此,还需要用修正系数加以修正,从而得到工作人员单个动作的失误概率为:

$$q = k(1 - R)$$

式中：k——修正系数，其计算公式为：

$$k = abcde$$

式中：a——作业时间系数；

b——操作频率系数；

c——危险状况系数；

d——生理、心理条件系数；

e——环境条件系数。

3.3 铁路运输安全保障系统

3.3.1 铁路运输安全保障系统的特征

铁路运输安全保障系统，是指配置在铁路运输系统上起保障运输安全作用的所有方法和手段的综合，一方面要保证运输系统内人员和设备的安全性，另一方面要保证运输系统不会受到其外部环境的威胁。

从概念上讲，运输安全保障系统与运输安全系统是有区别的，虽然二者均属于"软"概念，很难明确定义。根据安全对生产的依附性，构成运输系统的要素如人、机、环境、管理等均会对运输安全产生影响，因而它们同时也构成了运输安全系统的要素，只是侧重不同而已，即运输安全系统与运输系统一样，也是一个开放的人–机–环境动态系统。而根据定义，运输安全保障系统可以理解为一种控制系统，它是针对运输安全影响因素采取的所有控制方法和手段的有机结合。相比较，运输安全系统的范围更广一些，它通常是就一般的安全分析而言；而运输安全保障系统则更为具体，也更有针对性，它是针对某一时期、某一阶段、某一范围内运输系统存在的安全问题而建立的，其目的是为了达到当时可接受的安全水平。相对于运输安全系统而言，运输安全保障系统具有更强的可操作性和时效性。

铁路运输安全保障系统是一个以管理作为施控主体，以运输安全直接影响因素(人、机、环境)作为受控客体的控制系统，其目的是实现某一时期的系统安全目标。其中，运输安全直接影响因素为广义的概念，它不仅包括单独的每个因素，还包括因素间关系及组合。

从本质上讲，铁路运输安全保障系统是一个以"管理"为中枢、"人"为核心、"机"为基础、"环境"为条件组成的总体性的以保障铁路运输安全为目的的人–机–环境系统。在这个系统中，"管理"要素渗透到每一环节，对促使各个要素结合起来成为一个整体起着中枢性的作用。在系统中"人"既是"管理"的主体，又是"管理"的对象，"人"在系统中的主导地位不会变，可变的只是管理层次越高，其主导性越强。"机"是安全生产必不可少的物质基础，但这一物质基础的存在还只是一种"可能"的生产力要素，它只有在"管理"要素的作用下，与"人"和"环境"有机结合后，才能成为"现实的"生产力要素。"环境"是对安全有重大影响的要素群，其中有的以潜移默化的方式影响安全，有的则以雷霆万钧之势影响安全，有的属于系统难以控制的影响因素，有的则属于系统可控的影响因素，而且环境影响安全可以说是无孔不入，但其影响既可能产生正效应，也可能产生负效应。对安全而言，系统可以发挥"管理"要素的中介转换功能，即通过改善可控的内部小环境来适应不可控的外部大环境，以强化其正效应或削弱其负效应，并创造保障铁路运输安全的良好条件。

铁路运输安全保障系统是对反馈控制和前馈控制的综合，即是一种前馈-反馈耦合控制系统。作为反馈控制，将系统输出端的信息通过反馈回路传输到系统输入端，与系统的目标进行比较，找出偏差，采取适当的措施实施控制纠正偏差，使系统达到预期目标，但这种控制是在偏差产生之后进行的，具有滞后性，这是反馈控制本身无法克服的。因此，为加强对偏差产生的预见性，需要前馈控制的作用，即尽可能在系统发生偏差之前，根据预测信息，采取相应的措施，纠正偏差。铁路运输安全保障系统实施前馈-反耦祸合控制，可以增强系统抗干扰能力，提高系统的稳定性。

铁路运输安全保障系统输入-输出关系如图3-6所示。

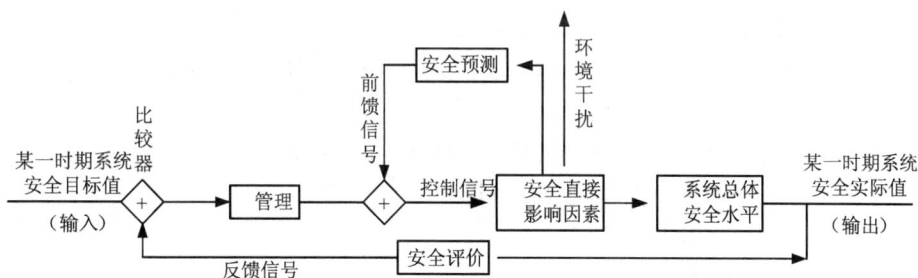

图3-6 安全保障系统输入-输出关系图

由图3-6可以看出，管理者为了实现对运输安全直接影响因素的有效控制，一方面必须时刻掌握以往控制效果的信息，进行系统安全评价；另一方面又需要对运输安全直接影响因素及其相互关系的变化、环境的干扰进行预测，评价和预测的结果作为进一步实施控制的依据。在运输安全保障系统中，安全评价起着反馈回路的作用，安全预测起着前馈回路的作用，它是管理者获取正确的控制信息的基础，缺乏该环节，或者评价和预测缺乏科学性，都将使控制变成盲目的行为，难以达到预期效果。所以，科学、合理的安全评价与预测在运输安全保障系统中起着举足轻重的作用。

3.3.2 铁路运输安全保障系统的结构

铁路运输安全保障系统作为一种管理系统，以直接影响运输安全的因素——人员、设备、环境作为管理的对象。从管理的对象和要素出发，可将运输安全保障系统划分为不同层次的两个子系统：安全总体管理子系统和安全对象管理子系统、

1. 安全总体管理子系统

铁路运输安全管理的内容，包括对人的安全管理、设备的安全管理和环境的安全管理。对人、设备、环境的安全管理，既是系统安全管理的三个不同内容，又是一个统一整体。这个"统一整体"正是安全总体管理的对象，它不是单纯指人、设备、或者环境，而是指"人-机-环境"系统整体。

因此，安全总体管理的内容，不是单独对人的安全管理、或者单独对设备的安全管理、对环境的安全管理，而是对人-机-环境系统总体的安全管理，是凌驾于人、机、环境之上，又渗透于其中的安全管理。亦即从功能上看，安全总体管理起着系统软件的作用，它既是安全管理这个大系统中的一个子系统，又对整个系统的安全状况起着控制、监督的作用。安全总体管理子系统包括安全组织、安全法制、安全信息、安全技术、安全资金等部分。

（1）安全组织

安全组织是安全管理的一个职能实体，所有安全保障措施的制定与落实均离不开组织的支持。组织是一切安全管理活动的基础。

作为安全总体管理，安全组织管理的功能（排除单独针对人员的部分）包括：

① 制定安全管理的方针、政策和目标。

② 分配责任和权限。

③ 组织实施安全管理规划。

④ 提供决策沟通和协调配合。

⑤ 安全检查及整改。

⑥ 分析处理事故。

⑦ 其他。

（2）安全法制

建立健全安全法制的目的就是使人、机、环境的安全管理活动做到有章可

循，有法可依，并起到规范人、机、环境安全管理的作用。

安全法制管理的功能主要表现在下述4个方面：

① 完善运输安全法规。

② 建立健全规章制度。

③ 完善安全标准体系。

④ 监督与考核规章制度、作业标准的执行。

（3）安全信息

一切安全管理活动，都离不开安全信息的支持。信息传递是组织管理理论的重要内容，信息促使系统动态化并且将组织目标与参与人员联系起来正是由于信息的纽带特性，使得安全信息成为安全总体管理的内容。安全信息管理子系统的功能包括：

① 收集、记录、整理、传输、存贮系统安全信息。

② 提供系统安全分析工具、评价方法与决策支持。

③ 追踪先进安全科技与管理信息。

（4）安全技术

安全技术管理的内容包括对运输安全硬技术设备的安全管理和对运输安全软技术的研究、开发与应用。由于安全技术管理中单独针对人员、设备和环境的部分属于安全对象管理而非安全总体管理，因此，作为安全总体管理中的安全技术，应排除单独针对人员、设备、环境的技术管理部分，包括：

① 安全分析、评价和管理方法的研究与应用。

② 事故管理方法的研究与应用。

③ 各种安全作业方法、工艺过程的研究与应用。

④ 制定与完善安全技术规范的方法的研究与应用。

⑤ 其他。

（5）安全教育

在铁路运输人–机–环境系统中，为了避免种种危险，防止事故发生，必须通过各种形式和方法，对广大干部和职工进行经常性的安全教育和培训，从而促进安全相关行为或改进人的行为状态。因此，安全教育管理应具有以下功能：

① 完善各级安全教育体系。

② 建立健全促进安全行为的奖惩制度。

（6）安全资金

安全资金是搞好运输安全管理必要的物质基础。安全资金管理的内容包括对保障运输安全所需资金的筹集、调拨、使用、结算、分配等。

2. 安全对象管理子系统

单独针对人员、设备、环境的安全管理称为安全对象管理,安全对象管理子系统可进一步细分为人员安全保障子系统、设备安全保障子系统和环境安全保障子系统。

1)人员安全保障子系统

人员安全保障是指保障人员安全性的所有措施,即保障不因人的差错而导致事故或隐患。在排除设备和环境因素之后,人员安全保障包括提高人员安全素质和加强人员安全管理两部分。

① 提高人员安全素质的措施又可称作人员直接安全保障,提高人员安全素质最为有效的途径即岗位安全教育和培训,包括针对不同岗位职工进行的不同内容的安全教育和培训。

② 加强人员安全管理的目的是防止因间接原因而产生人的差错,又叫人员间接安全保障。包括加强安全劳动管理,加强职工生活管理和加强行为管理。

2)设备安全保障子系统

(1)设备安全设计。选用具有较高安全性(包括人机工程设计、可靠性、可维修性、先进性等)的设备。

(2)设备的保养、检修及更换。保障设备始终处于良好运行状态,对于超过服役期的设备要及时更换。

(3)设备状态及工作情况的检测和监控管理

有效获得各种设备安全性能的实时动态信息。

(4)设备的故障安全对策

保证故障发生后能够导向安全,不致产生非安全的连锁反应,或者尽可能减小事故造成恶果的影响,包括:

① 故障安全设计:保证设备具有故障不直接导致事故的安全性能。

② 锁闭构成方式:当作业人员误操作或误认状态延时操作时,能使这种操作无效,并自动控制后续操作,使其不能连续进行。

③ 防止误操作方式:即使操作错误也不能使设备发生错误动作。

④ 替代方式:对于信号设备还应考虑其自身性能以外的代用操作方式。

3)环境安全保障子系统

由于影响运输安全的环境条件包括内部小环境(作业环境、内部社会环境)和外部大环境(自然环境、外部社会环境)因此,环境安全保障子系统可进一步细分为内部环境安全保障和外部环境安全保障两部分。

(1)内部环境安全保障

改善影响运输安全的内部环境,它是运输安全保障系统的重要内容,包括:

① 作业环境安全保障。为保障运输安全，必须保持操作者的作业环境处于良好状态，包括作业空间布置，温度、湿度调节，采光、照明设置，噪音与振动的控制，以及有毒有害气生、粉尘、蒸汽的排除等方面。

② 内部社会环境安全保障。针对影响运输安全的系统内部的政治、经济、文化、法律等方面。

（2）外部环境安全保障

外部环境即不可控环境，外部环境安全保障就是指为了淡化外部环境对运输安全的负面影响，强化其正面影响，而对运输系统进行调节的所有管理手段，包括：

① 自然环境安全保障。针对影响运输安全的自然环境条件所采取的一系列防范措施，其中的是使自然环境对运输安全的影响被降低到最低限度。为此，必须做好自然灾害的预测、预报与防治工作，以及恶劣气候下安全作业方法的完善与落实工作；

② 外部社会环境安全保障。为了保障运输安全，铁路必须随着它所赖以生存的社会环境条件（技术、经济、政治、文化等）的变化而做适当调整，变消极影响为积极影响。外部社会环境安全保障的内容极其广泛，但是，较为直接的是保障铁路沿线

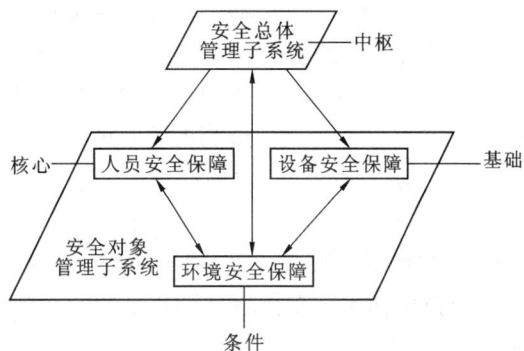

图 3-7　运输安全保障系统结构

治安和站车秩序状况，特别是要完善道口安全措施。为此，应密切与改方政府配合，加强道口安全管理；加强对铁路沿线人员特别是机动车驾驶员以及旅客、货主的宣传教育；加强法制管理。

综上所述，铁路运输安全保障系统的结构如图 3-7 所示。

3.4　铁路运输安全心理保障

在铁路运输人－机－环境系统中，人的心理现象及其规律性与运输安全密切相关，因此，研究和揭示运输生产过程中人的心理现象及其规律性，已越来越受到国内外运输安全管理部门和专家学者的高度重视。

3.4.1　铁路运输安全与心理现象的关系

心理现象在心理学上一般理解为心理活动的表现形式，是人的大脑对客观现

实的反映，它包括心理过程和个性心理特征两个互相联系又相互制约的方面，且各自都包含一些复杂的心理要素和具体表现形式。人的心理现象是多种多样的，它们之间的关系也是非常复杂的。但是心理现象是人们时刻都在产生着的，因而也是每个处于清醒状态的人所熟悉的。

心理过程是指人的心理活动过程，包括人的认识过程、情绪和情感过程、意志过程。心理过程是人们共同具有的心理活动。但是，由于每个人的先天素质和后天环境不同，心理过程在产生时又总是带有个人的特征，从而形成了不同的个性。

一般而言，影响运输安全的心理要素主要有感觉、知觉、记忆、思维、注意、情绪、能力、疲劳、需要、动机、意识、气质和性格等。

人在一切活动——劳动、学习和游戏中都有心理现象。比如，听到树叶的沙沙声；看到光亮、颜色；尝到滋味；闻到气味，摸到物体知道软硬、冷热等都是感觉。感觉是客观事物直接作用于人的感觉器官，在人脑中所产生的对事物的个别属性的反应。它作为一种最简单的心理现象，在动物心理进化过程中和在儿童心理发展的初期，都曾经独立地存在过，但是在正常的成年人的心理活动中却很少独立存在。在成年人那里，除非在某些特殊情况下，如来不及看清物体、或在实验条件下只要求反映某一属性的时候，才有单纯的感觉。感觉是认识的入口和开端，没有感觉便不会有比较高级和复杂的知觉、表象和思维，而且在后来的心理活动中仍然需要感觉给予充实和修正。

在感觉的基础上，人们进一步能辨认出这是刮风、阳光，那是花朵、果实等等，属于知觉。在离开了刺激物的作用以后，原来听过的话语，看过的某些图形、物象仍"话犹在耳"、"历历在目"，这就是记忆。人不仅能通过记忆把经历过的事物回想起来，而且还能想出自己从未经验过的事物，这是想象。凭借人特有的语言，通过分析综合、判断事物的本质及其发生、发展的规律，即是思维。

感觉、知觉、记忆、想象、思维都是属于对客观事物的认识活动，都是为了弄清客观事物的性质和规律而产生的心理活动，这种心理活动在心理学上统称为认识过程。

人在认识客观事物时并非无动于衷，常常会产生满意和不满意，愉快或不愉快等态度体验，这在心理学上叫做情感或情绪。除此之外，人还能够根据对客观事物及其规律的认识自觉地改造世界。人能够根据自己的认识确定行动目的，拟订计划和步骤，克服各种困难，最后把计划付诸行动，这种自觉地确定目标并力求加以实现的心理过程，叫做意志过程。

认识、情感、意志这三个心理过程是相互联系、互相促进，统一在一起，构成心理过程。而人的心理现象中的兴趣、能力、气质和性格，又统称为个性的心理特征。

在铁路运输生产活动中，人的操作过程主要有三个环节，即辨认接收信息、操纵控制设备、观察调整运作，而这些行为都要受心理现象影响。当人的心理现象处于积极状态时，感知快速，思维敏捷，动作可靠，能保证系统正常运转。否则，人的感知觉、思维和反应机能就不能正常发挥，差错增多，导致事故发生的可能性就很大。

因此，积极的心理现象是保证铁路运输安全的内在依据，消极的心理现象及由此产生的侥幸、麻痹、惰性、烦闷、自满和好奇等心理倾向，是人的差错（辨认不清、主观臆测、理解不当、判断失误等）引发事故的深层次原因。人的心理现象状态及其转变程度，成为铁路运输生产中事故与安全相互转化的制约因素，铁路运输安全的心理保障关键就在于采取各种有效的手段和措施提高人的心理素质。

3.4.2　心理要素与运输安全

1. 感觉和知觉与运输安全

感觉是人通过感觉器官对客观事物个别属性的直接反映。知觉是客观事物直接作用于人的感觉器官，人对客观事物的各种表面现象和诸多属性在大脑中的综合反映。

知觉和感觉一样，都是当前的客观事物直接作用于我们的感觉器官，在头脑中形成的对客观事物的直观形象的反映。客观事物一旦离开我们感觉器官所及的范围，对这个客观事物的感觉和知觉也就停止了。但是，知觉又和感觉不同，感觉反映的是客观事物的个别属性，而知觉反映的是客观事物的整体。

知觉以感觉为基础，但不是感觉的简单相加，而是对大量感觉信息进行综合加工后形成的有机整体。知觉不仅依赖现实的感觉，而且也依赖于以往感觉经验的积累。感觉和知觉二者密不可分，通常将这两种心理现象称之为感知或感知觉。

在运输生产过程中，有些事故是由于人的感知觉发生错误（如误认信号、误听或误传命令等）而造成的。引起错觉的原因很复杂，既有心理因素，也有生理因素。错觉现象也很多，其中，以视觉错误对运输安全的影响较大。

2. 记忆和思维与运输安全

记忆是人脑对所经历过的人和事的识记、保持和重现。记忆主要以回忆（再现）和认知（再认）的方式表现出来。以前感知过的事物不在目前，把对它的反映重新呈现出来，叫做回忆；客观事物在目前，感到熟悉，确知是以前感知过的，叫做认知。例如我们以前听过一个曲调，若能不看乐谱把它哼出来，便是回忆；若别人演奏时能听出是以前听过的，便是认知。记忆是反映机能的一个基本方面，没有记忆，一切心理的发展、一切智慧活动，都是不可能的。

思维是大脑在感知和记忆基础上，对客观信息进行分析、综合、判断和推理的心理过程。思维是人的心理过程中最复杂的心理现象之一，是人脑对客观事物的本质属性及其内在规律的反映。事物的本质属性，指的是能决定事物的主要特征的、某一类事物共同的不可缺少的根本特性。事物的内在规律，主要是指事物之间的因果关系和必然联系。思维，就是人类专门去揭示事物的这种内在的本质属性和规律性的心理活动。这是思维与其他心理活动根本不同的地方。由于思维的非直观和复杂性，目前为止，科学尚未能彻底揭示思维的本质及其内在规律。

记忆和思维是铁路运输企业职工应该具备的重要心理要素之一，没有较好的记忆能力，就不能很好地按章办事，执行计划。没有较强的思维能力就难以对非正常情况下的各种作业进行妥善处理。例如在工作中，运输指挥人员忘记将计划变更内容及时准确地通知作业人员，或因情况变化，不能立即分析判断，采取对策，就会因贻误时机而直接危及运输安全。

3. 注意与运输安全

注意，是一种心理活动状态，通常是指选择性注意，即注意是有选择的加工某些刺激而忽视其他刺激的倾向。它是心理活动对一定对象的指向和集中。注意有两个基本特征：一个是指向性，是指心理活动有选择的反映一些现象而离开其余对象。二是集中性，是指心理活动停留在被选择对象上的强度或紧张。

心理活动对一定对象的指向和集中，是伴随着感知觉、记忆、思维、想象等心理过程的一种共同的心理特征。注意按其作用或功能分为三种情况：

一是注意集中，即把心理活动重点指向特定对象，对其他无关的心理活动进行抑制，不因无关刺激源的干扰而分散精力。

二是注意分配，即在同时进行两种及两种以上活动时，把注意力有目的地指向不同对象，也就是通常所说的"一心二用"。如一边看电视，一边打毛衣。注意分配的条件是，同时进行的活动只有一种是不熟悉的，其余活动都达到了自动化的程度。

三是注意转移，即是个体根据新的任务，主动地把注意由一个对象转移到另一个对象上。注意的转移要求新的活动符合引起注意的条件。同时，注意的转移与原先注意的强度有关。原先的注意越集中，转移就越困难。

注意是保证运输安全的基本心理条件。任何一项工作都是由多个作业环节组成的，如果作业人员的注意不集中，或过分集中而不能及时转移，或注意分配不当等，都有可能导致运输事故发生。

4. 情绪与运输安全

个体往往对客观事物是否满足自身需要，或是否符合自己的愿望和观点而表现出来的肯定(满意、愉快、高兴等)或否定(不满、不快、憎恨等)的态度体验,这就是情绪的表现。情绪是指伴随着认知和意识过程产生的对外界事物的态度,是对客观事物和主体需求之间关系的反应。它是以个体的愿望和需要为中介的一种心理活动。情绪包含情绪体验、情绪行为、情绪唤醒和对刺激物的认知等复杂成分。

情绪和情感状态有积极和消极之分,良好的情绪和情感是保证运输安全的充分必要条件;情绪不稳、心境不佳则是发生事故的重要原因。

5. 气质和性格与运输安全

气质是人的个性心理特征之一,它是指在人的认识、情感、言语、行动中,心理活动发生时力量的强弱、变化的快慢和均衡程度等稳定的人格特征。气质都是在人的生理素质的基础上,通过生活实践,在后天条件影响下形成的,并受到人的世界观和性格等的控制。主要表现在情绪体验的快慢、强弱、表现的隐显以及动作的灵敏或迟钝方面。气质体现了人的心理过程在强度、速度、灵活性和稳定性等方面的心理动力特征,与日常生活中人们所说的"脾气"、"性格"、"性情"等含义相近。性格是人对周围人和事的稳定态度和行为方式的心理特征。气质与性格二者互相渗透、相互影响。

因为气质和性格的外在表现都是围绕着"做什么"(表现为对现实的态度)、"怎样做"(表现为行为方式)展开的,因此,从事运输生产人员的性格和气质对运输安全直接相关。良好的气质和性格是作业人员实现自控的心理保证。而气质较差、性格有缺陷的职工,因客观存在的心理障碍而导致自控能力较差的问题,应通过各种安全管理手段促使矛盾向有利于安全的方面转化。

6. 能力与运输安全

能力是完成某种活动所必需的并直接影响活动效率的身心发展基本品质,是个性心理重要特征之一。能力是直接影响活动效率,并使活动顺利完成的个性心理特征。能力总是和人完成一定的活动相联系在一起的。离开了具体活动既不能表现人的能力,也不能发展人的能力。但是,我们不能认为凡是与活动有关的,并在活动中表现出来的所有心理特征都是能力。只有那些完成活动所必需的直接影响活动效率的,并能使活动能顺利进行的心理特征,才是能力。例如人的体力,知识,以及人是否暴躁、活泼等,虽然对活动有一定影响,但不是顺利完成某种活动最直接最基本的心理特征,因此,不能称之为能力。

能力可分为一般能力和特殊能力,观察力、记忆力、注意力、思维力和想象力等属于一般能力范畴,为人们认识客观事物,掌握科学文化知识提供了智力保证。诸如色彩鉴别力、音响辨别力、图像识别力等均系特殊能力,只能在特定范围和条件下发生作用。例如在列车技术作业过程中,列检所车辆检修人员通过锤敲耳听就能探测出车辆部件或零件的故障或隐患所在，这就是一种特殊能力。

运输职工能力强弱直接关系到运输生产的安危，如细心观察、牢靠记忆、沉着应变、敏捷思维、准确判断及清楚表达等能力是广大职工安全高效地完成运输生产任务的重要保证。反之，观察不细、记忆不好、判断不准、表达不清和反应迟缓等，就会使运输事故发生的可能性增加。

7. 疲劳与运输安全

疲劳又称疲乏，是主观上一种疲乏无力的不适。是人在连续工作一定时间后，体力和精力消耗超过正常限度所出现的生理心理机能衰退的现象，其表现是：生理机能下降，肌肉酸痛，身体困乏，头痛头晕，视觉模糊，呼吸急促，心率加快，血压升高等；心理机能下降，注意力分散，感知觉失调，记忆和思维减退，反应迟缓等。感觉疲劳不是特异症状，很多疾病都可引起疲劳，很少有患病后更觉浑身是劲的情况，不同疾病引起不同程度的疲劳，有些疾病表现更明显，有时可作为就诊的首发症状。

疲劳对工作中的职工在生理上会产生"不能再干下去"和心理上"不想再干下去"的综合影响，轻则使工作效率降低，重则因判断失误或操作不当而导事故发生。

铁路运输工作中，客货列车运行速度高、噪音大，露天作业自然环境条件差，职工连续工作时间长，加之安全正点要求高，使生产和管理人员心理压力大，耗费的身心能量多。因此，研究和减轻疲劳，对保证运输安全有重要意义。

8. 需要和动机与运输安全

需要是人为了生存发展而产生的生理需求和对社会的需求在大脑中的反映。人为了求得个体和社会的生存和发展，必须要求一定的事物。例如，食物、衣服、睡眠、劳动、交往等等。这些需求反映在个体头脑中，就形成了他的需要。需要被认为是个体的一种内部状态，或者说是一种倾向，它反映个体对内在环境和外部生活条件的较为稳定的要求。

动机是人由于某种需要或愿望而引起的一种心理活动，是激励人们以行为达到目的的内因和动力，是为实现一定目的而行动的原因。动机是个体的内在过程，行为是这种内在过程的表现。

人对安全的需要是"需要层次理论"的重要组成部分。来自安全需要的安全动机有两方面的含义：一方面是保护自身不受伤害的动机；另一方面是保护他人、财产和设备等不被伤害和损坏的动机。前者是人的本能，一般情况下人不可能做出有意伤害自身的事情，这种自卫的动机基本上不需要培养和激励，但应经常告诫和提醒。而后者涉及他人、集体和国家利益，需要加强培养和激励。

人的安全行为是在一定条件下，受安全动机指使的主观努力的结果，运输安全心理保障所要研究解决的核心问题，就是如何强化人的安全意识和动机，助长遵章守纪、按标准化作业的安全行为，最大限度地减少消极心态对安全生产的不良影响。

3.4.3　铁路运输安全心理保障条件

1. 增强安全意识

意识是人对客观事物的认识、思维和需求等心理活动发展到高级阶段时的心理沉淀，人的意识来自于实践，并在实践中得到发展。意识的自觉性和能动性，具有改变客观现实的作用。牢固的安全意识是铁路运输安全的重要前提和保证，它是铁路运输企业的广大干部和职工对运输安全的认识、情感和态度发展到严于律己时的思维定势，是形成安全动机和行为的先决条件。增强个人安全意识可确保安全自控；增强群体安全意识可实现安全互控和联控。其主要途径有：

（1）坚持正面教育

不断进行安全教育和定期培训，使广大职工正确认识并处理好安全与效率、效益的关系；安全与国家、集体、个人之间的关系；安全与自控、互控、联控之间的关系，使安全意识的能动性得到充分发挥。

（2）强化三种安全管理意识

一是人本意识，人是安全生产中最富有主观能动性、创造性和积极性的要素。

二是长远意识，应警钟长鸣。长治久安是安全运输的根本所在，来不得半点松懈和麻痹。

三是辩证意识，硬性制度、严格检查和加大奖惩力度是必要的，但更需要在提高职工队伍综合素质及促进安全习惯行为的养成上下功夫。

（3）通过典型示范

使班组成员学、比有榜样，赶、超有对象，牢固树立"安全生产光荣，违章违纪可耻"的观念，自觉为安全生产多作贡献。

（4）利用从众心理

充分发挥班组优良作风和集体荣誉的作用，加大制度和纪律的约束力，增强群体一致向上的凝聚力，形成"要我安全变成我要安全"的氛围。

2. 激励安全动机

激励是指运用精神和物质手段去激发人的动机的心理过程。一个人有多种多样的动机，各种动机因强度不同对人的行为所起的支配作用也不同，运输安全管理必须通过强有力的激励措施，使安全动机在职工心理上占有主导地位。

对安全生产进行激励的目的是通过激励引导职工的安全需要，强化安全动机，促成安全行为。在职工角色定位(职责、任务等)和一定思想业务素质条件下，运用激励手段，鼓励性们忠于职守，努力工作，在安全生产上取得成绩，并获得应有的奖励，从而使他们在精神和物质上得到暂时的满足。如果因违章违纪造成事故损失，就应在受到惩罚后，通过认真总结经验教训，避免事故再次发生。然而，不论是暂时满足还是吸取教训，都会使职工面对新的机遇和挑战，调整自己的行为。

随着经济和社会发展，激励的手段和方法呈多元化趋势，主要有奖励与惩罚、竞赛与升级、职工参加民主管理和对管理行为实施监督等。铁路运输安全生产的长期实践证明，竞赛与奖励相结合的方法是激励广大干部和职工安全生产积极性的有效途径。

应该指出的是，在激励安全动机的同时，还要注意遏制不安全的动机。如少数职工为图省事而简化作业程序；为逞强好胜而故意违章违纪；为逃避事故惩罚而推卸责任或隐瞒事故等。消除这些消极心态，对防患于未然是十分重要的。

3. 提高技术业务能力

能力是一个人比较稳定的心理特征，与知识、技能关系密切。知识是人类历史经验的总结和概括，对个人来说是学习的结果；技能是实际的操作技术，是训练的结果。知识和技能是人的能力形成的基础，并能促进能力的发展。为了提高职工的技术业务能力，必须坚持教育和实践。

① 持续开展全员业务知识、安全知识和安全技能教育，尤其要将新职工、班组长作为培训重点，强化非正常情况下的作业应变能力，进行系统超前培训，严格"先培训、后上岗"制度。

② 对职工教育应坚持"重现场需要、重实际操作、重实际成效"的原则，大力改进培训方式、方法。在全路建立面向铁路局的培训、演练、考工一体化的技能基地。借鉴国际劳工组织推出的先进的模块式技能培训方式(MES法)，结合实际，参照铁道部的《铁路工人技术标准》，对各业务工种的实际操作技能分解成单项模块式教学内容，进行组合式培训。

③ 经常性地开展学标、对标、达标活动。车机工电辆各专业系统，本着"干什么学什么"的原则，组织各工种所有在岗职工按照作业标准，反复学、反复教、反复练，直到熟知。

4. 改善铁路运输安全环境

(1)铁路运输安全的工作环境

一定的工作环境会使人们产生一定的心理状态，而心理状态决定人们工作的竞技状态。良好的工作环境，能使人们以饱满的热情、充沛的精力投入安全生产。如果室温不宜、噪音严重超标，照明太亮或过暗，就会使人感到烦躁或因疲劳导致操作失误。因此，应根据人的感知、注意、记忆、思维、反应能力在不同环境因素下的变化规律，对不同作业场所的照明、色彩、温度、湿度、粉尘、布局等，从对人的心理产生积极影响的效果出发进行设计和安排。

（2）铁路运输安全的内部社会环境

在运输生产过程中，除了人与自然的关系与工作环境密切相关外，还有人与人之间的关系（或称人际关系），即运输系统内部的社会环境问题。不同的人际关系会引起不同的情绪体验，产生不同的安全生产效果。融洽的人际关系，良好的内部社会环境是保证运输安全的重要条件。这除了与职工个人修养有直接关系外，主要取决于领导的管理行为所营造的宽松环境。

在铁路运输生产过程中，各级组织对安全工作的领导必须坚持"严字当头、严格要求、严肃管理"，但同时也要正确处理好人与人之间的关系，包括领导、干部与职工之间的关系。协调干群关系的关键在于要树立廉洁奉公的干部形象，切实转变干部作风，重点解决好作风不实、工作飘浮、官僚主义、形式主义和好人主义的问题，真心实意地关心职工生活，满腔热情地体察职工的思想、情感和困难，尽可能满足他们多层次的需要，帮助他们解除后顾之忧，使广大职工身体健壮、精力充沛、情绪饱满地投身到运输生产中去。

第4章 铁路运输安全管理运作

4.1 铁路运输安全管理方针

"安全第一,预防为主"是我国铁路运输安全管理方针。"安全第一"就是要求运输企业在组织生产,指挥生产时,坚持把安全生产作为企业生存与发展的第一要素和保证条件。"预防为主"就是要求运输企业以主动积极的态度,从组织管理和技术措施上,增强运输安全保障系统的整体功能,把事故遏制在萌芽状态,做到防患于未然。

4.1.1 铁路运输安全管理指导方针的历史

"安全第一,预防为主"是人们经过无数伤亡事故的血泪教训,在实践、认识、再实践、再认识过程中,与时俱进总结出来的安全生产管理方针,所有企业都应该坚定不移地贯彻执行。可是,有些单位偏要别出心裁,提出五花八门的"安全生产管理方针",比如"安全第一、质量第二、××第三","安全为了生产,生产必须安全"等,所以有必首先要弄清楚安全生产管理方针的由来和内涵。

早在我国国民经济恢复时期,毛主席在劳动部的工作报告上明确批示:"在实施增产节约的同时,必须注意职工的安全、健康和必不可少的福利事业。如果只注意前一方面,忘记或稍加忽视后一方面,那是错误的。"根据这一批示,1952年第二次全国劳动保护会议提出了劳动保护工作必须贯彻"安全生产"的方针。也就是说,针对当时在工业生产中实施增产节约的时候有人错误地"忘记或稍加忽视后一方面(即职工的安全、健康和必不可少的福利事业)",而制定劳动保护的方针——"安全生产",强调的是生产与安全的统一,要安全地生产。

在这样的背景下,提出了"安全为了生产,生产必须安全"的口号,这在当时是进步;但是,其根本目的是生产,安全仅仅是手段;"目的"与"手段"相比,当然是"目的"第一,"手段"第二。所以,当时实质的指导思想是生产第一、安全其次。这在当时为了恢复和发展生产,存在认识上的局限,是可以理解的。如此一来,违章冒险作业、盲目蛮干现象时有发生,产生了不少"事故英雄"。

"大跃进"期间,片面追求产量、速度,忽视甚至排斥安全工作的错误造成伤亡事故高峰。1963年3月30日,《国务院关于加强企业生产中安全工作的几项规定》开宗明义提出："进一步贯彻执行安全生产方针，加强企业生产中安全工作的领导和管理，以保证职工的安全与健康，促进生产。"

可见，当时就应该提出"生产必须安全，安全促进生产"了。但是，由于思想界极左思潮的影响，对"安全为了生产"这一提法，没有人提出非议，许多单位至今仍然"情有独钟"。如2001年发生"7.17"特大透水事故又隐瞒不报的广西南丹矿，有一幅醒目的大标语："安全为了生产"，实际上，这正是该矿必然发生特大事故的"理论根据"。

实际工作中，当生产与安全对立时，一句"安全为了生产"，就把安全置之脑后了，能不出事？

十年动乱期间，安全生产工作遭到严重破坏，伤亡事故再次大幅度上升，形成建国以来第二个事故高峰。

1978年10月，《中共中央关于认真做好劳动保护工作的通知》指出"加强劳动保护工作，搞好安全生产，保护职工的安全和健康，是我们党的一贯方针。"

1980年8月，国务院作出决定严肃处理"渤海二号"翻沉事故，指出"安全生产是全国一切经济部门和生产企业的头等大事。"

1981年3月，国家经委、劳动总局等9个部门《关于开展安全活动的通知》中提出"进一步贯彻安全生产方针，树立安全第一思想"，同时要求"预防为主"。

1983年4月20日，劳动人事部、国家经委、全国总工会在《关于加强安全生产和劳动安全监察工作的报告》中提出"必须树立'安全第一'的思想，坚决贯彻预防为主的方针"。

1983年5月18日，在国发85号文《国务院批转劳动人事部、国家经委、全国总工会关于加强安全生产和劳动安全监察工作报告的通知》中提出："在安全第一、预防为主的思想指导下，搞好安全生产，是经济管理、生产管理部门和企业领导的本职工作，也是不可推卸的责任。"

到了1987年，在全国劳动安全监察会议上，进一步明确提出"安全第一、预防为主的方针"。

此后的表述一般为：在安全生产中贯彻"安全第一、预防为主"的方针。1990年以来，政府文件或权威文章都宣传：贯彻执行"安全第一、预防为主"的安全生产方针。

2002年7月1日我国颁布的《安全生产法》表述为：安全生产管理坚持安全第一、预防为主的方针。这种提法，是广大安全生产管理工作者与时俱进，艰难探索的成果，十分精练，十分科学，具有十分深刻的内涵；正确地阐明了安全与生产的关系、预防和事故处理的关系；体现了党和国家对劳动者的关怀；体现了党和政府对经济发展规律的深刻认识；符合"三个代表"的思想。

4.1.2 "安全第一，预防为主"指导方针的作用

安全生产是社会主义运输企业管理的一项基本原则。安全是与计划、生产、技术、质量、物资、设备、劳动和财务等管理密切相关并渗透其中的企业管理的首要任务。安全管理是上述八项管理中与安全相关的管理内容的综合和发展，并由专门机构和人员负责统一规划、组织协调、监控实施。铁路运输安全管理以"安全第一，预防为主"作为指导方针，是安全科学理论与安全生产实践相结合的结果，也是几十年来我国铁路运输安全工作经验和教训的科学总结。这一不以人们意志为转移的客观规律，不仅深刻揭示了安全与效率、安全与效益及安全管理与其他管理工作之间的辩证关系，同时也表明了安全管理自身各项工作应遵守的原则。"安全第一，预防为主"指导方针主要有导向、规范、约束、评价四个方面的作用：

1. 导向作用

在铁路运输生产中存在各种各样的矛盾，如安全与效率、技术与管理、软件与硬件、局部与整体等。安全与效率始终是主要矛盾，而安全又是矛盾的主要方面，在任何时候只有首先抓住了主要矛盾和矛盾的主要方面，也就是对影响安全的不利因素，如隐患、危险等主动出击，预先防止，就能牢牢把握住运输生产的主动权，促使矛盾向有利于安全的方面转化，任何单位和个人违背这个原则，必将受到事故惩罚，造成无法挽回的损失。

2. 规范作用

铁路运输生产是一个动态变化的过程，影响安全和生产的因素很多。凡事预则立，不预则废，把"安全第一"要做的工作、"预防为主"必办的事情落到实处，才能收到预期的安全效果。如从指导思想到奋斗目标，阶段任务到主攻方向，实施方案到具体办法，组织分工到监控反馈等进行周密规划、统一部署，并按变化做出必要调整，形成着眼于现场作业控制的管理落实机制．使运输生产处于有序可控状态。

3. 约束作用

安全需要纪律严明、按章办事、工作高效的个人行为、群体行为、管理行为的联合保证。这就需要上上下下有"安全第一，预防为主"的共同思想基础，并以此为准则，抵制克服不利于安全的思想和行为。为此，按照"安全第一，预防为主"的要求，加强安全教育和培训，制定各级安全责任制，健全安全生产激励机制，使广大铁路职工心往一处想，劲往一处使，共同开创运输安全新局面。

4. 评价作用

以发生事故的数量及其损失大小可以衡量一个生产单位安全状况的好坏。但

由于事故具有潜在性和再现性、偶然性和必然性、事发原因的多重性和因果性等特性，为了实事求是地判断运输企业的安全状况和发展趋势，除以事故指标衡量外，还需要考察"安全第一"的思想和"预防为主"的措施落实情况及其效果，即对运输系统中的关键人员、关键岗位、关键作业、关键设备等有无防范举措，安全观念中是否有超前防护意识，作用如何等进行评价。可见，"安全第一，预防为主"不是一句空洞的口号，而是具有丰富的内涵。深刻认识其本质涵义并发挥其应有作用，关键在于认识的深化、决策的正确和扎扎实实地工作。

4.1.3 "安全第一，预防为主"是一个不可分割的整体

如前所述，在铁路运输生产中，"安全第一"主要由运输生产的特点所决定的，"安全第一"的思想到位，解决好各种各样的矛盾，是"预防为主"的前提，离开这个前提就谈不上"预防为主"。因为，不解决好"安全第一"的思想认识和实际问题，职工预防事故的自觉性、主动性和积极性就难以调动和持久。再说，预防事故是主动而为，事故抢救是迫不得已，对来自人祸天灾的事故而言必须以预防为主，这是运输安全不可动摇的原则。"预防为主"就是要对事故发生的原因进行调查研究、系统分析、制订原则、采取对策。真正做到思想上重视，制度上保证，工作上落实，作风上适应，常抓不懈，持久以恒。

"安全第一，预防为主"最终还是以清除隐患，预防事故发生为归宿。故应积极采取措施，消除各种不利因素，把事故消灭在萌芽状态之中，满足"安全第一"需要。可见，"预防为主"，是"安全第一"的重要保证，失去这种保证，"安全第一"就成为一句空话。"安全第一"和"预防为主"的辩证关系与生产实践相结合，共同构成了运输生产的安全屏障，二者密不可分。当"安全第一，预防为主"的指导方针未能得到彻底贯彻落实的时候，影响安全的因素，如人员、设备、环境、管理等，其非正常状态就成为事故发生的原因。据我国铁路运输安全专家和科技工作者的最新研究结果表明：2001—2008 年间铁路行车重大、大事故及险性事故的原因中，人员失误占 56.12%，设备故障占 24.51%，环境恶劣（自然灾害、气候不良等）占 3.19%，管理不善（规章制度不健全、不合理、教育培训效果差等）占 0.25%，其他原因（路外人员责任、人为破坏及不明原因等）占 15.93%，其中人员失误和设备故障两原因合计接近 80%，已成为预防事故发生的主攻方向。

4.1.4 贯彻"安全第一，预防为主"指导方针的原则要求

我国《铁路主要技术政策》明确指出：铁路运输生产必须坚持"安全第一"的原则，依靠先进技术和装备，保障行车安全。以行车安全为核心，保障旅客运输安全为重点，系统配套发展铁路安全技术与装备，制订、修订有关行车安全的规

程、法规和标准，加强安全管理，完善行车安全保障体系。

1. 牢固树立"安全第一"的思想，强化"安全第一"的责任意识

这是保障运输安全的重要前提。人的因素是影响运输安全最重要的因素，人的安全思想和意识是安全行为的基础。因此，必须加强以人为中心的管理，持久深入地进行安全生产教育，增强广大职工在市场经济条件下的安全责任感和紧迫感，以及不安全的危机感，营造人人重视安全，事事确保安全的工作氛围。而运输生产中存在的隐患、发生的事故(除不可抗拒的自然原因外)，归根结底是人的"安全第一"思想不牢、安全责任意识淡薄所致。在安全工作与其他工作发生矛盾，或安全工作取得成绩的时候，"安全第一"的思想往往被淡化或移位．这是安全措施不落实、安全形势不稳定的根本原因，应坚决克服纠正。

2. 遵守规章制度，严格组织纪律

这是运输安全的重要保证。在长期生产实践中，我国铁路部门根据运输生产规律、事故发生的因果关系和防止事故的宝贵经验，制定了许多保证安全、提高效率的规章制度和作业标准，并根据情况变化及时加以完善和发展。有章必循，就要有严格的组织纪律约束。纪律松弛，有章不循是对运输生产安全的最大威胁。因此，必须加强职工队伍的组织性和纪律性，使"严字当头、铁的纪律、团结协作、雷厉风行"的路风得以发扬光大。

建立健全严格的安全管理制度，最为重要的是各级安全责任制的逐步完善和切实执行。应避免职责不清、分工不明、互相推诿的不良现象发生，并通过各种管理手段做到是非分明、赏罚分明，形成强有力的竞争、激励和约束机制。

3. 加强职工教育培训工作，提高职工队伍安全素质

这是运输安全的重要基础。提高人员安全素质最为有效的途径就是理论联系实际的教育或培训。这在高科技广泛应用于铁路运输的情况下显得更为迫切和重要。通过各种形式的教育和培训，大力抓好职工队伍的职业道德建设，培养爱岗敬业的精神和遵章守纪的良好习惯，提高实际操作能力，特别是非正常情况下的作业技能和应急处理能力，全面落实作业标准化。与此同时，还要不断加强干部的技术业务培训，普遍提高干部队伍的业务素质。

4. 不断改善和更新运输技术设备

这是保障运输安全的物质基础。运输设备质量决定于出厂的产品质量，也取决于运用中的设备能经常得到精心的维护和保养。因此，要坚持设备检修与保养并重、预防与整治相结合的原则，攻克设备隐患，落实维修标准、作业标准和质量标准，努力提高设备的有效性，使设备经常保持良好状态。同时，增加经费投入，改善设备功能，加快实现主要运输装备现代化的步伐。积极发展和完善既能提高运输效率，又能确保安全的各种安全技术设备，这是提高铁路运输安全水平

的必由之路。

5. 争取地方政府和人民群众的支持

这是运输安全的坚强后盾。党和国家领导同志指出："铁道部门的工作没有各地的支持是做不好的。"铁路运输安全尤为突出。铁路应主动加强与地方的安全联防和共建，不断改善铁路沿线的治安秩序，积极依靠地方政府和沿线人民群众参与事故救援、抢修等工作。加强路安全宣传教育，防止人身伤亡和交通事故的发生，保证铁路运输安全畅通。

4.2　铁路运输安全管理方法

在运输安全中，人是决定因素。运输安全管理的根本任务就在于依靠科学技术和科学管理，有效地保护和调动人的主观能动性和积极性，预防事故发生，确保运输安全。

处于社会大环境中的铁路运输系统是一个开放系统，系统中的人–机–环境之间关系十分密切。而人是能动的、有思想的，人与人之间、人与群体之间、群体与群体之间及领导与群众之间的关系比较复杂。随着经济和社会的发展，人们的主体意识和价值取向呈多元化趋势，利益格局的变化使客观存在的各种矛盾对铁路运输安全工作产生前所未有的深刻影响。为要保障运输安全，并在安全基础上提高作业效率、经济效益和社会效益，迫切需要各级领导和职能部门采取有效的管理手段和方法，努力提高职工队伍整体素质，保护和调动广大职工安全生产的积极性和创造性，使广大干部和职工在充分认识安全是铁路运输生命线的基础上，想安全所想，急安全所急，通过自身努力把安全工作落实到实际行动中去。

一个运行稳定、安全可靠的运输生产系统，其主要构成因素之间的关系必定是相对协调平衡的。但在铁路运输生产中，人们对待本职工作、集体利益、预防事故的态度、行为及其结果存在差异，从而使得人与人之间的政治关系、经济关系、工作关系及感情关系都变得复杂起来，需要有相应的调节手段促使不协调、不平衡的关系向协调平衡方面转化，以保证运输生产安全稳定。铁路运输安全管理方法，实质上是对职工安全生产积极性和创造性的保护、调动的方法和手段，同时也是对不安全的人和事进行制约和限制的手段，总之，是人与人、人与事之间关系的调节手段。铁路运输安全管理方法和手段，主要有经济手段、行政手段、思想工作和法律手段。

4.2.1　经济手段

经济手段是当社会生产力发展水平不高、人们的思想觉悟和道德水准尚未达到高标准要求时，普遍用来协调平衡社会关系的一种重要手段。它是通过经济杠杆的作用，即利益分配和实行奖惩来调节的。在铁路运输生产中，每一个人对完成生产任务和实现安全目标所付出的劳动、做出的贡献是不同的，一旦人为事故发生，造成损失或影响生产任务完成时，这种差异更有质的区别。对在运输安全生产中，成绩显著或防止事故有功的人员，以及违章违纪、或因违章违纪导致事故和事故苗头发生的人员，均应按照《铁路运输安全奖惩办法》的规定，或给予精神和物质奖励，或给予经济上的处罚。例如，近年来在全路推行的《责任事故个人有限赔偿办法》，就是一项考虑到干部、职工的承受能力，坚持过错与责任相当、干部与职工平等的限制性政策。实践证明，这些政策和办法对减少职工"两违"和干部安全管理失职行为，强化现场作业控制起到了积极作用。

经济上的奖励和处罚不是目的，主要是让人们从中明辨是非、对照比较、调整自我，使优良的风范得到鼓励和发扬，不良的风气受到批评和抵制，促使消极的因素转化为积极因素，从而使人们之间的关系和运输生产系统运作不断在新的起点上趋于相对平衡，使安全和生产处于良性循环状态。实事求是、严肃认真、客观公正地用好经济调节手段，有利于促进广大职工自觉遵章守纪做好本职工作，激励他们勤学苦练，不断提高业务素质，形成人人尽心、个个尽责保安全的主动局面。

4.2.2 行政手段

行政手段是通过一定的行政隶属关系，从上而下的对铁路运输生产活动中个人、群体和管理行为表示肯定（应该做什么，怎么做，做好怎么办）和否定（不该做什么，做了怎么办）的认可，以协调人们之间关系，保持相对平衡的一种重要的调节手段。它主要依靠行政领导机关的职能和权力，采取行政命令、指示、规定、决定（表彰或处分等），规范人的行为，指导和干预铁路运输安全生产。铁路运输是在全运程（旅客及货物由发站运到到站的全部运输里程）和全过程（基本生产和辅助生产中各部门、各单位、各工种的全部作业过程）中进行的，因此，在时间和空间上必须有严格的规定和统一的标准，有关铁路行车组织的命令、指示，运输安全管理条例，规章制度及政策性指令等，因事关运输安全正点和任务完成，广大运输职工必须无条件服从。行政手段有明显的强制性和权威性。

安全在管理、管理在干部。在铁路系统中普遍实行的干部安全管理失职行为追究制度，及基层站段干部对安全工作实行"五定"（定时间、定地点、定项目、定数量、定标准）制度，对增强干部管理好安全的责任感和紧迫感，密切干群关系，解决干群矛盾，提高干部的威信具有很大的促进作用。

为使行政手段发挥好应有效能和作用，各级领导和基层干部应大兴调查研究之风，使决策民主化、科学化，并通过落实安全责任制，把管理、监控、服务三者有机结合起来，为政令畅通、确保安全提供较为宽松的内部环境。

4.2.3　思想工作

思想政治工作是铁路运输安全管理最经常运用的工作方法和手段。在我国铁路行车安全工作中，出现过许多先进的安全典型，他们当中有的几千天、甚至几十年如一日坚持安全运输，未发生过责任行车重大、大事故。如我国铁路机车旗帜"毛泽东号"机车乘务组，自 1946 年解放战争期间成立之日起至今，机车从蒸汽到内燃、司机长前后换了 11 任，机车乘务人员前后上车的有 100 多人，截至 2010 年 4 月 30 日，已安全走行 887.3 万 km，相当于环绕地球 221 圈，节约燃油 3066711 kg，超额运送货物 4718806 t，节省材料费 39.8 万元，防止事故 427 件。又如"全国铁路安全标兵"沈阳铁路局小东车站，自 1948 年解放战争期间恢复营业以来到 2010 年底，换了 18 任站长，他们树立的"一点不差，差一点也不行"的站风几十年不变，连续保持无责任行车事故的记录。在他们成功的经验中有一个共同的特点是：领导班子团结过硬，思想工作深入细致，带出了一批又一批觉悟高、作风硬、技术精、干劲足的职工队伍。然而，从现有的铁路运输事故原因分析也可以发现，除自然灾害和故意破坏外，国内外的大多数铁路运输事故都是由于少数人违章违纪造成的。究其原因，主要是认识上的模糊和思想上的松懈，而这与思想政治工作削弱密切相关。

在发展和完善社会主义市场经济的新形势下，要把运输安全生产搞好，不但不能放松，而且必须加强，应充分发挥思想政治工作的优势、思想政治工作的威力和思想保证作用。运输安全管理中思想政治工作的首要任务是用邓小平同志建设有中国特色社会主义的理论武装干部职工头脑，增强执行党的基本路线的自觉性，提高职工队伍的政治素质。各级干部特别是领导干部要廉洁自律、以身作则、转变作风，要针对改革开放出现的新情况、新问题，加强调查研究，改进思想工作的方式方法，有针对性地做好职工群众的思想工作，理顺思想情绪，化解思想矛盾，消除潜在的不安全因素，把加强思想教育与解决实际问题结合起来，增强思想工作的实效。总之，通过强有力的思想政治工作，教育广大干部和职工把本职工作与运输安全紧密结合起来，为群体保安全作出更大的贡献。

4.2.4　法律手段

法律是统治阶级意志的一种表现形式，用它来规定人们必须遵循的行为准则，具有明显的规范性、相对的稳定性和严格的强制性。法律手段是法制社会中普遍用来调整社会关系的一种刚性手段。

法律手段通过法定的行为准则来判定是非并强制执行裁决，以使社会关系趋于平衡，保证社会安定。铁路运输安全管理的法律手段是在其他调节手段已不起作用或无法取代的情况下，用来解决比较复杂的关系和矛盾的。它是通过贯彻执行有关法律条文，规范人们安全生产和保护运输安全的行为，以达到维护法律尊严、保证生产安全的目的。铁路运输安全管理运用法律手段的范围主要有两个方面：

1. 用法律保护铁路运输企业的合法权益

因在运输生产中，人为破坏铁路设施和正常运输条件、危及行车安全的恶性案件时有发生，如有的违反规定携带危险品上车，有的偷盗铁路通信器材，有的关闭折角塞门，有的拆卸鱼尾板等等。这些破坏性行为严重危及铁路行车安全，必须依法整治。《铁路法》规定："公民有爱护铁路设施的义务。禁止任何人破坏铁路设施，扰乱铁路运输的正常秩序。"用法律的形式明确了每个公民有保护运输安全方面的义务和责任。

2. 对严重危害运输安全的违法行为，由执法部门依据法律规定执行相应的惩处

如少数职工玩忽职守，对本职工作极不负责，违反有关法律规定或规章制度，不履行或不完全履行自己的工作职责，致使重大事故发生，《中华人民共和国刑法》规定："从事交通运输的人员违反规章制度，因而发生重大事故，致人重伤、死亡或者使公私财产遭受重大损失的，按情节轻重追究刑事责任。"

对重大事故的肇事者或责任人依法严惩是从严治路的一个重要方面，也是一种教育方式。1978年12月16日，368次旅客列车进入陇海线杨庄车站时，因司机打盹，机车失控，闯过红灯，冒进出站信号与对向进站的87次旅客列车侧面冲突，造成死亡106人，重伤47人的惨重事故，为此，铁道部将每年12月16日定为全路安全教育日。事故责任人受到了法律制裁，负有领导责任的铁道部副部长兼郑州局局长，受到国务院记过处分。

法律手段固然必不可少，但这是在特殊情况下采用的安全管理手段。经常、大量的安全工作是要培养职工高度的使命感和责任感，坚持高标准、严要求，令行禁止、听从指挥。对此，只能加强，丝毫不能削弱。

4.2.5 各种手段的综合运用

综上所述，运输安全管理手段可分为两类：一是柔性调节手段，如思想政治工作(包括情感手段、心理手段、奖励、表彰、晋级、提升等)；二是刚性调节手段，如经济处罚、行政规定和处分、追究刑事责任等。经济、行政、思想工作和法律等手段有各自的功能和作用，但也有使用上的局限性。以经济手段为例，它是

通过让职工在经济上得到实惠或受到损失，激励他们关心并做到安全生产。但这只对那些有较高物质利益要求的人起作用，对一些期望值超过奖励数额较多及对物质利益不太关心的人来说，就起不到应有的鞭策和激励作用。操作不当还会使一些人只顾眼前利益而忽视长远利益，这就需要其他调节手段相配合。从调节的作用看，各种管理手段都不是孤立的，更不是互相排斥的，而是紧密联系、相辅相成的。因此在运输安全管理工作中，实事求是、综合运用好各种管理手段，理顺各种复杂关系，化消极因素为积极因素，让广大铁路职工的安全生产积极性和创造性得到更充分的发挥。

4.3　铁路运输安全管理法规依据

铁路运输安全法规管理是铁路运输安全管理的重要组成部分。依法规范组织和个人在生产活动中的行为，坚持"安全第一，预防为主"的基本方针，强化安全管理、安全监察和安全技术培训是安全生产的保证。《中华人民共和国宪法》第四十二条规定：中华人民共和国公民有劳动的权利和义务。国家通过各种途径，创造劳动就业条件，加强劳动保护，改善劳动条件，并在发展生产的基础上，提高劳动报酬和福利待遇。国家对就业前的公民进行必要的劳动就业训练，这从宪法的高度奠定了安全法规管理的基础。

与铁路运输安全及其管理相关的法规是由国家立法机关、行政机关和铁道部制定的国家法律、行政法规和行政规章中有关运输安全的各种限制性规定和专项要求，它们是铁路运输及其安全管理的法治依据，是广大铁路员工的行动准则。

4.3.1　《中华人民共和国安全生产法》

我国第一部全面规范各行各业安全生产的专门法律《中华人民共和国安全生产法》（简称《安全生产法》），自2002年11月1日起在全国范围内施行。

《安全生产法》明文规定，安全生产管理，坚持安全第一、预防为主的方针；在国内从事生产经营活动的单位，运用《安全生产法》管理、监督、控制安全生产；有关法律、行政法规对消防安全和道路交通安全、铁路交通安全、水上交通安全、民用航空安全另有规定的，适用其规定。

《安全生产法》的颁布实施，标志着我国安全生产法制建设进入了一个新的发展阶段，对于依法强化我国安全生产监督管理，规范各类生产经营单位的安全生产和作业，依法制裁各种安全生产违法行为，遏制重大、特大事故的发生，保障劳动生产者安全的合法权益，维护人民群众生命财产安全，具有十分重要的意义。全路职工持续认真学习、宣传、贯彻《安全生产法》是加强铁路安全生产法制建设，不断推进运输安全"规范管理、强基达标"，促进依法治路，加快铁路发展的重大举措和长期任务。

4.3.2 《铁路法》中有关运输安全及其管理的法律内容

《铁路法》是我国管理铁路的第一部大法，是进行铁路运输和建设的基本法律。运用法律手段保护铁路运输安全是《铁路法》需要解决的重点问题。《铁路法》第四章《铁路安全与保障》用 18 条的篇幅专门规定了这方面的法律问题，主要内容有：

① 铁路运输设施的安全保障。
② 铁路路基的安全保护。
③ 旅客列车和车站的安全保障。
④ 铁路行车安全和事故的处理。
⑤ 铁路运输企业对危害铁路行车安全行为的处理。
⑥ 铁路沿线环境保护。

《铁路法》针对危害铁路运输安全的违法行为，规定了相应的行政责任、刑事责任和民事责任。它们是同违法行为进行斗争，建立良好的铁路运输秩序，保证铁路运输畅通无阻的有力武器。

4.3.3 国务院颁布的与铁路运输有关的安全法规

国务院颁布的与铁路运输安全及其管理有关的安全法规，是经国务院办公会议通过并以国务院总理令颁发的行政法规。

《铁路运输安全保护条例》明文规定了铁路部门和铁路工作人员对保证运输安全应尽的职责，及对各种扰乱铁路站、车秩序、侵犯旅客和货主权益、危害行车安全、损坏铁路设施行为的禁令和奖惩范围及权限。

《特别重大事故调查程序暂行规定》对造成特别重大人身伤亡或巨大经济损失以及性质特别严重、产生重大影响的特别重大事故(简称特大事故)调查程序做出了具体规定，主要内容包括调查的原则要求，特大事故的现场保护和报告，特大事故的调查办法和处理权限及违反本规定的法则等。原国家劳动部在解释这一规定的通知中，对铁路运输事故构成特大事故的死亡人数和经济损失作了定量说明。2001 年 4 月 21 日国务院公布了《关于特大安全事故行政责任追究的规定》。

国务院发布的《民用爆炸物品管理办法》、《放射性物品管理办法》和《化学危险物品安全故管理条例》等，对制订与执行《铁路危险货物运输管理规则》起着重要指导作用。

4.3.4 铁道部制定的与确保运输安全有关的规程、规则

1. 与行车安全及其管理有关的规程、规则

(1)《铁路技术管理规程》(简称《技规》)

《技规》是我国铁路技术管理的基本法规。在《技规》中"明确了铁路在基本建设、产品制造、验收交接、使用管理及保养维修方面的基本要求和标准；规定了铁路各部门、各单位、各工种在从事运输生产时，必须遵循的基本原则、责任范围、工作方法、作业程序和相互关系；规定了信号的显示方式和执行要求；明确了铁路工作人员的主要职责和必须具备的基本条件"。《技规》第二篇"行车组织"中规定了对行车组织的基本要求、编组列车、调车工作、行车闭塞及列车运行的办法和安全作业的规定，这是全路行车组织和安全管理的基本依据。但由于各铁路局的技术设备不尽相同，作业方法也难求一律，因此，《技规》规定，各铁路局应根据本篇规定的原则，结合管内具体条件，制定《行车组织规则》，作为《技规》的补充。

(2)《行车组织规则》(简称《行规》)

《行规》是《技规》引申的规则和细则。

《行规》对《技规》的补充主要表现在以下几个方面：

①《技规》中明文规定应由《行规》规定的事项，如枢纽地区的列车运行方向、超长列车的运行办法等由铁路局规定。

②《技规》未作统一规定，又不宜由站段等基层单位自行补充规定的行车方法。

③ 根据铁路局管内特殊地段的平纵断面情况，信号、联锁、闭塞设备和机车类型等特点，对行车工作应规定的特殊要求和注意事项。

④ 广大铁路职工在生产实践中，创造推广的先进经验和行之有效的安全生产措施等。

(3)《车站行车工作细则》(简称《站细》)

《站细》是车站根据《技规》和《行规》等有关规定，结合本站具体情况编制的，也是对《技规》和《行规》的补充，主要内容包括：

① 车站的性质、等级和任务。

② 车站技术设备的使用和管理。

③ 接发列车和调车工作组织。

④ 列车技术作业程序和时间标准，作业计划的编制、执行制度。

⑤ 车站通过能力和改编能力的计算和确定等。

(4)《铁路行车事故处理规则》(简称《事规》)

为了及时处理行车事故，恢复正常的运输秩序，减轻或避免事故损失，铁道部制定了《事规》作为正确处理行车事故的依据。行车事故发生后，应按《事规》要求，采取积极措施，迅速组织抢救，尽量减少损失。要依靠群众，调查研究，找出原因，分清责任，吸取教训，制定对策，防止同类事故再次发生。《事规》主要内容包括：

① 行车事故处理的原则要求。

② 行车事故及其分类。

③ 行车事故的通报、调查和处理。

④ 行车事故责任的判定和处理。

⑤ 行车事故的统计、分析和总结报告等。

（5）《行车安全监察工作规则》

《行车安全监察工作规则》是行车安全监察机构维护铁路行车安全法规的实施，加强安全管理，保证运输安全，严格实行监察制度的重要依据。

本规则共计15条，主要内容包括：

① 各级行车安全监察机构的设置、任务、职责及行车安全监察机构职权。

② 行车安全监察机构的组织领导和工作准则。

③ 各级行车安全监察人员的行政级别和综合素质要求等。

2. 与客货运输安全及其管理有关的规程、规则

（1）铁路旅客运输规程》（简称《客规》）

《客规》是铁路旅客运输的基本法规，在"旅客运输""行李包裹运输""特定运输"和"运输事或的处理"等章节中都制定有与客运安全有关的规章制度，它们是进行旅客运输安全管理的依据。为了规范铁路运输企业内部办理旅客及行李、包裹运送工作，根据《客规》原则制定的《铁路旅客运输办理细则》，在上述同名章节中，纳入了更为具体、便于监控的客运安全规定。

（2）《铁路货物运输规程》（简称《货规》）

《货规》是铁路货物运输的基本法规，有关货运安全及其管理的规章制度在"货物运输基本条件"、"货物的托运、管理和承运"及"货运事故处理"等章节中有专门规定。《货规》的引申规则、办法则是对一些货运组织工作中，与货运安全密切相关的技术问题(货物在货车上的装载办法等)和某些货物(阔大货物、易腐货物、危险货物等)特殊运输条件做出的相应规定，如《铁路危险货物运输规则》(简称《危规》)、《铁路鲜活货物运输规则》(简称《鲜规》)、《铁路超限货物运输规则》(简称《超规》)和《铁路货物装载加固规则》(简称《加规》)等。

（3）《铁路货物运输管理规则》（简称《管规》）

《管规》是由《货规》引申出来的规则，它明确货物运输各作业环节内容和质

量要求的基本规定。在"货物运输基本作业"、"货物交接、检查和换装整理"、"货场管理"和"货运监察"等章节中包含有与运输安全相关的规章制度。

(4)《铁路货运事故处理规则》

《铁路货运事故处理规则》同样是由《货规》引申出来的规则，它也是加强货运安全管理，明确铁路内部处理货运事故的原则、程序和责任划分的重要依据，主要内容包括：

① 货运事故处理的原则要求；

② 货运事故种类和等级；

③ 记录编制及调查；

④ 毛事故处理程序；

⑤ 事故责任划分；

⑥ 货运事故赔偿；

⑦ 货运事故统计与资料保管等。

4.3.5　国家质量技术监督局和铁道部制定的作业和人身安全标准

作业标准是延伸的规章制度，一般是指与重复进行的生产活动直接有关的作业项目和程序、内容、顺序、时限和操作方法等方面，依据作业规章制度所做的统一规定，是组织现代化大生产的主要手段。作业标准和规章制度二者相辅相成，缺一不可，尤其是对大量重复进行、影响不大、安全要求高的铁路调车和接发列车作业更是如此。

1.《铁路调车作业标准》

《铁路调车作业标准》是国家质量技术监督局发布的国家标准，本标准是根据《技规》规定、调车设备类型和调车作业中的经验与问题，对原有标准进行修订后的结果，内容包括：

(1)铁路调车作业标准基本规定

(2)铁路调车准备作业标准

(3)铁路调车机械化(半自动化)驼峰作业标准

(4)铁路调车简易驼峰作业标准

(5)铁路调车平面牵出线作业标准

(6)铁路调车编组列车作业标准

(7)铁路调车列车摘挂作业标准

(8)铁路调车取送车辆作业标准

(9)铁路调车停留车作业标准

以上九项标准都规定了相应的调车作业程序、项目、内容、作业人员和技术要求,适用于国家铁路、地方铁路和专用铁路的调车作业。但由于运输企业所属车站的劳动组织、作业性质、技术设备、技术要求不同,可用相应的标准对铁路调车作业标准进行补充规定。专用铁路的某些作业未纳入标准或因特殊要求执行标准有困难的,可按本企业标准进行。但国家铁路机车进入专用铁路或专用铁路机车进入国家铁路作业,必须执行上述九项标准。

2. 接发列车作业标准

接发列车作业标准是铁道部发布的行业标准,系根据《技规》和不同的信号、闭塞、联锁设备类型及执行原有标准的经验、问题,经修改制定的。

(1)作业标准

① 单双线半自动闭塞电气集中联锁(设信号员)接发列车作业标准;

② 单双线半自动闭塞电气集中联锁(无信号员)接发列车作业标准;

③ 单双线半自动闭塞色灯电锁器联锁接发列车作业标准;

④ 单双线电话闭塞无联锁接发列车作业标准。

(2)标准内容

① 程序标准。

对车站接发列车作业,按作业程序所做的统一规定。

作业程序:对车站接发列车作业全过程经划分和优化后所排列的作业顺序,如接车有承认闭塞、开放信号、接车和列车到达等。

作业项目:满足车站接发列车作业程序要求所必须完成的事项,如接车时的承认闭塞,必须完成确认区间空闲和办理闭塞手续事项,等等。

② 岗位作业标准。

对车站接发列车作业,按参加人员的岗位职责所做的统一规定。如发车时,完成确认发车条件作业项目必须做到:信号员通过控制台监视信号及进路表示;助理值班员在发车前,眼看、手指出站信号,确认开放正确等。

③ 执行标准的有关规定。

这是对各种作业标准的技术细节问题所做的规定,如办理接发客运列车时,车次前冠以"客车"二字(向列车调度员报点除外);办理接发列车用语以普通话为标准,"0"、"1"、"2"、"7"分别发"dong(洞)"、"yao(么)"、"liang(两)"、"guai(拐)"音,等等。

3.《铁路车站行车作业人身安全标准》

《铁路车站行车作业人身安全标准》是铁道部为保证作业人员自身安全而发布的标准,主要内容有:

① 行车作业人身安全通用标准。

② 接发列车作业人身安全标准。

③ 调车作业人身安全标准。

④ 扳道(清扫)作业人身安全标准。

4.《电气化铁路有关人员电气安全规则》

我国电气化铁路在路网中的比重越来越大,为强化电气化铁路运输安全管理,确保电气化铁路运输安全,铁道部制定的《电气化铁路有关人员电气安全规则》,内容主要有:

① 电气化铁路运输和安全的原则要求。

② 电气化铁路附近有关安全规定。

③ 养路工作安全规定。

④ 装卸作业和押运人员安全规定。

⑤ 接发列车及调车作业安全规定。

⑥ 机车车辆作业安全规定。

⑦ 通信、信号、电力设备维修安全规定。

⑧ 电气化铁路附近消防安全规定。

⑨ 车辆行人通过道口安全规定等。

总之,与铁路运输安全有关的国家法律和安全法规对规章制度和作业标准的制订与执行起着权威性、原则性的指导作用,而后者又是前者的制定依据,随着形势发展和条件变化,都需要适时予以修订、补充和增删,以便使运输安全管理水平不断有所提高。

4.4 铁路运输安全管理体制

铁路运输安全管理体制一般是指运输安全的管理体系和工作制度。确立科学的运输安全管理体制,对我国铁路运输事业的发展具有重要意义。管理体制属于上层建筑的范畴,根据马克思主义的观点,任何一种管理体制都是由经济基础决定并受其制约的。在我国铁路实现"两个根本转变"的历史时期,选择反映铁路运输经济发展客观规律的安全管理体制,就会对运输生产发展起促进作用;不符合规律就会对运输生产发展起阻碍甚至破坏作用。反映经济发展客观规律的管理体制不会是自发地产生并表现出来的,它是铁路管理部门和广大干部及职工通过实践,经过多次比较和选择得出的符合客观规律的结论。它也不是一成不变的,随着经济、社会、科技和铁路的发展,原有的安全管理体制可能出现不适应的情况,到了一定程度,就需要加以改进或完善。

4.4.1　铁路运输安全管理体制

铁路运输安全管理体制是与铁路运输管理体制一脉相承的。《铁路法》规定："国务院铁路主管部门主管全国铁路工作,对国家铁路实行高度集中,统一指挥的运输管理体制,对地方铁路、专用铁路和铁路专用线进行指导、协调、监督和帮助。国家铁路运输企业行使法律、行政法规授予的行政管理职能。""铁路沿线各级地方人民政府应当协助铁路运输企业保证铁路运输安全畅通,车站、列车秩序良好,铁路设施完好和铁路建设顺利进行。"这就从铁路运输的内部关系和同地方人民政府的外部关系两个方面,确定了铁路运输管理体制。所有这些规定对铁路运输安全管理体制的形成和发展具有重要的导向作用。

1. 国家铁路实行高度集中、统一指挥的运输安全管理体制

国家铁路实行高度集中、统一指挥的运输安全管理体制是由铁路运输生产特点和规律决定的。国家铁路运输生产具有大联动机的性质,技术性和时间性强,管理程序复杂,作业环节众多。通常一个运输企业不能独立完成旅客和货物安全运输任务,需要其他铁路运输企业的通力协作与配合。无论是远程货物列车还是长途旅客列车,时空跨度大,沿途有为数众多的铁路职工按照统一的运输法规和作业规定为列车安全运行服务,任何一个作业环节违章操作,都会影响联动机的正常运转。在现行铁路运输体制下铁道部、铁路局(集团公司,下同)对基层生产单位的运输调度指挥工作以命令形式下达,各基层站段必须服从。

铁道部对铁路局在安全管理上有下列关系:

① 统一下达运输安全目标、任务、规则和要求。保证铁路运输企业完成运输安全目标任务所需的经费、设施和物资。

② 帮助统一制定运输安全法规,建立运输安全管理体系或网络。

③ 审查批准重大安全技术和管理科研项目,及重大安全技术设备改造计划。

④ 审查批复铁路运输企业对重大事故的处理结果等。

2. 铁道部对地方铁路、专用铁路和铁路专用线的运输安全进行指导、协调、监督和帮助

《铁路法》规定,铁路运输安全必须遵守的技术管理规程和有关作业标准,由铁道部制订,实行行业统一归口管理,这是社会化大生产的客观要求和选择。地方铁路、专用铁路和铁路专用线因主管部门和工作性质不同,在运输生产规模,运输技术设备,管理方法和人员素质等方面远不及国家铁路强大,需要国家铁路在运输安全生产上给予技术政策和咨询及信息等方面的指导,在安全技术问题上协调处理好各种铁路之间的关系;监督各种铁路执行《铁路法》《技规》及作业标准情况;在人力、财力、物力上力所能及地支持地方铁路、专用铁路和铁路专用

线，包括帮助培训运输业务干部、进行技术改造等。通过指导、协调、监督和帮助，使其他铁路不断提高安全管理水平和安全运输的可靠程度。

3. 铁路沿线地方政府协助铁路做好运输安全工作

铁路线路穿越南北，横贯东西，四通八达，这就使得铁路运输企业比其他一般企业更多地需要取得地方政府的支持和帮助。实践证明，凡是运输畅通无阻，治安秩序好的区段，是和地方政府积极支持、整顿秩序、教育群众分不开的。因此，地方政府协助铁路运输安全工作是铁路运输安全管理体制的重要内容。

4.4.2 运输安全管理制度

实践证明，运输安全管理的全部意义就是抓紧抓好规章制度和标准化作业的落实，随着铁路经济体制的深化改革，建立健全相应的运输安全管理制度，对加大运输安全管理力度，扭转安全不稳的被动局面具有十分重要的意义。

运输安全管理制度是运输安全管理体制不可缺少的组成部分，是把运输安全法规和作业标准落到实处的重要保证，是使安全管理行为规范化、高效化、科学化的集中体现，各级领导、干部和管理人员应该认真学习，加深理解、接受监督、自觉遵守、身体力行。长期以来，我国铁路一直在执行行之有效的安全监察制度、安全教育制度和安全检查制度等，并随形势发展和变化，开创性地制定了许多切合实际，富有时代特征的分层管理，逐级负责制及安全工作落实机制等。

1. 安全生产教育制度

安全教育是增强路内职工安全素质的最佳途径，也是路外人员了解铁路安全常识，强化安全意识的重要手段。

安全生产教育制度是对安全生产教育的内容、对象、形式和方法所作的具体规定。运输部门及其他业务部门基层作业人员，各级管理人员，根据工作需要和规定要求，分期分批地接受下同类型的安全教育或培训。通过安全思想、安全知识和安全技能等方面的学习和教育，牢固树立"安全第一，预防为主"的思想，掌握必需的安全生产技术知识和安全管理知识，提高遵章守纪的自觉性和标准化作业技能，并定期进行考核，实行持证上岗，是安全生产的充分必要条件。《技规》规定，铁路行车有关人员，在任职、提职、改职前，必须熟悉《技规》有关内容、本职基本知识技能和技术安全规则，并经考试合格。属于有技术等级标准的人员，还必须按其等级标准考试合格。在任职期间，还应定期进行技术考试和鉴定，不合格者，应调整其工作。如今，全面考核、竞争上岗制度已在全路普遍推行。

为了保证运输安全，对路外人员，主要包括旅客、货主、机动车驾驶员，以及铁路沿线群众乏铁路行安全常识、法规等方面的宣传教育，在我国铁路运输安全工作中已经制度化。

2. 安全生产检查制度

运输安全生产检查是以各种运输法规为准绳，通过有计划、有目的、有步骤地查思想、查管理、查设备、查现场作业，发现和消除隐患及危险因素，总结交流安全生产经验，推动运输安全工作深入开展。

安全生产检查制度是对安全生产检查的内容、形式和整改要求所做出的切合实际的规定。按照工作需要进行的定期性、专业性、季节性和经常性安全检查，不仅要大兴调查研究之风，增强为现场服务观点，而且应与干部考核挂钩，使安全检查真正起到鉴别、诊断和预防作用，使检查结果成为领导决策的重要参考依据。

检查是手段，整改才是目的。对安全检查中出现的好经验要及时总结推广，对暴露出来的矛盾，特别是领导不重视、制度不健全、设备不可靠及安全意识淡薄等问题，要定措施、定人员、定期限整改、并做到条条有交代，件件有着落。

3. 分层管理、逐级负责制度

运输安全是一个系统工程，运输安全管理体系实行"分层管理、逐级负责"的制度，是提高安全管理科学性和有效性的重要举措。强化这项制度，要注意把握管理范围和职责，组织学标、对标、达标和建立健全安全落实机制三个重要环节。

分层管理、逐级负责，就要界定管理范围，立标明责，建立安全管理责任制，即界定铁路局、基层站段、各部门，以及各单位、各部门的各个职位安全管理的职责和权限，订立管理标准和考核办法。在管理范围界定、责任标准明确的基础上，各单位、各部门组织广大干部和管理人员认真学习职责、标准，对照职责、标准进行有效管理，并努力达到职责、标准要求（即学标、对标、达标）。同时，建立健全安全管理落实机制，促进各级干部和管理人员尽心尽责使运输安全的各个环节、关键岗点，处于有效的监控之中。

运输安全管理体制保持正常运转，才能使运输生产协调平衡，基本稳定。铁路运输生产过程正常运转的活力和动力来自于广大干部和职工的积极性和主观能动性。这就需要解决好干部作用和职工现场作业控制这两个关键环节的落实问题。有了安全落实机制，好的管理制度和方法才能坚持下去，并取得实效。科学的管理体系和有效的安全落实机制相辅相成，是安全管理有序可控的重要保证。

安全落实机制，是以调动干群积极性、强化现场作业控制为目的，制定兼容考核、激励和约束为一体的政策和措施，使规章制度和作业标准得到落实的行政控制手段。如以干部"五定"考核为核心内容的安全管理落实机制；以班组"双达标"（班组升级达标和岗位作业达标）为内容的班组自控机制；以加大激励力度，辅以行政手段、利益分配，以及与思想工作紧密结合为主要内容的安全激励机制；以全员岗位作业达标为目标的职工培训质量保障机制等。

4. 安全监察制度

安全监察是指规定的安全监察机构对职责范围内的运输安全工作进行监督和检查。实行严格的监察制度，强化安全监督监察工作是落实安全法规和安全措施，实现安全预防，正确处理事故的重要保证。在运输安全管理体制中，安全监察工作具有举足轻重的作用。

4.5　铁路行车安全监察工作

从安全生产角度看，建立健全运输安全法规与监督检查安全法规执行情况，对全路运输安全工作同等重要。我国铁路早在1950 年5 月就设立了铁道部行车安全总监察室，负责有关行车安全工作的计划，有关行车安全规章制度的贯彻执行，事故发生时的指挥处理。同年9 月，在全路行车安全会议上，确定了监察工作的业务方针、性质和行车事故处理程序与方法，为各级监察机构配备了专职监察人员。60 年来，我国铁路安全监察工作在安全管理中发挥了重要作用，取得了显著成绩。随着铁路"两个根本转变"和现代化建设步伐的日益加快，通过深化改革来加强安全监察工作变得越来越重要。

4.5.1　行车安全监察组织机构

为了维护铁路行车安全法规的实施，保证运输安全，在铁路运输各级组织，各业务部门坚持"安全第一"，加强安全管理的同时，必须实行严格的监察制度。为此，在铁道部、铁路局(集团公司、工程局，本节下同)设置行车安全监察机构，实行两级管理。

铁路局行车安全监察机构具有双重性质，在行政上由铁路局长领导，在监察业务上受上级行车安全监察部门领导。

各级行车安全监察机构除设领导人员外，并按照车务、客货运、机务、车辆、工务、电务、教育、路外安全和综合分析等方面的业务，设置监察人员。监察机构的人员编制，由铁路局根据具体情况(工作量大小、管辖单位多少、运营里程长短)确定。

经铁路局行车安全监察机构通过与有关单位协商选聘，在基层站段可设置不脱产的行车安全监察通讯员。行车安全监察通讯员有权直接向本单位领导提出行车安全中存在的问题和改进意见；有权不通过本单位领导直接向各级行车安全监察机构反映问题，在不影响本职工作的前提下，完成行车安全监察机构给予的任务。行车安全监察通讯员在监察业务上受铁路局行车安全监察机构领导。

基层站段班组可设不脱产的安全员。安全员对违章违纪行为有权加以纠正，

89

有权越级向上级反映情况,安全员在业务上受车务段或铁路局相关行车安全监察机构指导。

目前,在我国铁路作业量比较大的站段上设有安全室。安全室是站段的职能股室,而不是安全监察部门。它在行政上受站段领导,在业务上受上级安全监察机构的指导,负责本站段的安全检查,参与安全管理,及时掌握安全情况,当好领导的安全参谋。

4.5.2　各级行车安全监察机构的任务和职责

铁道部、铁路局行车安全监察机构是维护行车安全法规的监督机关,其任务是:贯彻"安全第一,预防为主"的方针,对行车安全工作实行严格的监察,维护行车安全法规、促进路风建设,保证安全正点、优质高产地完成运输任务,提高经济和社会效益。

行车安全监察机构对行政领导、同级业务部门、各行车有关单位和有关行车人员执行行车安全法规的情况行使监察职责。如铁路局行车安全监察机构,对铁路局行政领导执行行车安全法规范围内的监督,发现有违反行车安全法规的情况,应如实地提出意见、加以纠正;如有关领导不给予正确解决,则有权向上级行车安全监察机构报告,请求处理。

各级行车安全监察部门应坚持实事求是的科学态度,深入现场调查研究,探索安全生产规律,总结推广运输安全经验,制订预防事故对策,并为宏观安全管理进行科学、民主决策。

铁道部、铁路局行车安全监察机构的职责在《行车安全监察工作规则》中有具体规定。

4.5.3　行车安全监察机构的职权

各级行车安全监察机构作为维护行车安全法规的监督机关,为了全面履行其职责,必须具有以下职权:

① 发现作业上违反行车安全法规时,有权加以纠正;对危及行车安全者,有权立即制止,必要时可临时停止其工作,并责成有关单位议处;对不适合担当行车工作的人员,有权责成有关部门予以调整。

② 对危及行车安全的技术设备,有权向有关部门提出意见,要求限制解决;情况严重,确有发生严重事故可能时,有权采取临时扣留、封闭措施,并现呈有关单位紧急处理。

③ 发现有关规程、规范、规则、细则、办法、设计文件和施工方案违反《技规》和其他行车安全法规时,有权通知有关单位予以纠正,必要时可停止其实施。

④ 调查处理事故中，在确定性质和责任上有分歧意见时，由各级行车安全监察机构提出结论性意见。

⑤ 有权建议，即建议对违反行车安全法规或发生行车事故的责任人员和领导干部，给予建议对在安全生产工作中做出成绩和防止事故的有功人员，给予表彰和奖励。

上述职权中，对事故的定性和定责事关重大，应积极慎重对待。铁路局对事故性质和责任的确定，以《事规》为准，行车安全监察机构提出结论性意见，由铁路局做出决定：如果对领导的决定有不同意见，可以向上级行车安全监察机构反映，请求予以复查处理；若上级行车安全监察机构发现下级单位或下级行车安全监察机构对事故性质和责任的确定不符规定、处理不当时，有权加以纠正。

行车安全监察人员在行使职权时，对所发现的问题除向当事人进行帮助教育外，必要时应将存在的问题，提出的具体要求和改进意见，填写"行车安全监察通知书"（一式三份），交当事人所属单位领导两份；对于严重隐患和比较重大的问题，由行车安全监察机构向有关单位领导下发"行车安全监察指令书"（一式三份，送有关单位两份），限期改进。有关单位领导接到"通知书"或"指令书"后必须认真对待，及时研究改进，并将改进情况填记在"通知书"或"指令书"回执页中，回复填发单位。必要时填发单位应派人进行复查。

当安全和事故同经济利益挂钩时，在一些把眼前利益与根本利益对立起来的单位，出现了清除隐患不真抓实干，出了事故弄虚作假、隐瞒不报，甚至多方说情的现象，这种不良风气给安全监察工作带来了不应有的阻力和障碍。铁路部门的各级领导要大力支持行车安全监察人员的工作，保证行车安全监察人员正常地行使职权、履行职责，做好监察工作。任何人不得妨碍行车安全监察人员行使职权。如发现对行车安全监察人员有打击报复行为者，必须严肃处理。要保证行车安全监察人员必要的工作条件，以使行车安全监察人员顺利开展工作，及时迅速地了解事故情况，积极有效地组织抢修、救援工作，准确果断地确定事故性质和事任。因此，除为行车安全监察人员提供交通、通讯、食宿等方便条件外，还应根据工作需要，配备必要的检测仪表、工具、用品和其他备品，逐步采用先进的检测手段，并通过单位领导，参加或召集有关安全会议，向有关部门和单位查阅案卷、记录、表报、借用必要的工具及仪器，要求指派适当人员协助工作等。

4.5.4　行车安全监察人员的素质要求和工作准则

自上而下的安全监察是原则性、政策性、科学性和权威性很强的安全管理工作，各级行车安全监察机构按规定职责范围所做的一切工作都关系到消除事故隐患，预防事故发生，切实保护国家、企业、职工利益的大问题。其工作成效主要取决于安全监察队伍的整体素质和工作作风,因此,各级行车安全监察机构选配符合规定要求的监察人员,是正确行使安全监察职权,努力做好安全监察工作的重要前提和保证。

《行车安全监察工作规则》规定:"各级行车安全监察人员必须身体健康,具有较高的政治思想水平,熟练的技术业务知识,丰富的行车工作经验,中专或高中以上文化程度,较强的独立工作能力。"随着安全科学管理要求和安全技术装备现代化程度的不断提高,面对复杂的社会环境影响,各级安全监察人员应不断提高自身素质,增强使命感,掌握铁路科技新知识,以适应形势发展需要。对安全监察人员及工作要建立考核制度,凡德才兼备、符合条件的要适时提升;不符合条件和级别而可以培养提高的,要做出安排,加速培养;对确实不够条件的要及时调整。不断提高各级安全监察人员的整体素质,并保持监察队伍的相对稳定。各级安全监察人员是分别代表铁道部、铁路局行使行车安全监察职权的,他们的一言一行在基层单位和职工群众有很大影响。为了认真执行《行车安全监察工作规则》,各级行车安全监察人员必须遵守以下工作准则:

① 坚决执行党的路线、方针、政策和国家的法令,维护行车安全法规的严肃性。

② 预防为主,防患于未然。

③ 执法严明,刚正不阿。

④ 秉公办事,不得弄虚作假。

⑤ 坚持原则,遵守法规。

⑥ 积极钻研业务,技术上精益求精。

各级行车安全监察人员如有玩忽职守、执法犯法,造成不良影响的,应给予严于其他职。

第5章 铁路运输安全系统分析

5.1 概 述

铁路运输安全系统分析是使用系统工程的原理和方法，辨别、分析铁路运输生产中存在的危险因素，并根据实际需要对其进行定性、定量描述的技术方法。其目的是保证铁路运输系统安全运行，查明系统中的危险因素，以便采取相应措施控制危险。

5.1.1 安全系统分析的内容

安全系统分析是从安全角度对铁路运输系统中的危险因素进行分析，主要分析导致系统故障或事故的各种因素及其相关关系，通常包括如下内容：

（1）对可能出现的初始的、诱发的及直接引起事故的各种危险因素及其相互关系进行调查和分析。

（2）对与系统有关的环境条件、设备、人员及其他有关因素进行调查和分析。

（3）对能够利用适当的设备、规程、工艺或材料控制或根除某种特殊危险因素的措施进行分析。

（4）对可能出现的危险因素的控制措施及实施这些措施的方法进行调查和分析。

（5）对不能根除的危险因素失去控制或减少控制可能出现的后果进行调查和分析。

（6）对危险因素一旦失去控制，为防止伤害和损害的安全防护措施进行调查和分析。

5.1.2 安全系统分析方法的分类

铁路运输安全系统分析方法有许多种，其中得到比较广泛应用的系统分析方法主要有以下几种：

（1）统计图表分析（Statistic Figure Analysis，SFA）；

（2）因果分析图（Cause – Consequence Analysis，CCA）；

（3）安全检查表（Safety Check List，SCL）；

（4）预先危险性分析（Preliminary Hazard Analysis，PHA）；

（5）故障模式及影响分析（Failure Model and Effects Analysis，FMEA）；

（6）事件树分析（Event Tree Analysis，ETA）；

（7）事故树分析（Fault Tree Analysis，FTA）。

此外，尚有管理疏忽和风险树分析、原因-后果分析、共同原因分析等方法，可用于特定目的的危险因素辨识。

5.1.3 安全系统分析方法的特点及适用范围

各种安全系统分析方法都是根据危险性的分析、预测以及特定的评价需要而研究开发的，因此，它们都有各自的特点和一定的适用范围。

1. 统计图表分析

统计图表分析方法是一种定量分析方法，适用于对系统发生事故情况进行统计分析，便于找出事故发生规律。

2. 因果分析图

将引发事故的重要因素分层（枝）加以分析，分层（枝）的多少取决于安全分析的广度和深度要求，分析结果可供编制安全检查表和事故树用。此方法简单、用途广泛，但难以揭示各因素之间的组合关系。

3. 安全检查表

按照一定方式（检查表）检查设计、系统和工艺过程，查出危险性所在。此方法简单、用途广泛，没有任何限制。

4. 预先危险性分析

确定系统的危险性，尽量防止采用不安全的技术路线、危险性的物质、工艺和设备。其特点是把分析工作做在行动之前，避免由于考虑不周而造成损失，当然在系统运转周期的其他阶段，如检修后开车、制定操作规程、技术改造之后、使用新工艺等情况，都可以采用这种方法。

5. 故障模式及影响分析

以硬件为对象，对系统中的元件进行逐个研究，查明每个元件的故障模式，然后再进一步查明每个故障模式对子系统以至系统的影响。本方法易于理解，是广泛采用的标准化方法。但一般用于考虑非危险性失效，费时较多，而且一般不能考虑人、环境和部件之间相互关系等因素，主要用于设计阶段的安全分析。

6. 事故树分析

由不希望事件（顶事件）开始，找出引起顶事件的各种失效的事件及其组合，最适用于找出各种失效事件之间的关系，即寻找系统失效的可能方式。本方法可包含人、环境和部件之间相互作业等因素，加上简明、形象化的特点，已成为安全系统工程的主要分析方法。

7. 事件树分析

由初始(希望或不希望)的事件出发,按照逻辑推理推论其发展过程及结果,即由此引起的不同事件链。本方法广泛用于各种系统,能够分析出各种事件发展的可能结果,是一种动态的宏观分析方法。

8. 原因-后果分析

是事件树分析和事故树分析方法的结合,从某一初始条件出发,向前用事件树分析,向后用事故树分析,兼有两者的优缺点。此方法灵活性强,可以包罗一切可能性,易于文件化,可以简明地表示因果关系。

5.1.4 铁路运输安全系统分析方法的选择

在进行铁路运输安全系统分析方法选择时应根据实际情况进行确定,并考虑如下几个问题:

1. 分析的目的

铁路运输安全系统分析方法的选择应能够满足对分析的要求。运输安全系统分析的最终目的是辨识危险源,并在实际工作中达到一些具体目的,例如:

① 对系统中所有危险源,查明并列出清单。

② 掌握危险源可能导致的事故,列出潜在事故隐患清单。

③ 列出降低危险性的措施和需要深入研究部位的清单。

④ 将所有危险源按危险大小排序。

⑤ 为定量的危险性评价提供数据。

由于每种方法都有其自身的特点和局限性,并非处处通用,因此使用中有时要综合应用多种方法,以取长补短或相互比较,验证分析结果的正确性。

2. 资料的影响

关于资料收集的多少、详细程度、内容的新旧等,都会对选择安全系统分析方法有着至关重要的影响。

一般来说,资料的获取与被分析的系统所处的阶段有直接关系。例如,在方案设计阶段,采用危险性和可操作性研究或故障类型和影响分析的方法就难以获取详细的资料。随着系统的发展,可获得的资料越来越多、越详细。为了能够正确分析,应该收集最新的、高质量的资料。

3. 对象系统的特点

要针对被分析系统的特点选择运输安全系统分析方法。

对于复杂和规模大的系统,由于需要的工作量和时间较多,应先用较简捷的方法进行筛选,然后根据分析的详细程度选择相应的分析方法。

对于不同类型的操作过程,若事故的发生是由单一故障(或失误)引起的,则可以选择危险性与可操作性研究;若事故的发生是由许多危险因素共同引起的,则可以选择事件树分析、事故树分析等方法。

4. 系统的危险性

当系统的危险性较高时,通常采用系统、严格、预测性的方法,如故障类型和影响分析、事件树分析、事故树分析等方法;当危险性较低时,一般采用经验的、不太详细的分析方法,如安全检查表法等。

在使用运输安全系统分析方法时应注意:①使用现有分析方法不能生搬硬套,必要时应进行改造或简化;②不能局限于已有分析方法的应用,而应从系统原理出发,开发新的运输安全分析方法。

5.2 常用安全分析方法

统计图表分析法,就是利用统计图表对交通事故数据进行整理和并进行粗略的原因分析,这也是在运输安全管理工作中常用的分析方法。

5.2.1 统计图表分析法

1. 比重图

比重图是一种表示事物构成情况的平面图形,可以在平面图上形象、直观地反映事物的各种构成所占的比例。

利用比重图可方便地对各类交通事故进行统计分析。例如,我国2004年各种驾驶员类型的事故构成如图5-1所示。

2. 趋势图

趋势图是按一定的时间间隔统计数据,利用曲线的连续变化来反映事物动态变化的图形。趋势图借助于连续曲线的升降变化来反映事物的动态变化过程,可以帮助我们掌握交通事故发生规律,预测其未来的变化趋势,以便采取预防措施,降低事故损失。

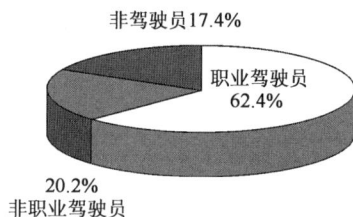

图5-1 2004年我国各种驾驶员
类型的事故构成

趋势图通常用直角坐标系表示,横坐标表示时间间隔,纵坐标表示事物数量尺度。根据事物动态数列资料,在直角坐标系上确定各图示点,然后将各点连接起来,即为趋势图。例如,1980—1999年我国道路交通事故次数、死亡人数、受伤人数、直接经济损失统计数据,用趋势图表示如图5-2所示。在绘制趋势图的过程中，如果事物的历史数据变化范围较大，可以用纵坐标轴表示数据的对数，即以对数数列为尺度。由于对数数列与数列本身的变化趋势是一样的，这就保证了所作的对数趋势图与原趋势图的总趋势是相同的。由此可解决作图的技术难题。

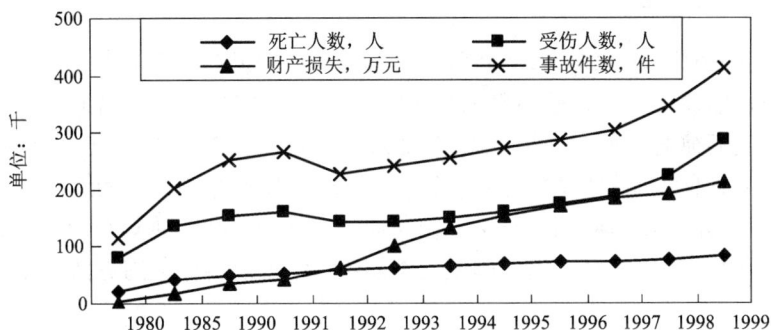

图 5－2　1980—1999 年我国道路交通事故发生情况

3. 直方图

直方图是运输安全系统分析中较为常用的统计图表。它是由建立在直角坐标系上的一系列高度不等的柱状图形组成，因而也被称为柱状图，如图 5－3 所示。直角坐标系的横坐标表示需要分析的各种因素，柱状图形的高度则代表了对应于横坐标的某一指标的数值。采用直方图进行交通事故统计分析，可以直观、形象地表示出各种因素对交通事故的影响程度。

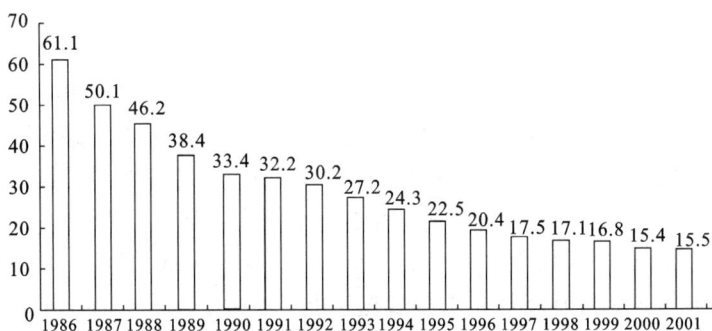

图 5－3　我国 1986—2001 年道路交通事故万车死亡率

4. 圆图法

圆图法是把要分析的项目，按比例画在一个圆内。整个圆 360°表示 100%，180°为 50%，90°为 25%，1°为 1/360，这样将所有因素都画在一个圆内表示，便可以比较直观地看出各个因素所占的比例，如下图 5-4 所示。

5.2.2 因果分析图法

因果分析图也称鱼刺图或特性因素图。运输过程安全与否是交通参与者、运载工具、运输线路等多方面因素综合作用的结果，这些因素与运输安全的关系相当复杂，它们彼此之间也存在着错综复杂的关系。当分析发生交通事故的原因时，可以将各种可能的事故原因进行归纳分析，用简明的文字和线条表现出来，如图 5-5 所示。用鱼刺图分析法分析交通安全问题，可以使复杂的原因系统化、条块化，而且直观、逻辑性强，因果关系明确，便于把主要原因弄清楚。

图 5-4　道路交通事故原因分析图

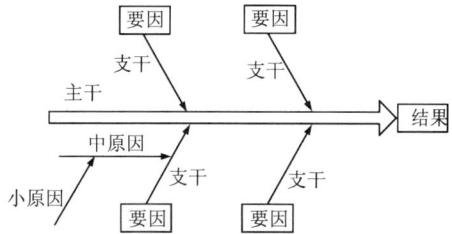

图 5-5　鱼刺图示意图

图 5-5 中，"结果"表示不安全问题，事故类型；主干是一条长箭头，表示某一事故现象；长箭头两边有若干"枝干"、"要因"，表示与该事故现象有直接关系的各种因素，它是综合分析和归纳的结果；"中原因"则表示与"要因"直接有关的因素。以此类推便可以把事故的各种大小原因客观地、全面地找出来。

图 5-6 所示就是道路交通中翻车事故的鱼刺分析图。

在运用因果分析图对交通事故原因进行分析时，要从大到小、从粗到细，由表及里，寻根究底，直到能具体采取措施为止。

用因果分析图法分析交通事故的具体案例，对吸取事故教训，采取防范措施，防止类似事故的再次发生尤为适用。

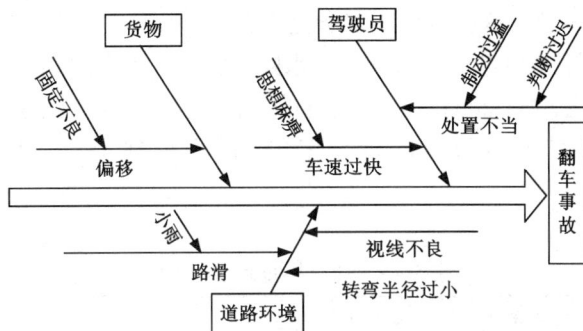

图 5 - 6　翻车事故鱼刺图

5.3　安全检查表分析

安全检查表是铁路运输安全系统分析中一种常用分析方法。其基本任务是发现和查明铁路运输系统中的各种危险和隐患，监督各项安全法规、制度、标准的实施，制止违章行为，预防事故，消除危险，保障安全。在铁路运输安全管理中，对安全大检查是十分重视的。一般在年初（或年底）、每逢节假日到来之前，都要进行安全大检查，但进行安全检查时由于缺乏细致的检查方法，易流于形式，出现疏忽和漏检。

为了使安全检查工作能够正确、及时地发现问题和解决问题，需要一种按系统工程思想进行检查的方法。安全检查表就是为此目的而编制的。实践表明，安全检查表是进行系统安全检查、预防事故、改善劳动条件的一种重要手段。

5.3.1　安全检查和安全检查表

安全检查是运营中常规、例行的安全管理工作是及时发现不安全状态及不安全行为的有效途径，也是消除事故隐患、防止事故发生的重要手段。开展安全检查工作，要做到有计划、有组织、目标明确、内容要求具体，并且必须由领导负责、有关人员参加的安全生产检查组实施。安全检查自始至终应贯彻领导与群众相结合的原则，做到边检查、边整改。

安全检查表是为系统地发现铁路运输设备、运输线路、港、站、车间、班组、工序或机器、设备、装置、环境以及各种操作管理和组织措施中的不安全因素而事先拟好的问题清单。它根据系统工程分解和综合的原理，事先把检查对象加以剖析，把大系统分割成若干个小的子系统，然后确定检查项目，查出不安全因素

▶99

所在，以正面提问的方式，将检查项目按系统或子系统的顺序编制成表，以便进行检查和避免漏检查，这种表就叫安全检查表。

安全检查表不是检查项目的一本流水账，也不是所有问题的罗列，而是通过分析、筛选、简化，发现问题、查找问题的一种工具。它针对性强、富有实效，对分析系统的安全状况有较好的指导作用，因而得到了广泛应用，基本格式见表 5 - 1。

表 5 - 1　安全检查表基本格式

检查时间	检查单位	检查人	检查部位		整改负责人
序号	检查项目		检查结果		整改措施
			是	否	
1					
…	…		…	…	…

5.3.2　安全检查表的内容及要求

1. 安全检查表的项目及要求

安全检查表的检查项目，应列出所有可能导致事故发生的因素或状态，即要求所列检查项目系统、全面、完善。检查的项目越全面，检查的地方越彻底，漏掉的不安全隐患就越少，系统的安全性就越高。

2. 安全检查表采用的方式

安全检查表一般采用正面提问的方式，要求发问明确，回答清楚，并以"是"或"否"来回答。例如，"铁路调车溜放作业中是否使用安全带？"是问参加调车作业的人员是否使用安全带，如果使用了，检查结果以"是"回答；如果没有使用则以"否"回答。"是"表示符合要求，"否"表示还存在问题，有待进一步改进。所以，在每个提问后面也可以设整改措施栏，将整改措施简要填写在此栏内。每个检查表均需注明检查时间、检查者、直接负责人等，以便分清责任。

3. 检查依据

为了能使提出的问题有依据，可以收集有关此项问题的规章制度、规范标准中所规定的要求，分别简要列出它们的名称和所在章节，附于每项提问后面，以便查对。

5.3.3 安全检查表的分类

安全检查表的类型繁多，分类的方式不一，绝大多数是按用途分类的。一般而言，常用类型有以下几种：

1. 设计通用安全检查表

如果在设计时能够设法把不安全因素消除掉，则可以取得事半功倍的效果。因此，在设计之前，应为设计人员提供相应的安全检查表。表中还应列出应该遵循的有关规程、标准。这样既可以扩大设计者的知识面，而且能使他们乐于采纳这些标准中所列的数据要求，避免与安全人员意见不同时发生争议。设计人员事先参照安全检查表进行设计，比设计完成后再参照检查表修改要省事得多。

2. 运输设备、机械装置、设施定期安全检查表

由于铁路运输系统是庞大的社会、技术系统，部门复杂、设备繁多，所以应该按客运、货运、车辆、电力、房建等部门，根据各自的设备情况，制定相应的安全检查表，供日常巡回检查或定期检查时使用。

3. 车间、工段及岗位用安全检查表

用于车间、工段及岗位进行定期和预防性安全检查，重点放在人身、设备、作业过程等不安全行为和不安全状态方面。

4. 消防用安全检查表

对于铁路运输部门的货场、仓库、危险品仓库等要害部位，防止火灾发生是一个十分重要的问题。如果防火工作做得不好，措施不力，一旦发生火灾，将会造成惨重的损失。因此，在上述要害地点必须建立严格的防火制度，设立必要的消防器材，制定切实可行的具体措施，并经常或定期进行检查，发现问题，及时解决。

5. 专业性安全检查表

这种检查表由专业机构或职能部门编制和使用，主要用于进行定期的安全检查或季节性检查，如对电气设备、锅炉及压力容器、特殊装置与设施等的专业性检查。

5.3.4 安全检查表的编制

1. 安全检查表的编制方法

安全检查表的编制一般采用经验法和分析法：

（1）经验法

找熟悉被检查对象的人员和具有实践经验的人员，以三结合的方式(工人、工程技术人员、管理人员相结合)组成一个小组。依据人、物、环境的具体情况和

以往积累的实践经验及有关统计数据，按照规程、规章制度等文件的要求，编制安全检查表。

（2）分析法

根据已编制的事故树、事件树的分析、评价结果来编制安全检查表。

经验法编制的安全检查表，检查项目十分冗长、繁杂，既费人力，又花时间，工作效率低，因此使用经验法进行检查的方式、方法都比较落后，使用效果不如分析法。

分析法编制的安全检查表，经过事故树、事件树的定性、定量分析来确定检查项目，因而按照分析法编制的检查表相对较为精练和完善。虽然检查项目可能不多，但每一检查项目都是保证系统安全的关键环节，所以分析法是发展的方向。

2. 安全检查表的编制步骤

① 确定被检查对象，组织有关人员。

② 熟悉被分析的系统。

③ 调查不安全因素。

④ 搜集与系统有关的规范、标准、制度等。

⑤ 明确规定的安全要求。

⑥ 根据具体情况和要求确定编制方法，编制安全检查表。

⑦ 通过反复使用，不断修改、补充完善。

5.3.5 安全检查表的特点和应注意的问题

1. 特点

安全检查表是进行系统安全分析的基础，也是安全检查中行之有效的基本方法，具有以下明显的特点：

① 通过预先对检查对象进行详细调查研究和全面分析，所制定出来的安全检查表比较系统、完整，能包括导致事故发生的各种因素，可避免检查过程中的走过场和盲目性，从而提高安全检查工作的效果和质量。

② 安全检查表是根据有关法规、安全规程和标准制定的，因此检查目的明确，内容具体，易于实现安全要求。

③ 对所拟定的检查项目进行逐项检查的过程，也是对系统危险因素辨识、评价和制定措施的过程，既能准确地查出隐患，又能得出确切的结论，从而保证了有关法规的全面落实。

④ 检查表是与有关责任人紧密联系的，所以易于推行安全生产责任制，检查后能够做到事故清、责任明、整改措施落实快。

⑤ 安全检查表是通过问答的形式进行检查的过程，所以使用起来简单易行，

易于安全管理人员和广大职工掌握和接受，可经常自我检查。

2. 应注意的问题

① 检查表中所列项目，应简明扼要、突出重点、抓住要害。

② 各类安全检查表都有其适用对象，不宜通用。

③ 各级安全检查项目应各有侧重。

④ 对危险部位应详细检查，确保一切隐患在可能造成严重后果之前就被发现。

⑤ 要落实安全检查实施人员。

⑥ 检查中发现问题要及时处理或向上级反映。

5.4　事件树分析方法

5.4.1　事件树分析的含义

事件树分析(Event Tree Analysis，ETA)是从一个初始事件开始，按顺序分析事件向前发展中各个环节成功与失败的过程和结果。

一起事故的发生，是许多原因事件相继发生的结果。其中，一些事件的发生是以另一些事件首先发生为条件的，而一事件的出现，又会引起另一些事件的出现。在事件发生的顺序上，存在着因果的逻辑关系。事件树分析法是一种时序逻辑的事故分析方法，它以一初始事件为起点，按照事故的发展顺序，分成阶段，一步一步地进行分析，每一事件可能的后续事件只能取完全对立的两种状态(成功或失败、正常或故障、安全或危险等)之一的原则，逐步向结果方面发展，直到达到系统故障或事故为止，由于所分析的情况用树枝状图表示，故叫事件树。

事件树既可以定性地了解整个事件的动态变化过程，又可以定量计算出各阶段的概率，最终了解事故发展过程中各种状态的发生概率。

事件树分析是由决策树演化而来的，最初用于可靠性分析。它的原理是每个系统都是由若干个元件组成的，每一个元件对规定的功能都存在具有和不具有两种可能。元件具有其规定的功能，表明正常(成功)；不具有规定功能，表明失败(失败)。按照系统的构成顺序，从初始元件开始，由左向右分析各元件成功与失败两种可能，直到最后一个元件为止。分析的过程用图形表示出来，就得到近似水平的树形图。

通过事件树分析，可以把事故发生发展的过程直观地展现出来，如果在事件(隐患)发展的不同阶段采取恰当措施阻断其向前发展，就可达到预防事故的目的。

5.4.2　分析步骤

1. 确定初始事件

初始事件是事件树中在一定条件下造成事故后果的最初原因事件。它可以是系统故障、设备失效、人员误操作或工艺过程异常等。一般选择分析人员最感兴趣的异常事件作为初始事件。

2. 找出与初始事件有关的环节事件

所谓环节事件就是出现在初始事件后一系列可能造成事故后果的其他原因事件。

3. 编制事件树

把初始事件写在最左边，各种环节事件按顺序写在右面。从初始事件画一条水平线到第一个环节事件，在水平线末端画一垂直线段，垂直线段上端表示成功，下端表示失败；再从垂直线两端分别向右画水平线到下一个环节事件，同样用垂直线段表示成功和失败两种状态；依此类推，直到最后一个环节事件为止。如果某一个环节事件不需要往下分析，则水平线延伸下去，不发生分支，如此便得到事件树。

4. 说明分析结果

在事件树最后面写明由初始事件引起的各种事故结果或后果。

5.4.3　定性与定量分析

1. 事件树定性分析

事件树定性分析在绘制事件树的过程中就已进行，绘制事件树必须根据事件的客观条件和事件的特征做出符合科学性的逻辑推理，用与事件有关的技术知识确认事件可能状态，所以在绘制事件树的过程中就已对每一发展过程和事件发展的途径作了可能性的分析。

事件树画好之后的工作，就是找出发生事故的途径和类型以及预防事故的对策。

（1）找出事故连锁

事件树的各分枝代表初始事件一旦发生后可能的发展途径。其中，最终导致事故的途径即为事故连锁。一般地，导致系统事故的途径有很多，即有许多事故连锁。

事故连锁中包含的初始事件和安全功能故障的后续事件之间具有"逻辑与"的关系，显然，事故连锁越多，系统也越危险；事故连锁中事件数越少，系统也越危险。

（2）找出预防事故的途径

事件树中最终达到安全的途径指导我们如何采取措施预防事故。在达到安全的途径中,发挥安全功能的事件构成事件树的成功连锁。如果能保证这些安全功能发挥作用,则可以防止事故。一般地,事件树中包含的成功连锁可能有多个,即可以通过若干途径来防止事故发主。显然,成功连锁越多,系统越安全,成功连锁中事件数越少,系统越安全。

由于事件树反映了事件之间的时间顺序,所以应该尽可能地从最先发挥功能的安全功能着手。

2. 事件树定量分析

事件树定量分析是指根据每一事件的发生概率,计算各种途径的事故发生概率,比较各种途径概率值的大小,确定最易发生事故的途径。一般地,当各事件之间相互统计独立时,其定量分析比较简单。当事件之间相互统计不独立时(如共同原因故障,顺序运行等),则定量分析变得非常复杂。

定量分析要有事件概率数据作为计算的依据,而且事件过程的状态又是多种多样的,一般都因缺少概率数据而不能实现定量分析。

3. 事故预防

事件树分析把事故的发生发展过程表述得清楚而有条理,对设计事故预防方案,制定事故预防措施提供了有力的依据。

从事件树上可以看出,最后的事故是一系列危害和危险的发展结果,如果中断这种发展过程就可以避免事故发生。因此,在事故发展过程的各阶段,应采取各种可能措施,控制事件的可能性状态,减少危害状态出现概率,增大安全状态出现概率,把事件发展过程引向安全的发展途径。

采取在事件不同发展阶段阻止事件向危险状态转化的措施,最好在事件发展前期过程实现,从而产生阻止多种事故发生的效果。但有时因为技术经济等原因无法控制,这时就要在事件发展后期过程采取控制措施。显然,要在各条事件发展途径上都采取措施才行。

5.4.4　列车上有易燃品引起火灾事故的事件树分析

在铁路旅客运输中是严禁旅客携带易燃品上车的,以确保旅客运输安全。但有的旅客违反规定携带易燃品,进站时未查出,将其带上列车,这就可能引起火灾事故,造成人员伤亡和财物损失;但处理得当,也可以避免火灾事故的发生。具体分析如图 5 - 7 所示。

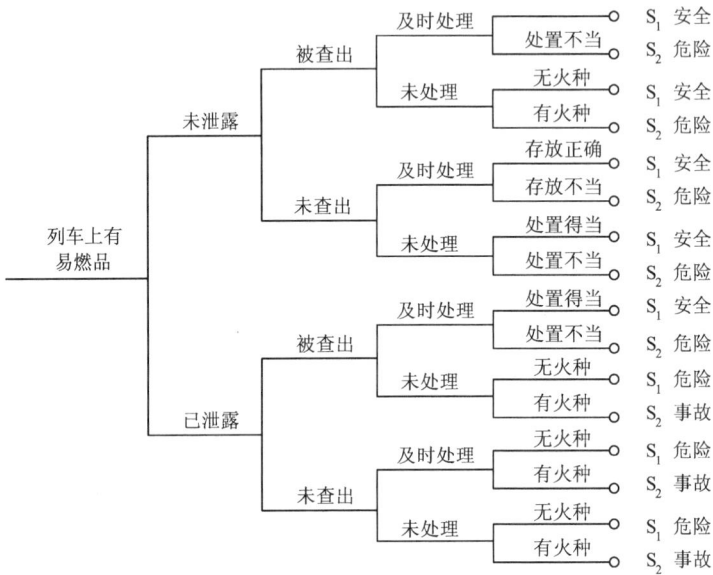

图 5-7　列车上有易燃物品引起火灾的事件树

5.5　事故树分析方法

5.5.1　事故树的基本概念

事故树分析(Fault Tree Analysis，FTA)是一种演绎推理法，这种方法把系统可能发生的某种事故与导致事故发生的各种原因之间的逻辑关系用一种称为事故树的树形图表示，通过对事故树的定性与定量分析，找出事故发生的主要原因，为确定安全对策提供可靠依据，以达到预测与预防事故发生的目的。

目前，事故树分析法已从航天、核工业进入一般电子、电力、化工、机械、交通等领域，它可以进行故障诊断、分析系统的薄弱环节，指定系统的安全运行和维修，实现系统的优化设计。

事故树分析法具有以下特点：

(1)事故树分析是一种图形演绎方法，是事故事件在一定条件下的逻辑推理方法。它可以围绕某特定的事故进行层层深入地分析，因而在清晰的事故树图形下，表达了系统内各事件间的内在联系，并指出单元故障与系统事故之间的逻辑关系，便于找出系统的薄弱环节。

（2）事故树分析具有很大的灵活性，不仅可以分析某些单元故障对系统的影响，还可以对导致系统事故的特殊原因（如人的因素、环境影响）进行分析。

（3）进行事故树分析的过程，是对系统更深入认识的过程，它要求分析人员把握系统内各要素间的内在联系，弄清各种潜在因素对事故发生影响的途径和程度，因而许多问题在分析的过程中就被发现和解决了，从而提高了系统的安全性。

（4）利用事故树模型可以定量计算复杂系统发生事故的概率，为改善和评价系统安全性提供了定量依据。

5.5.2 事故树分析步骤

事故树分析是根据系统可能发生的事故或已经发生的事故所提供的信息，去寻找与事故发生有关的原因，从而采取有效的防范措施，防止事故发生。

这种分析方法一般可按下述步骤进行。分析人员在具体分析某一系统时可根据需要和实际条件选取其中若干步骤。

1. 准备阶段

① 确定所要分析的系统。在分析过程中，合理地处理好所要分析系统与外界环境及其边界条件，确定所要分析系统的范围，明确影响系统安全的主要因素。

② 熟悉系统。这是事故树分析的基础和依据。对于已经确定的系统进行深入地调查研究，收集系统的有关资料与数据，包括系统的结构、性能、工艺流程、运行条件、事故类型、维修情况、环境因素等。

③ 调查系统发生的事故。收集、调查所分析系统曾经发生过的事故和将来有可能发生的事故，同时还要收集、调查本单位与外单位、国内与国外同类系统曾发生的所有事故。

2. 事故树的编制

① 确定事故树的顶事件。确定顶事件是指确定所要分析的对象事件。根据事故调查报告分析其损失大小和事故频率，选择易于发生且后果严重的事故作为事故树的顶事件。

② 调查与顶事件有关的所有原因事件。从人、机、环境和信息等方面调查与事故树顶事件有关的所有事故原因，确定事故原因并进行影响分析。

③ 编制事故树。采用一些规定的符号，按照一定的逻辑关系，把事故树顶事件与引起顶事件的原因事件，绘制成反映因果关系的树形图。

3. 事故树定性分析

事故树定性分析主要是按事故树结构，求取事故树的最小割集或最小径集，并进行基本原因事件的结构重要度分析，根据定性分析的结果，确定预防事故的安全保障措施。

4. 事故树定量分析

事故树定量分析主要是根据引起事故发生的各基本事件的发生概率，计算事故树顶事件发生的概率；计算各基本事件的概率重要度和关键重要度。根据定量分析的结果以及事故发生以后可能造成的危害，对系统进行风险分析，以确定安全投资方向。

5. 事故树分析的结果总结与应用

必须及时对事故树分析的结果进行评价、总结，提出改进建议，整理、储存事故树定性和定量分析的全部资料与数据，并注重综合利用各种安全分析的资料，为系统安全性评价与安全性设计提供依据。

5.5.3 事故树的符号及其意义

事故树中采用的符号包括事件符号、逻辑门符号和转移符号三大类。

1. 事件及事件符号

在事故树分析中各种非正常状态或不正常情况皆称事故事件，各种完好状态或正常情况皆称成功事件，两者均简称为事件。事故树中的每一个节点都表示一个事件。

（1）结果事件

结果事件是由其他事件或事件组合所导致的事件，它总是位于某个逻辑门的输出端。用矩形符号表示结果事件，如图 5-8(a)所示。结果事件分为顶事件和中间事件。

① 顶事件，是事故树分析中所关心的结果事件，位于事故树的顶端，它总是所讨论事故树中逻辑门的输出事件而不是输入事件，即系统可能发生的或实际已经发生的事故结果。

② 中间事件，是位于事故树顶事件和底事件之间的结果事件。它既是某个逻辑门的输出事件，又是其他逻辑门的输入事件。

（2）底事件

底事件是导致其他事件的原因事件，位于事故树的底部，它总是某个逻辑门的输入事件而不是输出事件。底事件又分为基本原因事件和省略事件。

① 基本原因事件，也称基本事件，表示导致顶事件发生的最基本的或不能再向下分析的原因或缺陷事件，用图 5-8(b)中的圆形符号表示。

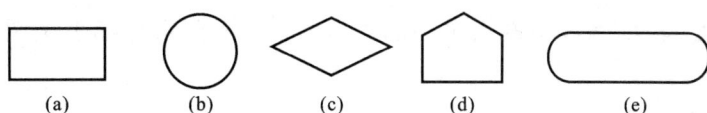

图5－8 事件符号

② 省略事件，表示没有必要进一步向下分析或其原因不明确的原因事件。另外，省略事件还可以表示二次事件，即不是本系统的原因事件，而是来自系统之外的其他原因事件，用图5－8(c)中的菱形符号表示。

(3)特殊事件

特殊事件是指在事故树分析中需要表明其特殊性或引起注意的事件。特殊事件又分为开关事件和条件事件。

① 开关事件又称正常事件，是在正常工作条件下必然发生或必然不发生的事件，用图5－8(d)中屋形符号表示。

② 条件事件，是限制逻辑门开启的事件，用图5－8(e)中椭圆形符号表示。

2. 逻辑门及其符号

逻辑门是连接各事件并表示其逻辑关系的符号。

① 与门

与门可以连接数个输入事件 E_1， E_2，…， E_n 和一个输出事件 E，表示仅当所有输入事件都发生时，输出事件 E 才发生的逻辑关系。与门符号如下图5－9(a)所示。

② 或门

或门可以连接数个输入事件 E_1， E_2，…， E_n 和一个输出事件 E，表示至少一个输入事件发生时，输出事件 E 就发生。或门符号如下图5－9(b)所示。

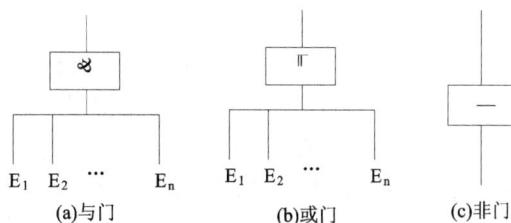

图5－9 逻辑门符号

③ 非门

非门表示输出事件是输入事件的对立事件。非门符号如下图图 5 - 9(c)所示。

④ 特殊门

条件与门。表示输入事件不仅同时发生，而且还必须满足条件 A，才会有输出事件发生。

条件或门。表示输入事件中至少有一个发生，在满足条件 A 的情况下，输出事件才发生。

3. 转移符号

当事故树规模很大或整个事故树中多处包含有相同的部分树图时，为了简化整个树图，便可用转出和转入符号，以标出向何处转出和从何处转入，如图 5 - 10 所示。

输出符号　　输入符号

图 5 - 10　转入转出符号

① 转出符号，表示向其他部分转出，△内记入向何处转出的标记。

② 转入符号，表示从其他部分转入，△内记入从何处转入的标记。

5.5.4　事故树的编制

事故树编制是 FTA 中最基本、最关键的环节。编制工作一般应由系统设计人员、操作人员和可靠性分析人员组成的编制小组来完成。通过编制过程能使小组人员深入了解系统，发现系统中的薄弱环节，这是编制事故树的首要目的。事故树的编制是否完善直接影响到定性分析与定量分析的结果是否正确，关系到运用 FTA 的成败。所以，事故树编制必须经过编制小组成员反复研究，不断深入，并充分利用实践中有效的经验总结。

1. 编制事故树的规则

事故树的编制过程是一个严密的逻辑推理过程，应遵循以下规则：

(1)确定顶事件应优先考虑风险大的事故事件

能否正确选择顶事件，直接关系到分析结果，是事故树分析的关键。在系统危险分析的结果中，不希望发生的事件远不止一个。但是，应当把发生频率高且后果严重的事件优先作为分析的对象，即顶事件；也可以把发生频率不高但后果很严重以及后果虽不严重但发生非常频繁的事故作为顶事件。

(2)合理确定边界条件

在确定了顶事件后，为了不使事故树过于繁琐、庞大，应明确规定被分析系统与其他系统的界面，并作一些必要的合理的假设。

(3)保持门的完整性，不允许门与门直接相连事故树编制时应逐级进行，不允许跳跃，任何一个逻辑门的输出都必须有一个结果事件，不允许不经过结果事件而将门与门直接相连，否则，将很难保证逻辑关系的准确性。

（4）确切描述顶事件

明确地给出顶事件的定义，即确切地描述出事故的状态，什么时候在何种条件下发生。

（5）编制过程中及编成后，需及时进行合理的简化

2. 编制事故树的方法

编制事故树的常用方法为演绎法，通过人的思考去分析顶事件是怎样发生的。即首先确定系统的顶事件，找出直接导致顶事件发生的各种可能因素或因素的组合即中间事件。在顶事件与其紧连的中间事件之间，根据其逻辑关系相应地画上逻辑门。然后再对每个中间事件之行类似的分析，找出其直接原因，逐级向下演绎，直到不能分析的基本事件为止。这样就可得到用基本事件符号表示的事故树。

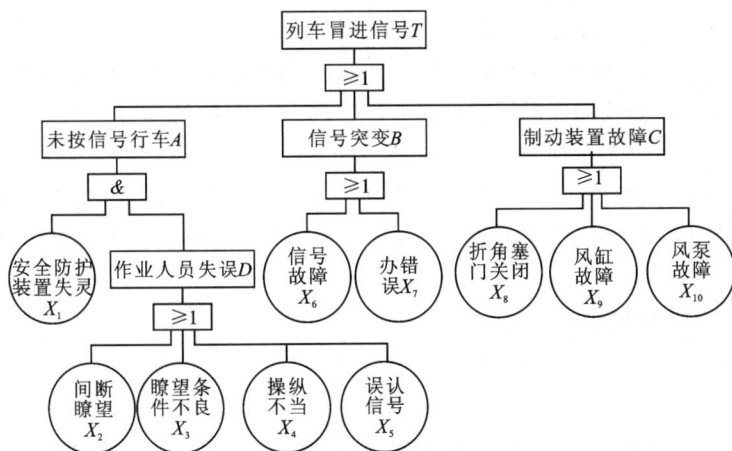

图5-11　列车冒进信号事故树

3. 事故树编制举例

图5-11所示的是已经编制完成的列车冒进信号事故树。列车冒进信号取决于机车乘务员没按信号指示行车、信号突变升级、列车制动装置故障这三个事件，其中只要有一个事件发生就一会导致顶上事件发生，将它们写在第二层，并用或门与第一层连接起来。机车乘务员没按信号指示行车是乘务员作业失误、机车安全防护装置（机车三大件等）失灵所致，把这两个事件写在第三层，并与第二

层用与门连接起来。

乘务员作业失误有四种情况：一是间断瞭望(瞌睡、做影响瞭望的其他工作)；二是瞭望条件不良(气候、地形条件影响视线)，看不清信号，臆测行车；三是操纵不当(超速、拉闸过晚)；四是误认信号。这四种情况有一个发生，就会导致乘务员作业失误，因此把它们写在第四层，并用或门与第三层连接起来。信号突变升级可能是信号机故障，也可能是办理人员给错信号，这两个条件有一个发生，就出现信号突变升级，将其写在第三层，并用或门与第二层连接起来。列车制动装置故障有三种情况：一是列车中的折角塞门关闭，造成制动力不足；二是风缸故障；三是风泵故障。三个条件中有一个发生，就使制动装置发生故障，将其写在第三层，并用或门与第二层连接起来。

5.5.5 事故树定性分析

1. 最小割集

(1)割集和最小割集

事故树顶事件发生与否是由构成事故树的各种基本事件的状态决定的。很显然，所有基本事件都发生时，顶事件肯定发生。然而，在大多数情况下，并不是所有基本事件都发生时顶事件才发生，而只要某些基本事件发生就可导致顶事件发生。在事故树分析中，把引起顶事件发生的基本事件的集合称为割集，也称截集或截止集。一个事故树中的割集一般不止一个，在这些割集中，凡不包含其他割集的，叫做最小割集。换言之，如果割集中任意去掉一个基本事件后就不是割集，那么这样的割集就是最小割集。所以，最小割集是引起顶事件发生的充分必要条件。

(2)最小割集的求法

最小割集的求法有多种，但常用的有布尔代数化简法、行列法和结构法三种。这里仅介绍最常用的布尔代数化简法。

布尔代数化简法也叫逻辑化简法，通过对原事故树进行逻辑化简，事故树的结构完全可以用最小割集来表示。

任何一个事故树都可以用布尔函数来描述。化简布尔函数，其最简析取标准式中每个最小项所属变元构成的集合，便是最小割集。若最简析取标准式中含有m个最小项，则该事故树有m个最小割集。

根据布尔代数的性质，可把任何布尔代数化为析取和合取两种标准式。析取标准式形式

$$f = A_1 + A_2 + \cdots + A_n = \sum_{i=1}^{n} A_i$$

合取标准式为：

$$f = A_1 \cdot A_2 \cdot \cdots \cdot A_n = \prod_{i=1}^{n} A_i$$

可以证明，A_i 和 B_i 分别是事故树的割集和径集。如果定义析取标准式的布尔项之和 A_i 中各项之间不存在包含关系，即其中任意一项基本事件布尔积不被其他基本事件布尔积所包含，则该析取标准式为最简析取标准式，那么 A_i 为事故树的最小割集。同理，可以直接利用最简合取标准式求取事故树的最小径集。

用布尔代数法计算最小割集，通常分三个步骤进行。

① 建立事故树的布尔表达式。一般从事故树的顶事件开始，用下一层事件代替上一层事件，直至顶事件被所有基本事件代替为止。

② 将布尔表达式化为析取标准式。

③ 化析取标准式为最简析取标准式。可利用布尔代数的逻辑运算法则进行化简，使之满足最简析取标准式的条件。

逻辑代数运算的法则很多，有的和代数运算法则一致，有的不一致。这里只介绍几种常用的运算法则，以便记忆和运用。

对合率：$\bar{\bar{A}} = A$

交换率：$A + B = B + A$，$AB = BA$

结合律：$A + (B + C) = (A + B) + C$，$A(BC) = (AB)C$

分配率：$A + BC = (A + B)(A + C)$，$A(B + C) = AB + AC$

等冥率：$A + A = A$，$\quad A \cdot A = A$

例：根据图 5 - 12 给定的事故树，求其最小割集，并给出简化后的事故树。

求解：

$T = A + B$

$\quad = (x_1 \cdot C \cdot x_2) + (x_4 \cdot D)$

$\quad = [x_1 \cdot (x_1 + x_3) \cdot x_2] + [x_4 \cdot (E + x_3)]$

$\quad = (x_1 x_1 x_2 + x_1 x_3 x_2) + [x_4 \cdot ((x_4 \cdot x_5) + x_3)]$

$\quad = x_1 x_2 + x_1 x_3 x_2 + x_4 x_4 x_5 + x_4 x_3$

$\quad = x_1 x_2 + x_4 x_5 + x_3 x_4$

由此可以知道，所求最小割集为 $\{x_1, x_2\}$，$\{x_4, x_5\}$，$\{x_4, x_3\}$

化简后的事故树如图 5 - 13 所示：

2. 最小径集

(1) 径集与最小径集

在事故树中，当所有基本事件都不发生时，顶事件肯定不会发生。然而，顶事件不发生常常并不要求所有基本事件都不发生，而只要某些基本事件不发生顶

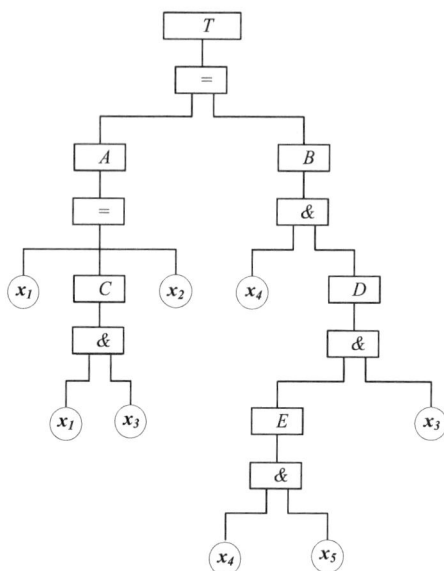

图 5 - 12　事故树

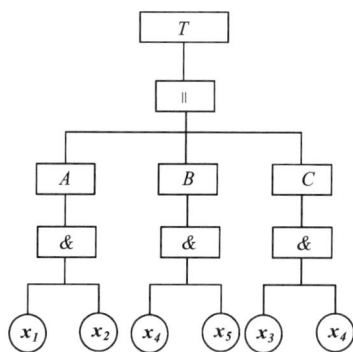

图 5 - 13　化简后的事故树

事件就不会发生。这些不发生的基本事件的集合称为径集,也称通集或路集。在同一事故树中,不包含其他径集的径集称为最小径集。如果径集中任意去掉一个基本事件后就不再是径集,那么该径集就是最小径集。所以,最小径集是保证顶事件不发生的充分必要条件。

114◀

(2)最小径集的求取

　　根据对偶原理,成功树顶事件发生,就是其对偶树(事故树)顶事件不发生。因此,求事故树最小径集的方法是,首先将事故树变换成其对偶的成功树,然后求出成功树的最小割集,即是事故树的最小径集。

　　将事故树变为成功树的方法,就是将原来事故树中的逻辑与门改成逻辑或门,将逻辑或门改为逻辑与门,并将全部事件符号加上"′",变成事件补的形式,这样便可得到与原事故树对偶的成功树,如图 5 - 14 所示。

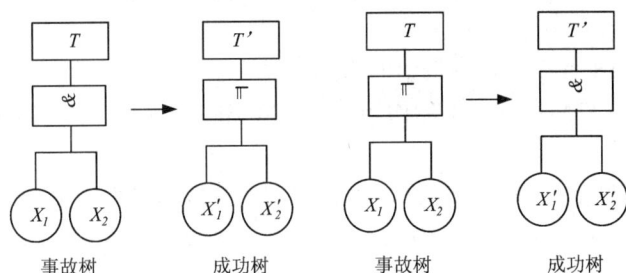

图 5 - 14　与事故树对偶的成功树的转换关系

　　3. 最小割集和最小径集在事故树分析中的作用

　　(1)最小割集在事故树分析中的作用

　　最小割集在事故树分析中起着非常重要的作用,归纳起来有四个方面:

　　① 表示系统的危险性。最小割集的定义明确指出,每一个最小割集都表示顶事件发生的一种可能,事故树中有几个最小割集,顶事件发生就有几种可能。从这个意义上讲,最小割集越多,说明系统的危险性越大。

　　② 表示顶事件发生的原因组合。事故树顶事件发生,必然是某个最小割集中基本事件同时发生的结果。一旦发生事故,就可以方便地知道所有可能发生事故的途径,并可以逐步排除非本次事故的最小割集,而较快地查出本次事故的最小割集,这就是导致本次事故的基本事件的组合。显而易见,掌握了最小割集,对于掌握事故的发生规律,调查事故发生的原因很大的帮助。

　　③ 为降低系统的危险性提出控制方向和预防措施。每个最小割集都代表了一种事故模式。由事故树的最小割集可以直观地判断哪种事故模式最危险,哪种次之,哪种可以忽略,以及如何采取措施使事故发生概率下降。

　　若某事故树有三个最小割集,如果不考虑每个基本事件发生的概率,或者假定各基本事件发生的概率相同,则只含一个基本事件的最小割集比含有两个基本事件的最小割集容易发生;含有两个基本事件的最小割集比含有五个基本事件的最小割集容易发生。依此类推,少事件的最小割集比多事件的最小割集容易发生。由于单个事件的最小割集只要一个基本事件发生，顶事件就会发生；两个事件的最小割集必须两个基本事件同时发生，才能引起顶事件发生。这样，两个基本事件组成的最小割集发生的概率比一个基本事件组成的最小割集发生的概率要小得多，而五个基本事件组成的最小割集发生的可能性相比之下可以忽略。由此可见，为了降低系统的危险性，对含基本事件少的最小割集应优先考虑采取安全措施。

④ 利用最小割集可以判定事故树中基本事件的结构重要度和方便地计算顶事件发生叫概率。

（2）最小径集在事故树分析中的作用

最小径集在事故树分析中的作用与最小割集同样重要，主要表现在以下三个方面：

① 表示系统的安全性。最小径集表明，一个最小径集中所包含的基本事件都不会发生，就可防止顶事件发生。可见，每一个最小径集都是保证事故树顶事件不发生的条件，是采取预防措施，防止发生事故的一种途径。从这个意义上来说，最小径集表示了系统的安全性。

② 选取确保系统安全的最佳方案。每一个最小径集都是防止顶事件发生的一个方案，可以根据最小径集中所包含的基本事件个数的多少、技术上的难易程度、耗费的时间以及投入的资金数量，来选择最经济、最有效的事故控制方案。

③ 利用最小径集同样可以判定事故树中基本事件的结构重要度和计算顶事件发生的概率。在事故树分析中，根据具体情况，有时应用最小径集更为方便。就某个系统而言，如果事故树中与门多，则其最小割集的数量就少，定性分析最好从最小割集入手。反之，如果事故树中或门多，则其最小径集的数量就少，此时定性分析最好从最小径集入手，从而可以得到更为经济、有效的结果。

（3）系统薄弱环节预测

事故树经布尔代数化简之后，可以得到最小割集和最小径集。根据最小割集和最小径集的性质，就可以对系统安全的薄弱环节进行预测。

对于最小割集来说，它与顶上事件用或门相连，显然最小割集的个数越少越安全，越多越危险。而每个最小割集中的基本事件与第二层事件为与门连接，因此割集中的基本事件越多越有利，基本事件少的割集就是系统的薄弱环节。对于最小径集来说，恰好与最小割集相反，径集数越多越安全，基本事件多的径集是系统的薄弱环节。

根据以上分析，可以从以下四条途径来改善系统的安全性：

① 减少最小割集数，首先应消除那些含基本事件最少的割集；

② 增加割集中的基本事件树，首先应给含基本事件少、又不能清除的割集增

加基本事件。

③ 增加新的最小径集，也可以设法将原有含基本事件较多的径集分成两个或多个径集。

④ 减少径集中的基本事件树，首先应着眼于减少含基本事件多的径集。

总之，最小割集与最小径集在事故预测中的作用是不同的。最小割集可以预示出系统发生事故的途径；而最小径集却可以提供控制顶上事件最经济、最省事的方案。

在对某一事故树作薄弱环节预测时，要区别不同情况，采取不同做法。

事故树中或门越多，得到的最小割集就越多，这个系统也就越不安全。对于这样的事故树，最好从求最小径集着手，找出包含基本事件较多的最小径集，然后设法减少其基本事件树，或者增加最小径集数，以提高系统的安全程度。

事故树中与门越多，得到的最小割集的个数就较少，这个系统的安全性就越高。对于这样的事故树最好从求最小割集着手，找出少事件的最小割集，消除它或者设法增加它的基本事件树，以提高系统的安全性。

5.5.6　事故树的定量分析

事故树的定量分析首先是确定基本事件的发生概率，然后求出事故树顶事件的发生概率。求出顶事件的发生概率之后，可与系统安全目标值进行比较和评价。当计算值超过目标值时，就需要采取防范措施，使其降至安全目标值以下。

在进行事故树定量计算时，一般做以下几个假设：

① 基本事件之间相互独立；

② 基本事件和顶事件都只考虑发生和不发生两种状态；

③ 假定故障分布为指数函数分布。

1. 基本事件的发生概率

基本事件的发生概率包括系统的单元（部件或元件）故障概率及人的失误概率等，在工程上计算时，往往用基本事件发生的频率来代替其概率值。

2. 顶事件发生概率的计算

当给定了事故树各基本事件的发生概率，各基本事件又是独立事件时，就可以计算顶事件的发生概率。目前，计算顶事件发生概率的方法有若干种，下面介绍较简单的几种。

（1）状态枚举法

设某事故树有 n 个基本事件，这 n 个基本事件两种状态的组合数为 2^n 个。根据事故树的结构分析可知，所谓顶事件的发生概率，是指结构函数 $\Phi(X) = 1$ 的概率。亦即，顶事件的发生概率 $P(T)$ 可用下式定义：

$$P(T) = \sum_{k=1}^{2^n} \Phi_k(X) \prod_{i=1}^{n} q_i^{Y_i} (1-q_i)^{1-Y_i}$$

式中：k——基本事件状态组合序号；

$\Phi_k(X)$——第 k 种组合的结构函数值（1 或 0）；

q_i——第 i 个基本事件的发生概率；

Y_i——第 i 个基本事件的状态值（1 或 0）；

从上式可看出：在 n 个基本事件两种状态的所有组合中，只有当 $\Phi_k(X)=1$ 时，该组合对顶事件的发生概率产生影响。所以在用该式计算时，只需考虑 $\Phi_k(X)=1$ 的所有状态合。首先列出基本事件的状态值表，根据事故树的结构求得结构函数 $\Phi_k(X)$ 的值，最后求出 $\Phi_k(X)=1$ 的各基本事件对应状态的概率积的代数和，即为顶事件的发生概率。

该方法规律性强，适于编制程序上机计算，可用来计算较复杂系统事故发生概率。但当 n 值较大时，计算中要涉及 2^n 个状态组合，并要求出相应顶事件的状态，因而计算工作量很大，花费时间较长。

（2）最小割集法

事故树可以用其最小割集的等效树来表示。这时的顶事件等于最小割集的并集。

（3）最小径集法

根据最小径集与最小割集的对偶性，利用最小径集同样可求出顶事件的发生概率。

（4）顶事件发生概率的近似计算

在事故树分析时，往往遇到很复杂很庞大的事故树，有时一棵事故树牵扯成百上千个基本事件，要精确求出顶事件的发生概率，需要相当大的人力和物力。因此，需要找出一种简便方法，它既能保证必要的精确度，又能较为省力地算出结果。

实际上，即使精确算出的结果也未必十分准确，这是因为凭经验给出的各种机械部件的故障率本身就是一种估计值，肯定存在误差，而且各种机械部件的运行条件（满负荷或非满负荷运行）、运行环境（温度、湿度、粉尘、腐蚀等）各不相同，它们必然影响着故障率的变化。另外人的失误率受多种因素影响，如心理、生理、个人的智能、训练情况、环境因素等，这是一个经常变化、伸缩性很大的数据。因此对这些数据进行运算，必然得出不太精确的结果。因而用基本事件的数据计算顶事件发生概率时进行精确计算意义不大。所以实际计算中多采用近似算法。实际上，至今所有报道事故树分析实用的文献，都是采用近似计算的方法。尤其是在许多技术参数难以确认取值的情况下，这是一种比较科学的计算方法。

另外，在求近似值的过程中，略去的数值与有效数字的最后一位相比，相差很大，有时相差几个数量级，完全可以忽略不计。

近似算法是利用最小割集计算顶事件发生概率的公式得到的。一般情况下，可以假定所有基本事件都是统计独立的，因而每个割集也是统计独立的。下面推导近似算法的公式。

设有某事故树的最小割集等效树如下图 5 –15 所示，顶事件与割集的逻辑关系为：

$$T = k_1 + k_2 + \cdots + k_m$$

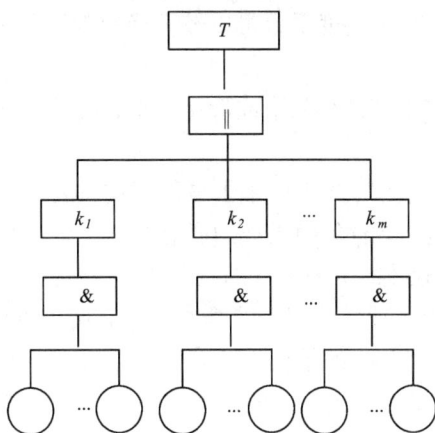

图 5 –15　某事故树的最小割集等效树

顶事件 T 发生的概率为 P，割集 k_1，k_2，$\cdots$，k_m 的发生概率分别为 P_{k1}，p_{k_2}，$\cdots$，p_{k_m}，由独立事件和的概率与积的概率计算公式分别得：

$$P(k_1 + k_2 + \cdots + k_m) = 1 - (1 - P_{k1})(1 - P_{k_2}) \cdots (1 - P_{k_m})$$
$$= (P_{k_1} + P_{k_2} + \cdots + P_{k_m}) - (P_{k_1}P_{k_2} + P_{k_1}P_{k_3} + \cdots + P_{k_{m-1}}P_{k_m}) +$$
$$(P_{k_1}P_{k_2}P_{k_3} + \cdots + P_{k_{m-2}}P_{k_{m-1}}P_{k_m}) - \cdots + (-1)^{m-1}(P_{k_1}P_{k_2}\cdots P_{k_m})$$

只取第一个小括号中的项，将其余的二次项，三次项等全都舍弃，则得顶事件发生概率近似公式：

$$P(k_1 + k_2 + \cdots + k_m) \approx P_{k_1} + P_{k_2} + \cdots + P_{k_m}$$

这样，顶事件发生概率近似等于各最小割集发生概率之和。

但是要注意的是，在计算顶事件发生的概率时，要按照简化后的等效事故树计算才是正确的，不能按照原事故树的结构函数进行近似计算。

5.5.7 基本事件的重要度分析

某一基本事件对顶事件发生的影响大小称为该基本事件的重要度。重要度分析在系统的事故预防、事故评价和安全性设计等方面有着重要的作用。事故树中各基本事件的发生对顶事件的发生有着程度不同的影响，这种影响主要取决于两个因素，即各基本事件发生概率的大小以及各基本事件在事故树模型结构中处于何种位置。为了明确最易导致顶事件发生的事件，以便分出轻重缓急采取有效措施，控制事故的发生，必须对基本事件进行重要度分析。

1. 用最小割集或最小径集进行结构重要度分析

利用基本事件的结构重要度系数可以较准确地判定基本事件的结构重要度顺序，但较烦琐。

一般可以利用事故树的最小割集或最小径集，按以下准则定性判断基本事件的结构重要度：

（1）单一事件最小割（径）集中的基本事件结构重要度最大。

（2）仅在同一最小割（径）集中出现的所有基本事件结构重要度相等。

（3）两个基本事件仅出现在基本事件个数相等的若干最小割（径）集中，这时在不同最小割（径）集中出现次数相等的基本事件其结构重要度相等；出现次数多的结构重要度大，出现次数少的结构重要度小。

（4）两个基本事件仅出现在基本事件个数不等的若干最小割（径）集中。在这种情况下，基本事件结构重要度大小依下列不同条件而定：

① 若它们重复在各最小割（径）集中出现的次数相等，则少事件最小割（径）集中出现的基工事件结构重要度大；

② 在少事件最小割（径）集中出现次数少的，与多事件最小割（径）集中出现次数多的基本事件比较，应用下式计算近似判别值：

$$I(i) = \sum_{X_i \in E_i} \frac{1}{2^{n_i - 1}}$$

2. 基本事件的概率重要度

基本事件的结构重要度分析，只是按事故树的结构分析各基本事件对顶事件的影响程度。如果进一步考虑基本事件发生概率的变化会给顶事件发生概率以多大影响，就要分析基本事件的概率重要度。

所谓事故树的概率重要度分析，主要依靠各基本事件的概率重要度系数大小进行定量分析。而基本事件的概率重要度系数，又是指某基本事件发生概率的变化引起顶事件发生概率变化度。利用顶事件发生概率 P 函数是一个多重线性函数的这一性质，只要对自变量 P_i 求一次偏导数，就可以得出该基本事件的概率重要度系数，即：

$$I_{P(i)} = \frac{\partial P}{\partial P_i}$$

当利用上式求出各基本事件的概率重要度系数后，就可以了解诸多基本事件，也可以确定减少哪个基本事件的发生概率就可以有效的降低顶事件的发生概率。

例：设事故树最小割集为$\{x_1, x_3\}$，$\{x_1, x_5\}$，$\{x_3, x_4\}$，$\{x_2, x_4, x_5\}$，各个基本事件概率分别为：$P_1 = 0.01$，$P_2 = 0.02$，$P_3 = 0.03$，$P_4 = 0.04$，$P_5 = 0.05$，求各个基本事件概率重要度系数。

求解：

顶事件发生概率 P 用近似方法计算时，为：

$$\begin{aligned} P &= P_{k1} + P_{k2} + P_{k3} + P_{k4} \\ &= P_1 P_3 + P_1 P_5 + P_3 P_4 + P_2 P_4 P_5 \\ &= 0.002 \end{aligned}$$

则各个基本事件的概率重要度系数分别为：

$$I_{P(1)} = \frac{\partial P}{\partial P_1} = P_3 + P_5 = 0.08$$

$$I_{P(2)} = \frac{\partial P}{\partial P_2} = P_4 P_5 = 0.002$$

$$I_{P(3)} = \frac{\partial P}{\partial P_3} = P_1 + P_4 = 0.05$$

$$I_{P(4)} = \frac{\partial P}{\partial P_4} = P_3 + P_2 P_5 = 0.031$$

$$I_{P(5)} = \frac{\partial P}{\partial P_5} = P_1 + P_2 P_4 = 0.0108$$

这样，就可以按照概率重要度系数的大小，排列出各基本事件的概率重要度顺序：

$$I_{P(1)} > I_{P(3)} > I_{P(4)} > I_{P(5)} > I_{P(2)}$$

这就是说，减少基本事件 X_1 的发生概率，就能使顶事件的发生概率迅速降下来，它比按同样数值减小其他任何基本事件的发生概率都有效。其次是按照上面的顺序排列的基本事件，其中最不敏感的基本事件是 X_2。

从概率重要度系数的算法可以看出这样的事实：一个基本事件的概率重要度如何，并不取决于它本身的概率值大小，而是与它所在最小割集中其他基本事件的概率积的大小以及它在最小割集中重复出现的次数有关。

3. 基本事件的临界重要度

当各基本事件发生概率不等时，一般情况下，改变概率大的基本事件比改变概率小的基本事件容易，但基本事件的概率重要度系数并未反映这一事实，因而它不能从本质上反映各基本事件在事故树中的重要程度。

事故树的临界重要度分析，是依靠各基本事件的临界重要度系数大小进行定量分析。所谓临界重要度系数，是指某个基本事件发生概率的变化率引起顶事件发生概率的变化率，它是从敏感度和概率的双重角度衡量各基本事件的重要程度。因此，它比概率重要度更合理更具有实际意义，其定义为：

$$C_i = \frac{\partial \ln P}{\partial \ln P_i}$$

临界重要度系数与概率重要度系数的关系是：

$$C_i = \frac{P_i}{P} I_{P(i)}$$

三种重要度系数中，结构重要度系数从事故树结构上反映基本事件的重要程度；概率重要度系数反映基本事件概率的增减对顶事件发生概率影响的敏感度；临界重要度系数从敏感度和自身发生概率大小双重角度反映基本事件的重要程度。其中，结构重要度系数反映了某基本事件在事故树结构中所占的地位，而临界重要度系数从结构及概率上反映了改善某一基本事件的难易程度，概率重要度系数则起着一种过度作用，是计算两种重要度系数的基础。

一般可以按这三种重要度系数安排采取措施的先后顺序，也可按三种重要度顺序分别编制相应的安全检查表，以保证既有重点、又能全面检查的目的。在三种检查表中，只有通过临界重要度分析产生的检查表，才能真正反映事故树的本质，也更具有实际意义。

第6章　铁路运输安全系统评价

6.1　概述

铁路运输安全系统评价，又称铁路运输危险性评价或风险评估，是指在对铁路运输系统辨识和安全分析的基础上，对系统的安全性或危险性，按有关的标准、规范、安全指标予以衡量，对其危险的程度进行分级，以便据此结合现有科学技术水平和经济条件，提出控制铁路运输系统危险性的安全措施。

铁路运输安全系统评价是实施铁路运输安全管理的一种重要的技术手段，也是铁路运输安全系统工程的一个重要组成部分，其最终目的是给出控制或消除铁路运输系统危险、防止事故发生的相关对策，为确保系统安全目标、制定系统安全规划、实现综合最优化的系统安全奠定基础。

根据上述定义，可对铁路运输安全系统评价进行定义如下：是以铁路运输系统为研究对象，通过调查等手段获得研究范围内特定时间段的与铁路运输事故相关的信息，应用适合的评价指标和方法，对研究范围区域进行铁路运输安全水平进行评价，并给出研究对象存在的或潜在的安全问题和安全性能方面的审查报告。

6.1.1　铁路运输安全评价评价主体

运输系统安全评价是一项为运输系统用户服务的技术工作，涉及到系统的安全工程各方的相互关系、权利和责任，其中对系统中安全评价人员的要求包括3个方面：

1. 技术要求

运输安全状况和事故的产生是系统内部和某些外部因素综合作用的结果，系统中的安全评价要求评价人员对所评价对象具有丰富的评价经验。

2. 公正性要求

评价者应利用自己的专业知识、安全工程经验等从安全的角度考虑问题，公正的指出系统设计中存在的安全问题。

3. 独立性要求

独立性的根本含义在于，相关安全评价人员必须从用户的角度审查评价对象中所存在的安全问题。

6.1.2 铁路运输安全评价评价客体

对于铁路运输系统，一般有以下几种情况需要进行专门的安全评价：

1. 新建线路

新建铁路线路，从规划到施工的各个阶段都可以进行安全评价。

2. 既有线路改造

既有线路改造除改造技术措施本身能带来不安全因素外，线路改造还改变了有关人员熟悉的路况，应采取一定技术措施来减小不利影响。

3. 线路附近的产业开发

线路沿线附近产业的开发改变了原来线路沿线的用户群，可能带来新的交通问题。

4. 现有线路和站段的安全评价

应定期对现有线路和站段的安全状况进行调查和评价。

6.1.3 铁路运输安全评价的依据与核心

所有安全评价的依据是数据，目前该数据主要来源于事故统计数据。铁路运输安全管理必须依靠各种各样的与安全相关的综合性信息，如安全设备、装置、仪表等硬件信息；系统安全运行、安全生产过程中的数据记录等安全动态信息；职工安全教育档案、所采取的安全措施、安全活动资料、安全检查记录等安全管理信息以及事故资料等事故信息。

由于受各种客观条件的限制，在以往的铁路运输安全管理中，所收集的安全信息多侧重于事故数据，忽视了对危险因素动态数据的收集和管理。这造成了安全基础数据单一，不能满足铁路运输安全管理决策的数据需求。因此，为了实现系统安全目标，仅靠收集事故数据和静态数据是不够的，还必须结合安全科学的各种理论与方法，应用新的安全数据收集方式和数据管理方式，以获取动态的、适时的、全面的铁路运输安全信息。

根据铁路运输安全系统评价的数据需求，在安全评价数据收集方面，应特别注重对铁路运输系统危险因素关系数据及危险因素动态数据的收集。由此可见，要实现可靠的铁路运输安全系统评价，评价过程中所依赖的数据，不但要包括相关的铁路运输事故数据，还要包括各种危险因素的相关数据；不仅要包括铁路运输事故后的静态统计数据，而且要包括系铁路运输系统运行中的动态状况数据。

铁路运输安全系统评价的核心，应是对系统危险因素及其相互关系进行评价。铁路运输事故统计数据是系统各种安全影响因素的综合反映，因此，铁路运输系统安全可以通过对长期的事故统计资料的综合评判反映出来。

而根据"安全"、"事故"等概念，安全的反义词是不安全，这一不安全源于危险因素的存在，但存在危险因素不一定会导致事故发生。也就是说，事故数据不能全面反映铁路运输系统危险因素及其相互关系。仅用铁路运输事故数据来评定铁路运输系统安全性是不完善的。此外，单一因素的安全并不等于系统的安全，单一因素的危险也并不一定必然导致事故的发生，即各系统危险因素之间的相互关系对系统安全的影响十分重要。因此，在评价铁路运输运输安全时，应尽量考虑所有影响因素，特别是要理解各种系统危险因素导致事故发生的关系。从该意义上可以说，铁路运输安全系统评价的核心，应是正确理解铁路运输系统中事故、危险因素与安全的关系。

6.1.4　铁路运输安全评价的程序及内容

在具体评价工作进行过程中，铁路运输系统中各部门根据各自的工作重点，对铁路运输安全评价内容要求是不同的，如：管理部门主要关心宏观层面的安全水平和安全管理水平，因此一般要开展区域性的宏观安全评价和安全管理评价；线路建设和养护部门则主要关心线路设施的安全性能，希望通过安全评价给出具体路段存在的安全隐患，及其整改措施，因此一般需要开展针对性的微观评价。可见，安全评价具有社会需求多样、评价对象多样的特点。根据运输部门的实际需要，铁路运输系统安全评价的具体内容一般包括以下几个部分：

① 对一定时期内区域铁路运输安全水平的现状和趋势进行定量评估，并在不同区域间进行比较，从而使管理和决策部门能从宏观层面把握运输安全的发展态势；

② 对一定时期内区域铁路运输安全存在的主要问题、影响铁路运输安全水平的主要因素进行分析和总结，为管理和决策部门制定有针对性、有重点的决策和措施提供参考；

③ 将铁路运输系统进行横向展开，即对一定时期内各组成要素对铁路运输安全的影响和各自存在的主要问题进行评估，为对口管理单位开展各自的安全改善工作提供依据；

④ 将铁路运输系统进行纵向展开，细化为各层子系统，对一定时期内各层子系统安全水平的现状和趋势、存在的主要问题和影响铁路运输系统安全水平的主要因素进行评估和分析，为各级部门开展针对本系统的安全改善工作提供依据；

⑤ 以一定基础单位对铁路运输系统的安全性能进行微观评价，为制定具体的安全改善方案提供依据。

⑥ 对拟开展的铁路运输建设项目或交通管理措施进行预评价，为项目在安

全方面的立项审核提供依据,实现在规划和设计阶段即排除可能存在的安全隐患的目标。

由此可见铁路运输运输安全评价的核心内容应是:

针对特定的评价内容、在上述评价程序进行的全过程中,以铁路运输系统安全为目标,分析铁路运输安全影响因素及各因素之间的相互作用关系,在此基础上构建一套反映铁路运输系统安全问题的、可用于指导具体评价内容的、系统的铁路运输安全评价的指标体系,并对各种安全评价方法、如何选择和正确应用各评价方法的相关问题进行分析。

虽然铁路运输系统安全评价包括的范畴广泛,但一般来说,这些安全评价都要包括两个相互关联的环节:危险性确认、危险性评价。

(1)危险性确认

① 识别铁路运输系统中存在的危险因素及危险性,包括新的潜在危险和原有危险的变化情况;

② 将识别的危险进行分析和量化,建立评价模式,确定评价方法,并得出铁路运输系统危险因素的危险量化值。

(2)危险性评价

① 在危险性确认的基础上,根据危险因素的影响范围、危险程度,用安全指标予以衡量,采取适宜的评价方法,对评价指标进行综合分析,得出评价结果;

② 根据评价结果,采取安全措施,消除或降低危险性,使危险性控制在允许的范围内。

具体评价过程可参考图 6-1 进行:

由此可见,安全评价的最终结果是根据对评价指标的综合计算而得到的,评价指标的内容、范围、计算方法和具体数据则是由安全数据决定。

6.1.5 安全评价的意义

铁路运输是国民经济中一个重要的物质生产部门,对推动社会生产力的发展,促进物资和人员的流动,改善人民的生活及巩固国防均具有十分重要的作用。但铁路运输的发展在促进人类文明的同时,也带来了以事故为主的重大灾难。面对危害严重的铁路运输事故情况,世界各国都开展了大范围的铁路运输安全评价的研究,该领域的研究意义主要体现在以下四个大的方面:

1. 能为评价人员提供理论和实践指导

作为铁路运输安全管理核心内容之一的安全评价,对该领域的研究必将丰富铁路运输安全管理的内容,因此该研究具有基础研究的理论价值。而且铁路运输安全评价方法的研究以被评价者正确应用评价方法实施运输安全评价为目标,研

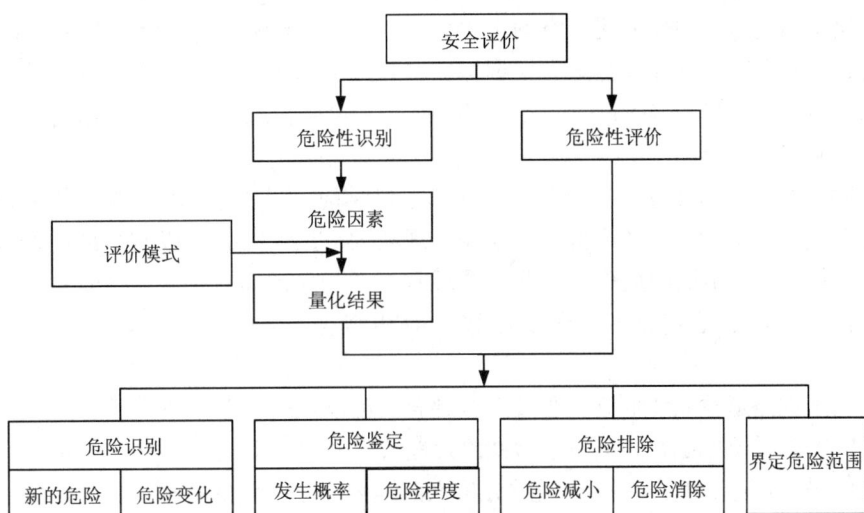

图 6 - 1　安全评价程序

究必将丰富安全评价方法的应用理论内容，为评价人员选择和应用评价方法提供理论和实践指导。

2. 安全评价体现了"安全第一，预防为主"的方针

为了保障铁路运输安全生产，必须从预防事故这一根本目的出发，预先或超前对系统在计划、设计、施工、验收、投产和运行等各阶段的安全性进行科学的预测和评估，防止和减少在安全上的欠债和加强安全的投入。通过安全评价，可以发现影响铁路运输安全系统的内在因素、辨识危险，进而制订更具针对性的安全措施，从而可以采取相应的手段减少交通事故的发生，因此对运输安全系统评价是预防和减少交通事故的基础性任务和重要环节，该方面的研究工作具有十分重大的实际意义。

安全评价从预防事故的观点出发，对铁路运输系统可能产生的损失和伤害进行预测和评价，采取有效的手段以实现系统安全的总目标。因此，安全评价是一门控制铁路运输系统总损失的技术，其评价过程提高了安全管理水平，体现了从被动到主动、从事后处理到事前预防、从经验到科学的安全管理方法。

3. 安全评价有助于国家各级安全监察部门对企业安全生产的宏观控制

实行国家监察的目的，一是要对铁路运输企业安全生产实现宏观控制。通过监察发现问题并依法进行处理，以求改变铁路运输企业的不安全状况，提高安全生产水平。铁路运输安全评价可以依据标准对铁路运输企业安全管理、安全技术、安全教育等诸方面的问题作出综合评价，既能了解企业存在的问题，又能客

观地对企业安全水平给出结论。安全监察机关就可以以此为依据，对铁路运输企业依法进行处置，例如依法追究刑事责任，责令停产整顿，或采取相应安全措施。而且，一般安全评价标准都附有根据国家科技发展水平能够实现的措施，使铁路运输企业不仅了解危险的存在，而且明确改进安全状况的措施，达到监察的目的，实现控制的目标。

通过对铁路运输企业安全状况系统地、科学地、客观地评价，既可能衡量企业固有危险性的大小，又可得出企业安全现状的结论。国家各级监察部门可以以此为依据，按照不同的危险等级和安全现状配备相应的监察力量，使监察工作能够有目的有重点地进行，实现重点和一般相结合，全面控制企业安全生产的目的。

对于铁路运输系统而言，通过安全评价，可以从安全管理的角度出发，对铁路运输安全系统问题进行研究，为铁路运输安全管理人员进行系统的、定量的安全评价提供理论和实践指导。通过分析铁路运输安全问题的特征，明确铁路运输安全评价的指导思想，并以此为基础对铁路运输安全评价应用中的核心问题——评价数据来源、评价指标体系的构建和评价方法的选择进行研究，为铁路运输安全管理人员实施道路运输安全评价提供理论指导，并进一步为促进铁路运输安全管理人员实施定量的、系统的安全评价服务。

4. 安全评价有助于提高铁路运输企业安全管理水平

① 变事后处理为事前预测预防，使铁路运输企业安全工作更加科学化。长期以来，我国铁路运输企业的安全管理，基本上采用传统管理方法，主要是凭经验管理，即以事故发生后再处理的"事后过程"为主，因而难以实现"安全第一，预防为主"的方针。通过安全评价，可以预先系统地辨识危险性及其变化情况，科学地分析铁路运输企业的安全状况，及时掌握铁路运输安全工作的信息，全面地评价企业的危险程度和安全管理现状，衡量企业是否达到规定的安全指标，使铁路运输企业领导能够做出正确的安全决策。此外，以系统科学为基础的安全系统评价，可以促使铁路运输企业建立动态的安全信息反馈系统，增强铁路运输企业安全保障系统的自我调节机能。

② 变纵向单一管理为全面系统管理，使铁路运输企业安全工作更加系统化。以往的铁路运输安全管理，基本上是以企业安全部门和各车间、班组专（兼）职安全人员组成的纵向单一（如安全技术科）管理体制。这样的体制难以实现全面安全，被管理者往往不能和安全人员密切配合，大多处于被动状态，造成铁路运输安全部门管理安全的孤立局面。安全评价的实施，不仅评价安全技术部门，而且要全面评价企业各个单位及每一个人应负安全职责的履行情况。这样，就使企业所有部门都按照要求认真评价本系统的安全状况，变被管理者为主动执行者和管

理者，而安全部门仅对各职能部门和生产单位是否尽职尽责进行监督检查，使企业安全管理体制与横向到边、纵向到底的安全管理落实机制配套实施和运行。管理范围也可以从单纯生产安全扩大到企业各系统的人、机、料、法、环等各因素、各环节的安全。这样，就可以使安全管理实现全员、全面、全过程的系统化管理。

　　③ 变盲目管理为目标管理，使铁路运输企业安全工作逐步标准化。以往的铁路运输安全管理缺乏统一的标准，安全人员仅凭自己的经验、主观意志和思想觉悟办事，往往是不出事故就认为安全工作出色，出了事故就惊慌失措、对安全工作全盘否定，缺乏衡量企业安全的客观指标和标准。通过按评价标准进行安全评价，使安全技术和安全管理干部和全体职工明确各项工作的规范要求，达到什么地步就可称安全，以及采取什么手段可以达到指标。有了标准，就可以使铁路运输安全工作有明确的追求目标，从而使铁路运输日常安全管理工作纳入标准轨道。

　　5. 安全评价可以为铁路运输企业领导的安全决策提供必要的科学依据

　　要改变铁路运输企业的安全状况，提高铁路运输企业的安全生产水平，就必须采取相应的安全措施，这就涉及安全投资的问题。对所有安全工程项目，不仅要考虑改善工作条件，保护职工健康与安全，也要考虑它的经济效益。因为铁路运输安全工作也是铁路运输企业经济活动的一部分。因此要认真对待安全投资的经济性和合理性问题。安全评价不仅系统地确认危险性，还要进一步考虑危险性发展为事故的可能性大小和事故损失的严重程度，进而计算单位时间事故造成的损失，即风险。以此说明系统危险可能造成的负效益的大小，以便合理地选择控制事故的措施，措施投资的多少，使投资和可能减少的负效益达到平衡，正确选择技术路线和工艺路线，为领导决策提供科学依据，使系统达到社会认可的安全指标。

6.2　常用安全评价方法

6.2.1　安全检查表评价法

　　安全检查表评价法是一种简便易行的评价方法，它根据经验或系统分析的结果，把评价项目自身及周围环境的潜在危险集中起来，列成检查项目的清单，评价时依照清单，逐项检查和评定。该方法虽然简单，效果却很好，各国都颇为重视。例如美国保险公司的安全检查表，美国杜邦公司的过程危险检查表，美国道化学公司的过程安全指南，日本劳动省的安全检查表以及我国机械工厂安全性评价表、民用航空安全检查表等。

用安全检查表进行铁路运输安全评价，目前已被国内外广泛采用，为了使评价工作得到关于系统安全程度方面量的概念，开发了许多行之有效的评价计值方法，根据评价计值方法的不同，安全检查表评价法又分为逐项赋值法、加权平均法、单项定性加权记分法以及单项否定计分法。

1. 逐项赋值法

这种方法应用范围较广。它是针对安全检查表的每一项检查内容，按其重要程度不同，由专家讨论赋予一定的分值。评价时，单项检查完全合格者给满分，部分合格者按规定标准给分，完全不合格者记零分。这样逐项逐条检查评分，最后累计所有各项得分，就得到系统评价总分。根据实际评价得分多少，按标准规定评价系统总体安全等级的高低。

逐项赋值法可由下式表示：

$$m = \sum_{i=1}^{n} m_i;$$

式中：m——企业安全评价的结果值；

n——评价项目个数。

m_i——各项评价内容分值

例如，某铁路局制定的快速列车安全动态检查评价标准，其检查表就是这样记分的。该表共计93项评价标准，包括车务、电务、机务、车辆、客运、工务、装载、治安和道口、信息处等内容，每项标准均规定了具体的评价标准和办法，并根据其重要程度规定定额分值。例如，轨检车动态检查消灭班级分得10分，出现一个Ⅲ级分就为0分；在快速列车上用便携式动态检测仪对线路质量进行测试，无Ⅲ级分得20分，如出现Ⅲ级分，每一处扣1分；登乘快速列车如无严重晃动得10分，有严重晃动为0分。这样，通过对该铁路局管内16个站段每月逐项逐条定量检查、评分，并累计所有各项得分，最终得出该铁路局月度快速列车的安全动态评价结论。这一结论，一方面报送路局有关领导，为领导安全管理决策提供数据，另一方面，对各专业部门、有关站段进行通报，为进一步研究、解决安全工作中存在的隐患提供科学依据，使快速列车的安全管理更有科学性、针对性和有效性。

2. 加权平均法

这种安全评价计值方法，是把运输企业的安全评价按专业分成若干评价表，所有评价表不管评价条款多少，均按统一记分体系分别评价记分，如10分制或100分制等，并按照各评价表的内容对系统总体安全评价的重要程度，分别赋予权重系数（各评价表权重系数之和为1）。按各评价表评价所得的分值，分别乘以各自的权重系数并求和，就可得到企业安全评价的结果值，即：

$$m = \sum_{i=1}^{n} k_i m_i, \text{ 且} \sum_{i=1}^{n} k_i = 1$$

式中：m——企业安全评价的结果值；

　　　m_i——按某一评价表评价的实际测量值；

　　　k_i——评价表实际测量值的相应权重系数；

　　　n——评价表个数。

按照标准规定的分数界限，就可确定企业在安全评价中取得的安全等级。

此外，权平均法中权重系数可由统计均值法、二项系数法、两两比较法、环比评分法、层次分析法等方法确定。

3．单项定性加权计分法

这种评价计量方法是把安全检查表的所有检查评价项目都视为同等重要。评价时，对检查表中的几个检查项目分别给以"优"、"良"、"中"、"差"或"可靠"、"基本可靠"、"基本不可靠"、"不可靠"等定性等级的评价，同时赋予不同定性等级以相应的权重值，累计求和，得实际评价值。

4．单项否定计分法

一般这种方法不单独使用，而仅适用于企业系统中某些具有特殊危险而又非常敏感的具体系统，如煤气站、锅炉房、起重设备等。这类系统往往有若干危险因素，其中只要有一处处于不安全状态，就有可能导致严重事故的发生。因此，把这类系统的安全评价表中的某些评价项目确定为对该系统安全状况具有否决权的项目，这些项目中只要有一项被判为不合格，则视为该系统总体安全状况不合格。这种方法已在机械工厂和核工业设施以及铁路运输企业的安全评价中采用。

6.2.2　作业条件危险性评价法

作业条件危险性评价法是一种简便易行的衡量人们在某种具有潜在危险的环境中作业危险性的半定量评价方法。它是由美国安全专家格雷厄姆和金尼提出的。该方法以与系统风险率有关的三种因素指标值之积来评价系统人员伤亡风险的大小，并将所得作业条件危险性数值与规定的作业条件危险性等级相比较，从而确定作业条件的危险程度。众所周知，作业条件的危险性大小，取决于三个因素：发生事故的可能性大小（L），人体暴露在这种危险环境中的频繁程度（E），一旦发生事故可能会造成的损失后果（C）。

但是，要获得这三个因素的科学准确的数据，却是相当繁琐的过程。为了简化评价过程，采取了半定量计值法，给三种因素的不同等级分别确定不同的分值，然后，以三个分值的乘积 D 来评价作业条件危险性的大小，即：

$$D = L \times E \times C$$

D 值越大，说明该系统危险性越大，需要增加安全措施，减少发生事故的可能性，或者降低人体暴露的频繁程度，或者减轻事故损失，直至调整到允许范围。

对于任何有人作业的具体系统，都可以按照实际情况选取三种因素的分数值，然后计算 D 值，根据 D 值大小，可以判定系统的危险程度高低。

例如，某铁路平交道口工作人员接车时，有时会被列车、汽车撞伤，或被列车坠落物件打伤。

从以前 10 年的事故统计资料看，无一人死亡，轻伤仅发生两件。作业时间为每天工作 8 h，为了评价该道口岗位作业条件的危险性，首先要确定每种因素的分数值：

① 事故发生的可能性 (L)：属于"可能性小，完全意外"，$L=1$；

② 暴露于危险环境的频繁程度 (E)：道口职工每天都在这样条件下操作，$E=6$；

③ 发生事故可能会造成的损失后果 (C)：轻伤，$C=1$；

于是有

$$D = L \times E \times C = 6 < 20$$

可知，该道口岗位作业条件的危险性等级为"稍有危险，注意防止"。

这种评价方法的特点是简便，可操作性强，有利于掌握企业内部危险点的危险情况，有利于促进整改措施的实施。问题是三种因素中事故发生的可能性只有定性概念，没有定量标准。评价实施时很可能在取值上因人而异，影响评价结果的准确性。对此，可在评价开始之前确定定量的取值标准。如"完全可以预料"是平均多长时间发生一次，"相当可能"为多长时间一次等等。这样，就可以按统一标准评价系统内各子系统的危险程度。

6.2.3 概率安全评价法

概率安全评价也称概率风险评价，它是一种定量安全评价方法。此法先求出系统发生事故的概率（使用故障模式及影响和致命度分析、事故树定量分析、事件树定量分析等方法），然后结合事故后果严重度的估计进一步计算风险，以风险大小确定系统的安全程度，以此衡量系统的危险程度是否超过可接受的安全标准，以便决定是否需要采取相应的安全措施，使其达到社会所公认的安全水平。

概率安全评价的标准是风险，即单位时间系统可能承受损失的大小，它综合了事故发生的概率和造成后果的严重度两个方面因素。事故发生概率是单位时间内事故发生的可能性，损失严重度是指发生一次事故损失的大小。如果事故发生的概率很小，即使后果严重，风险也不会很大；如果事故发生的概率很大，而每次事故的后果却不严重，那么风险同样也不会很大。因此，风险可以定义为：

$$R = S \times P$$

式中：R——风险，事故损失/单位时间；

    S——损失严重度，事故损失/事故次数；

    P——事故发生概率(频率)，事故损失/事故次数。

由于受系统复杂程度及数据源的限制，计算事故发生概率相当困难，往往用事故发生频率来近似概率，因此，可用一定时间内事故发生的次数来表示概率 P。

损失严重度表示发生一起事故所造成的损失数值，包括直接损失和间接损失两部分。直接损失包括清理事故所发生的工资，设备修复、报废的费用，以及支付旅客和货主的赔偿费用。间接损失包括停工、减产、工作损失、资源损失、环境污染处理等损失。系统可能承受的损失可以是人员伤亡、经济损失或工作日的损失。因此，损失严重度可以表示为：死亡人数/事故次数，损失工作日数/事故次数，经济损失价值/事故次数等。于是：

$$R = P \times S = \begin{cases} \dfrac{死亡人数}{事故次数} \times \dfrac{事故次数}{单位时间} = \dfrac{死亡人数}{单位时间} \\[3mm] \dfrac{损失工作日数}{事故次数} \times \dfrac{事故次数}{单位时间} = \dfrac{损失工作日数}{单位时间} \\[3mm] \dfrac{经济损失价值}{事故次数} \times \dfrac{事故次数}{单位时间} = \dfrac{经济损失价值}{单位时间} \end{cases}$$

可见，风险 R 可用单位时间的死亡人数、单位时间的损失工作日数以及单位时间的经济损失价值来表示。

1. 以单位时间死亡率进行评价

定量评价系统的安全性是比较困难的，即使笼统地估算因事故造成的经济损失和人员伤亡也往往受评价者的主观观点所左右。目前，国际上经常采用单位时间死亡率来进行系统安全性的评价，其原因是：

① "人命"是最宝贵的，丧失生命无法挽回，因此，"人命"是安全的最根本课题；

② "死亡"的统计数据非常可靠；

③ 根据海因里希理论，系统发生事故的比例基本遵循下列规律：

    死亡和重伤事故件数:轻伤事故件数:无伤害事故件数 = 1:29:300

因此，根据死亡率数据可大致地推知死亡、重伤、轻伤以及无伤害的事故发生情况。

2. 以单位时间损失工作日数进行评价

事故除了可能造成人员死亡外，多数是负伤。为了对负伤(包括死亡)风险进行评价，也可根据统计规律求出各行业负伤风险期望值，即负伤安全指标。一般以每接触小时损失工作日数为单位计算。

负伤有轻重之分，如果经过治疗、休养后能够完全恢复劳动能力，则损失工作日数按实际休工天数计算。但有的重伤后造成残废，或身体失去某种功能，不能完全恢复劳动能力；甚至发生死亡事故，为便于计算，应将受伤、致残、死亡折合成相应损失工作日数。我国工伤事故分类标准中的附件 B 给出了各种伤害损失工作日换算值。

3. 以单位时间经济损失价值进行评价

以单位时间经济损失价值风险进行安全评价，是一种较为全面地评价系统安全性的方法，它既考虑事故发生可能造成的经济损失，同时又把人员伤亡损失折合成经济价值，统一计算事故造成的总损失，在计算出系统发生事故的概率或频率的情况下，就可取得单位时间内的经济损失金额作为风险值，以此来衡量系统的安全性并考察安全投资的合理性。

一般情况下，事故的经济损失越大，其允许发生的概率越小；事故的经济损失越小，其允许发生的概率越大。

事故经济损失与其发生概率的关系并非呈直线关系，这主要是人们对损失严重的事故的恐慌心理所致。例如对核电站事故就是如此，所以对核设施要求格外严格，对其允许的事故发生概率往往在 10^{-6} 次/年以下。

评价结果，如果超出安全范围，则系统必须进行调整。对于不符合安全要求的风险值的调整，需要采取各种措施，使其降至安全目标值以下，以达到系统安全的目的。

6.3 多指标综合安全评价方法

用描述事物某一方面性能的指标来分析事物时，实际上是从不同方面分开来认识事物。而要对事物做出总的评价，则需要用某些手段或方法把事物的各个方面结合起来，作为一个统一体来认识。经过这种分析和综合过程，才能对事物有一个全面的、客观的认识。多指标综合评价方法正是这种综合工具。

对指标体系的安全综合评价方法，叫多指标安全综合评价法，它是把多个描述被评价对象不同方面且量纲不同的定性和定量指标，转化为无量纲的评价值，并综合这些评价值以得出对该评价对象的一个整体评价。多指标安全综合评价法具有多指标、层次特性，能较好地处理大型复杂系统的安全评价问题，因而得到了广泛的应用。

多指标综合评价方法的具体评价步骤包括：

① 明确评价对象；

② 建立评价指标体系；

③ 定性与定量指标评价值的确定；

④ 评价指标权系数的确定；

⑤ 确定指标间合成关系，求综合评价值；

⑥ 根据评价过程得到的信息，进行系统分析和决策。

其中，最为关键的问题是指标体系的建立、指标评价值和权系数的确定，以及合成关系的处理。只有解决好上述问题，才能得到较为切合实际的安全评价结果。

6.3.1 指标体系的建立

1. 指标体系建立的原则

安全评价的核心问题，是确定评价指标体系。指标体系是否科学、合理，直接关系到安全评价的质量。为此，指标体系必须科学地、客观地、合理地、尽可能全面地反映影响系统安全的所有因素。但是，要建立一套既科学又合理的安全评价指标体系，却是一个非常困难的问题。为此必须按照一定的原则去分析和判断，才有可能较好地解决这一难题。

（1）目的性原则

指标体系要紧紧围绕改进系统安全这一目标来设计，并由代表系统安全各组成部分的典型指标构成，多方位、多角度地反映系统的安全水平。

（2）科学性原则

指标体系结构的拟定、指标的取舍、公式的推导等都要有科学的依据。只有坚持科学性的原则，获取的信息才具有可靠性和客观性，评价的结果才具有可信性。

（3）系统性原则

指标体系要包括系统安全所涉及的众多方面，使其成为一个系统：

① 相关性，即要运用系统论的相关性原理进行分析判断，而后，组合设计安全评价指标体系。

② 层次性，即指标体系要形成阶层性的功能群，层次之间要相互适应并具有一致性，要具有与其相适应的导向作用，每项上层指标都要有相应的下层指标与其相适应。

③ 整体性，即不仅要注意指标体系整体的内在联系，而且要注意整体的功能和目标；

④ 综合性，即指标体系的设计不仅要有反映事故状况的指标，更重要的是要有反映隐患的指标，事前与事后综合，才能更为客观和全面。

（4）可行与实用性原则

指标的设计要求概念明确、定义清楚，能方便地采集数据与收集情况，要考虑现行科技水平，并且有利于系统安全的改进。而且，指标的内容不应太繁太细，过于庞杂和冗长，否则会给评价工作带来不必要的麻烦。

（5）时效性原则

指标体系不仅要反映一定时期系统安全的实际情况，而且还要跟踪其变化情况，以便及时发现问题，防患于未然。此外，指标体系应随着社会价值观念的变化不断调整，否则，可能会因不合时宜而导致决策失误或非优。

（6）政令性原则

指标体系的设计，要体现我国安全生产的方针政策，以便通过评价，引导企业贯彻执行"安全第一，预防为主"的方针以及部门安全生产的规章制度。

（7）突出性原则

指标的选择要全面，但应该区别主次、轻重，要突出当前带全局性而又极为关键的安全问题，以保证重点和集中力量控制住那些发生频率高、后果严重的事件。

（8）可比性原则

指标体系中同一层次的指标，应该满足可比性的原则，即具有相同的计量范围、计量标准和计量方法，指标取值宜采用相对值，尽可能不采用绝对值。这样使得指标既能反映实际情况，又便于比较优劣，查明安全薄弱环节。

（9）定性与定量相结合的原则

指标体系的设计应当满足定性与定量相结合的原则，亦即在定性分析的基础上，还要进行量化处理。只有通过量化，才能较为准确地揭示事物的本来面目。对于缺乏统计数据的定性指标，可采用评分法，利用专家意见近似实现其量化。

需要指出的是，上述各项原则并非简单的罗列。指标体系设立的目的性决定了指标体系的设计必须符合科学性的原则，而科学性原则又要通过系统性来体现。在满足系统性原则之后，还必须满足可操作性以及时效性的原则。这两条原则决定了指标体系的设计应遵循政令性和突出性原则，此外，可操作性原则还决定了指标体系必须满足可比性原则。上述各项原则都要通过定性与定量相结合的原则才能体现。最后，所有上述各项原则皆由评价的目的性所决定，并以目的性原则为前提。

2. 指标体系的结构

指标体系的结构，是指形成指标组合的逻辑关系和表达形式结构。依靠科学的结构，分散的指标才能排列组合成系统，真实地描述安全系统评价的实质性过程。

由于安全与事故是对立的，但事故并非不安全的全部内容，事故只是在安全与不安全一对矛盾斗争过程中某些瞬间突变结果的外在表现形式。在"无事故"的背后，可能还有许多违章、冒险等不安全因素存在，只是未出事故罢了。因此，单纯的事故指标不足以表征系统的全部安全状况。

隐患指标从系统的整体出发，对系统内的人员、设备、环境、管理等进行的安全综合评价。隐患指标充分体现了事前安全的思想，即预防事故在其发生之前。隐患指标由于综合考虑了影响系统安全的所有因素，可以较为全面地反映系统的潜在危险性。

但是，由于人们在安全问题认识上的局限性与滞后性，在指标的设置、指标的计量以及对指标重要性的认识等方面难以完全做到科学和客观。换言之，隐患指标虽然在理论上可以较为全面地反映系统的安全性，但是在实际应用过程中难免存在偏差，因而必须要以表征系统运行特征的事故指标作为基础。

事故指标与隐患指标相结合，既考察了系统在一定时期内实际安全绩效，又考察了系统要素及其组合中的安全隐患，可以避免单用一类指标评价的片面性，能够较为全面正确地反映系统的安全状况。

6.3.2　确定基础指标评价值

基础指标即评价指标体系中不能再进一步，可分为定性基础和定量基础指标，简称定性指标和定量指标。因此，基础指标评价值的确定可分为两部分，即定性指标评价值和定量指标评价值的确定。

在计算基础指标评价值时，有不少文献采用等级论域的方法，将定性指标取值范围按评语等级硬性划分几个分值范围，例如"很好"（90～100），"较好"（80～90），"一般"（70～80），"较差"（60～70），"很差"（0～60），而对于定量指标，也要确定相应于各评语等级的临界值。

但是上述做法是值得商榷的，这是因为：第一，事物本身所具有的模糊性，决定了它没有固定的临界值，例如，从很好到很差，其中间的所有状态都是模糊的，一般都不存在一个明确的好与差的等级界限，而且给定评价值的人往往还会存在一定的偏好，因此由此计算得出的评价指标值的可信度也会比较低；第二，定量指标等级临界值的确定是非常困难的，而它对于定量指标评价值的确定又是非常重要的，这就给定量指标评价值的确定工作带来了不必要的困扰。

基于上述理由，建议采用舍弃等级论域的方法来确定基础指标评价值，即将指标取值范围规定为 0～100，相当于将指标评价划分为 100 个等级，如果给定的指标值越大，说明其隶属于安全的程度越高，同时也表明其安全性越好。舍弃等级论域的做法不仅克服了等级论域法的上述不足，而且，它得到的指标值为一个点值而非向量值,因此不再局限于模糊综合评判的处理方法。

1. 定性指标评价值的确定

对于定性指标,指标值具有模糊和非定量化的特点,很难用精确数字来表示,只能采用模糊数学的方法对模糊信息进行量化处理,主要有等级比重法和专家评分法。

(1)等级比重法(又叫实验统计法)

请一组专家进行试验,每一人次试验是要在表格中打钩,且对每个因素仅打一个钩(即每行打一个钩)。最后统计出各个格子中打钩的频率,得到专家组对于每个单因素的评判结果。例如,请100位专家对"安全管理"进行评判,分别有50,30,10,5,5人的评判为"很好"、"较好"、"一般"、"较差"、"很差",则对"安全管理"这一单因素的评判为(0.5,0.3,0.1,0.05,0.05)。最后,将各个单因素评判结果综合成评判矩阵。

$$R = (r_{ij})_{m \times n}$$

式中:m──因素个数;

n──评价等级数;

等级比重法的最大特点是简单、方便、实用,但精确度不高。

(2)专家评分法

请 n 个专家对取定的一组指标 U_1,U_2,$\cdots$,U_m 分别给出隶属度 $A(U_i)$ 的估计值 $r_{ij}(i=1,2,\cdots,m;j=1,2,\cdots,n)$,则因素 U_i 的隶属度 r_i 可由下式估计:

$$r_i = \frac{1}{n}\sum_{j=1}^{n} r_{ij}$$

式中:r_{ij} 第 j 位专家对第 i 个因素的评价值;

由专家评分法得出的评判矩阵为一列向量

$$R = \begin{pmatrix} r_1 \\ r_2 \\ \vdots \\ r_3 \end{pmatrix}$$

利用专家评分法得出的判断相较等级比重法精确。但是,该方法是用一个确切的数表示判断,如果问题比较复杂、敏感、信息不全,或者专家对问题的了解不够全面、确切,在这种情况下,人的判断具有多种可能性,无法找出一个确切的数值。但如果要专家给出判断的一个范围,却是比较客观的选择。专家给出的判断范围越小,说明专家对问题的把握性越大,反之,则相反。不同专家对同一问题所给出的判断范围,可以看作是一个随机集的若干独立实现,而利用随机集估计真值,属于集值统计的范畴。因此,可应用集值统计法来确定定性指标评价值。

集值统计不同于经典的概率统计，经典统计样本一般被看作是一个随机变量的若干独立实现，集值统计的样本则被看作是一个随机集的独立实现。具体做法为：

选择 n 位专家，专家选择应视具体情况而定。给出评价指标值的两个极点，为方便专家赋值，取 0，100 两点，然后请专家给出指标 U_i 评价值的区间估计，得到 n 位专家对指标的一个集值统计序列：

$$[r_{11}, r_{21}], [r_{12}, r_{22}], \cdots, [r_{1n}, r_{2n}]$$

将这 n 个区间落影到评价指标值域轴上，可得到样本落影函数 $\bar{X}(r)$：

$$\bar{X}(r) = \frac{1}{n} \sum_{k=1}^{n} X [r_{1k}, r_{2k}]^{(r)}$$

其中：$X [r_{1k}, r_{2k}]^{(r)} = \begin{cases} 1 & r_{ik} < r < r_{2k} \\ 0 & \text{其他} \end{cases}$

取 $r_{max} = \max\{r_{21}, r_{22}, \cdots, r_{2n}\}$，$r_{min} = \min\{r_{21}, r_{22}, \cdots, r_{2n}\}$，则指标 U_i 的评价值 $E(r)$ 为：

$$E(r) = \frac{\int_{r_{min}}^{r_{max}} \bar{X}(r) r d_r}{\int_{r_{min}}^{r_{max}} \bar{X}(r) d_r} = \frac{\sum_{k=1}^{n} [(r_{2k})^2 - (r_{1k})^2]}{2 \sum_{k=1}^{n} [r_{2k} - r_{1k}]}$$

2. 定量指标评价值的确定

定量指标即可量化指标，它可以通过一定的技术测量手段确定其量值。由于定量指标的计量单位各不相同，不具有可比性。因此，在确定指标实际值之后，还必须解决指标间的可综合性问题，即进行指标的无量纲化处理，通过一定的数值变换来消除指标之间的量纲影响。

从本质上讲，指标无量纲化过程也就是求解隶属函数的过程，各种无量纲化公式，也就是指标的隶属函数。求定量指标隶属度的无量纲化方法多种多样，应根据各个指标本身的性质确定其隶属函数公式，但依次确定每个指标隶属函数关系式非常困难。为简单起见，可选择直线型无量纲化方法来解决定量指标间的可综合性问题，具体计算如下：

(1)效益型(即指标值越大越好)指标

$$Y = \begin{cases} 100 & X \geq X_{max} \\ 100 \times \dfrac{X - X_{min}}{X_{max} - X_{min}} & X_{min} \leq X \leq X_{max} \\ 0 & X \leq X_{min} \end{cases}$$

（2）成本型（即指标值越小越好）指标

$$Y = \begin{cases} 100 & X \leqslant X_{min} \\ 100 \times \dfrac{X_{max} - X}{X_{max} - X_{min}} & X_{min} \leqslant X \leqslant X_{max} \\ 0 & X \geqslant X_{max} \end{cases}$$

（3）适中型（即指标值越接近某一固定值越好）指标

$$Y = \begin{cases} 100 \times \dfrac{X_m - X_{min}}{X_{max} - X_{min}} \\ 100 \times \dfrac{X_{max} - X}{X_{max} - X_m} \\ 0 \end{cases}$$

式中：Y——定量指标评价值；

X——有量纲指标实际值；

X_{max}——有量纲指标最大值；

X_{min}——有量纲指标最大值；

X_m——适中型指标的固定值。

6.3.3　指标体系的赋权处理

指标体系的赋权方法很多，对于带有定性指标的指标体系的赋权方法，目前主要包括统计均值法、二项系数法、两两比较法、环比评分法、层次分析法等。其中，较为有效的是层次分析法。

层次分析法（Analytic Hierarchy Process，简称 AHP）是对一些较为复杂、较为模糊的问题作出决策的简易方法，它特别适用于那些难于完全定量分析的问题。这种方法的特点是在对复杂的决策问题的本质、影响因素及其内在关系等进行深入分析的基础上，利用较少的定量信息使决策的思维过程数学化，从而为多目标、多准则或无结构特性的复杂决策问题提供简便的决策方法。

运用层次分析法建模，一般可按下面四个步骤进行：

① 建立递阶层次结构模型；

② 构造出各层次中的所有判断矩阵；

③ 层次单排序及一致性检验；

④ 层次总排序及一致性检验。

下面简单介绍上述各个步骤的基本内容。

1. 建立递阶层次结构

这是 AHP 中最重要的一步，首先要把问题条理化、层次化，构造出一个层次分析的结构模型。在这个结构模型下，复杂问题被分解为若干元素，这些元素又按其属性分成若干组，形成不同层次。同一层次的元素对下一层次的某些元素起支配作用，同时它又受上一层次元素的支配。

递阶层次结构中的层次数与问题的复杂程度及需要分析的详尽程度有关，一般地可以不受限制。每一层次中各元素所支配的下一层元素一般不要超过九个，这是因为支配的元素过多会给两两比较判断带来困难。一个好的层次结构对于解决问题是极为重要的，因而层次结构必须建立在深入分析的基础上。

2. 构造判断矩阵

层次结构反映了因素之间的关系，但准则层中的各准则在目标衡量中所占的比重并不一定相同，在决策者的心目中，它们各占有一定的比例。在确定影响某因素的诸因子在该因素中所占的比重时，遇到的主要困难是这些比重常常不易定量化。此外，当影响某因素的因子较多时，直接考虑各因子对该因素有多大程度的影响时，常常会因考虑不周全、顾此失彼而使决策者提出与他实际认为的重要性程度不相一致的数据，甚至有可能提出一组隐含矛盾的数据。

对于 n 个因子 $X = \{x_1, \cdots, x_n\}$ 对某因素 Z 的影响大小，可以采取对因子进行两两比较建立成对比较矩阵的办法。即每次取两个因子 x_i 和 x_j，以 a_{ij} 表示 x_i 和 x_j 对 Z 的影响大小之比，全部比较结果用矩阵 $A = (a_{ij})_{n \times n}$ 表示，称 A 为 $Z - X$ 之间的成对比较判断矩阵（简称判断矩阵）。容易看出，若 x_i 与 x_j 对 Z 的影响之比为 a_{ij}，则 x_j 与 x_i 对 Z 的影响之比应为 $a_{ji} = \dfrac{1}{a_{ij}}$。

关于如何确定 a_{ij} 的值，可以使用数字 $1 \sim 9$ 及其倒数作为标度。表 $6 - 1$ 列出了 $1 \sim 9$ 标度的含义：

表 6 – 1

标度	含 义
1	表示两个因素相比,具有相同重要性
3	表示两个因素相比,前者比后者稍重要
5	表示两个因素相比,前者比后者明显重要
7	表示两个因素相比,前者比后者强烈重要
9	表示两个因素相比,前者比后者极端重要
2,4,6,8	表示上述相邻判断的中间值
倒数	若因素 i 与因素 j 的重要性之比为 a_{ij},那么因素 与因素 j 重要性之比为 a_{ji} $= \dfrac{1}{a_{ij}}$

3. 计算单一准则下元素的相对权重并进行一致性检验

判断矩阵 A 对应于最大特征值 λ_{max} 的特征向量 W，经归一化后即为同一层次相应因素对于上一层次某因素相对重要性的排序权值，这一过程称为层次单排序。

上述构造成对比较判断矩阵的办法虽能减少其他因素的干扰，较客观地反映出一对因子影响力的差别。但综合全部比较结果时，其中难免包含一定程度的非一致性。如果比较结果是前后完全一致的，则矩阵 A 的元素还应当满足：

$$a_{ij}a_{jk} = a_{ik}, \ \forall i, j, k = 1, 2, \cdots, n$$

接下来需要检验构造出来的（正互反）判断矩阵 A 是否严重地非一致，以便确定是否接受 A，这里需要使用一些既有的数学定理。

可以由 λ_{max} 是否等于 n 来检验判断矩阵 A 是否为一致矩阵。由于特征根连续地依赖于 a_{ij}，故 λ_{max} 比 n 大得越多，A 的非一致性程度也就越严重，λ_{max} 对应的标准化特征向量也就越不能真实地反映出 $X = \{x_1, \cdots, x_n\}$ 在对因素 Z 的影响中所占的比重。因此，对决策者提供的判断矩阵有必要作一次一致性检验，以决定是否能接受它。

对判断矩阵的一致性检验的步骤如下：

（1）计算一致性指标 CI

$$CI = \frac{\lambda_{max} - n}{n - 1}$$

（2）查找相应的平均随机一致性指标 RI。对 $n = 1, \cdots, 9$，Saaty 给出了 RI 的值，如下表 6-2 所示：

表 6-2 不同 n 下的 RI 值

1	2	3	4	5	6	7	8	9
0	0	0.58	0.90	1.12	1.24	1.32	1.41	1.45

（3）计算一致性比例 CR

$$CR = \frac{CI}{RI}$$

当 $CR < 0.10$ 时，认为判断矩阵的一致性是可以接受的，否则应对判断矩阵作适当修正。

4. 计算组合权重及一致性检验

上面我们得到的是一组元素对其上一层中某元素的权重向量。我们最终要得到各元素，特别是最低层中各方案对于目标的排序权重，从而进行方案选择。总排序权重要自上而下地将单准则下的权重进行合成。

设上一层次（A 层）包含 A_1，…，A_m 共 m 个因素，它们的层次总排序权重分别为 a_1，…，a_m。又设其后的下一层次（B 层）包含 n 个因素 B_1，…，B_n，它们关于 A_j 的层次单排序权重分别为 b_{1j}，…，b_{nj}（当 B_i 与 A_j 无关联时，$b_{ij}=0$）。现求 B 层中各因素关于总目标的权重，即求 B 层各因素的层次总排序权重 b_1，…，b_n，计算按下表所示方式进行，即 $b_i = \sum_{j=1}^{m} b_{ij} a_j$，$i = 1$，…，$n$。

对层次总排序也需作一致性检验，检验仍像层次总排序那样由高层到低层逐层进行。这是因为虽然各层次均已经过层次单排序的一致性检验，各成对比较判断矩阵都已具有较为满意的一致性。但当综合考察时，各层次的非一致性仍有可能积累起来，引起最终分析结果较严重的非一致性。

然而，由于安全问题的复杂性，以及人们认识上的局限性，使得各位专家对指标体系中各指标重要性的认识带有一定程度的不确定性和模糊性，从而无法给出一个确定的值来表示对两两比较中重要程度的判断，鉴于专家判断的不确定性，两两比较中的判断不宜采用确定数。因此，建议采用区间标度表示两两比较的判断，相应的判断矩阵以区间数判断矩阵的形式给出，模糊标度及其含义见下表 6 - 3。

表 6 - 3　模糊标度及其含义

标度	符号	含 义
1	=	表示两个元素相比，具有同等重要性
[1, 3]	>	表示两个元素相比，具有同等重要性
[3, 5]	> >	表示两个元素相比，具有同等重要性
[5, 7]	> > >	表示两个元素相比，具有同等重要性
[7, 9]	> > > >	表示两个元素相比，具有同等重要性
倒数	<，< <，< < <，< < < <	若因素 i 与 j 比较得 a_{ij}，则 j 与 i 比较得到 $1/a_{ij}$，且 $1/a_{ij}$ 为区间长度，[1, 1/3]，[1/5, 1/3]，[1/7, 1/5]，[1/9, 1/7]，

在表 6 - 3 所示模糊标度中，将 1～9 标度仅仅划分为五个挡次而非九个挡次，目的是为了方便专家的比较判断。由于各个指标的意义和量纲都不一样，专家很难用九个挡次表示出各元素的相对重要性程度。而且，即使专家可以给出，也往往容易凭想当然给出的判断，从而使判断结果的可信度下降。此外，当同一层次上的元素较多时，还容易使专家作出矛盾和含混的判断，使判断矩阵出现严

重的不一致现象。

根据表中的模糊标度进行两两比较判断，专家只需给出判断矩阵下三角部分的符号表示，这即使是对于那些不熟悉 AHP 的专家来说，判断矩阵的给出也非常方便，因而，表 6-3 的模糊标度也有利于 AHP 专家调查表的编制。

此外，在用 AHP 法进行专家咨询时，对同一问题，将获得多个判断矩阵，因而产生多个判断矩阵的合理综合问题。为了较好地兼顾不同专家的意见，可选用加权算术平均综合向量法来处理多个专家判断矩阵的合理综合问题。

6.3.4 安全综合评价

1. 合成方法分析

在确定了指标体系基础指标评价值及指标体系权系数之后，还要根据指标体系特点确定各级指标的合成方法，亦即将各级下层指标值复合成上层指标值的计算方法。可用于安全综合评价的合成方法很多，主要有加法合成、乘法合成、加乘混合法、代换法等。

（1）加法合成（加权线性和法）

基本公式为：

$$X = \sum_{i=1}^{n} W_i X_i$$

式中：X——综合评价值；

W_i——指标 i 权重；

X_i——指标 i 评价值；

n——指标个数。

加法合成具有下述特点：

① 在加法合成中，由于综合运算采用"和"的方式，其现实关系应是"部分之和等于总体"，因而比较适合于各评价指标值对综合评价值的贡献彼此独立的场合。

② 加法合成的各评价指标间具有线性补偿作用，即某些指标评价值的下降，可以由另外一些指标评价值的提高来补偿，因而这种方法对指标评价值变动反映不太敏感。

③ 加法合成突出了评价值较大且权数较大的指标的作用，因此，加法合成比较接近于主因素突出型的评价合成方法。

④ 加法合成计算简单，便于推广普及。正因为如此，使该方法得到了广泛的应用。但是任何方法均有其适用范围，加法合成也不例外。如果只从简易性考虑，不加选择地随意使用加法合成，则必然会导致综合评价结果失真的现象。

（2）乘法合成

计算公式为

$$X = \prod_{i=1}^{n} (X_i)^{W_i}$$

乘法合成具有下述特点：

① 乘法合成适用于各评价指标间强烈相关的场合，如同串联结构一样，各指标的乘积表现为整个被评价对象的综合水平。

② 在乘法合成中，指标权数的作用不如加法合成明显。对乘法合成公式作对数变换，可以得到：

$$\ln X = \sum_{i=1}^{n} W_i \ln X_i$$

可见，乘法合成中，权数是指标评价值对数的倍数，而在加法合成中，权数是指标评价值的倍数。显然，权数的作用在加法合成中更突出一些。

③ 乘法合成强调被评价对象各指标评价值的一致性，它要求被评价对象的各个指标间彼此差异较小，任何一方也不能偏废，只有当各指标评价值保持接近相等的水平时，其整体功能取得最大值。

④ 乘法合成的结果突出了指标评价值中较小数的作用，这是乘积式运算的性质所决定的。

（3）加乘混合法

将加法和乘法两种方法混合在一起，可以得到一种兼顾的方法。加乘混合法兼有加法合成和乘法合成两种方法的特定，适用范围比加法和乘法更广一些。

（4）代换法

计算公式为：

$$X = 1 - \prod_{i=1}^{n} (1 - X_i) \qquad (0 \leqslant X_i \leqslant 1)$$

在代换法中，指标间补偿作用远比加法合成充分，是最充分的，不管其他评价指标取值如何，只要有一个评价指标值达到最高水平，整个综合评价值便达到最高水平，这是一种类似于主因素决定型的评价合成方法。由于多指标综合评价不仅要求评价的整体性，而且要求评价的全面性，因此代换法在实质上有悖于综合评价的本质，除非较特殊的场合，否则不宜选用。

将上述四种合成方法的主要特点归结起来，可以得到表6-4。

从表6-4中可以看出，四种合成方法以代换法和乘法为两端，加法与混合法在二者之间，从代换法到乘法，补偿作用和主因素作用依次降低，权数作用从不重要到较重要再到不重要，指标间关系从相关到独立再到相关，明确这些性质更有助于本节指标体系合成方法的选取。

表 6-4　合成方法性质对比

方法\特点	代换法	加法合成	加乘混合	乘法合成
指标间关系	相关	独立	部分相关	相关
补偿作用	完全补偿	线性补偿	部分补偿	甚弱
权数作用	无	较重要	一般	不太重要
合成结果	决定于评价值中最高水平	突出了评价值较大且权数较大者的作用	介于加法和乘法之间	突出较小评价值的作用
方法原则	主因素决定型	主因素突出型		因素并列型

2. 指标体系的安全综合评价

上述就多指标安全综合评价的几种主要合成方法进行分析，多指标安全综合评价究竟选用哪种合成方法更为恰当，要根据问题的性质和特点而定。这里可以借用事故树分析方法的思路来解决这一问题。

事故树分析是按照事故发生的逆过程，以演绎的方法自上向下逐层探讨事故的原因，研究原因事件与结果事件之间的逻辑关系，把结果编制成逻辑图。其逻辑关系包括：与门、或门、条件与门、条件或门、限制门。

显然，事故树的逻辑门与安全综合评价的合成方法是相互对应的，与门类似乘法合成，或门类似加法合成，条件与门类似乘法合成，条件或门类似加乘混合法，限制门类似乘法合成。因此，只要得到指标体系内各级下层指标与其相对应的上层指标之间的逻辑关系，亦即因此，只要得到指标体系内各级下层指标与其相对应的上层指标之间的逻辑关系，亦即原因事件对结果事件的作用形式，就可方便地确定指标体系内各级指标的合成方法。

第 7 章　铁路运输安全系统管理

7.1　概述

7.1.1　运输安全系统管理的内涵和特点

1. 运输安全系统管理的内涵

我国铁路在几十年的运输生产实践中，创造了许多行之有效的安全工作方法，积累了丰富的安全管理经验。随着铁路改革和发展的步伐加快，对确保运输安全的资金投入和科技含量也日益加大，尤其是在全路范围内逐步推广和运用安全系统工程，使得以经验为主的安全传统管理，在从局部的、静态的和定性的管理向整体的、动态的和定量的管理转化方面有了较大的改观，并取得了一定成效。为适应社会和铁路发展对运输安全更高的要求，应用现代科学技术理论和方法，加强安全系统管理已成为我国铁路安全管理现代化的重要标志和发展方向。

铁路运输安全系统管理，是运用安全系统分析和安全系统评价等技术理论及系统管理的思想和方法，把构成运输系统的要素，即人、机(设备)、材料、信息、资金、环境等看效地组织起来，实行整体、动态、定量地全方位管理，以求运输系统达到安全最佳状态。所以，安全系统管理也就是安全最优化管理。从实际运作过程看，它研究解决的主要问题有：

① 发现运输系统中的事故隐患。

② 预测由于主客观原因引起运输系统危险的程度。

③ 设计和选用安全措施方案，制定安全目标。

④ 实行安全目标管理，组织实施安全防范举措，达到安全控制目的。

⑤ 对目标管理和措施效果进行分析和评价。

⑥ 加强信息管理，进行反馈调控等。

2. 运输安全系统管理的特点

建立在安全系统分析和安全系统评价基础上的安全系统管理是运输企业安全生产现代化管理的重要内容，具有现代化管理的几个特点：

(1)管理系统化

通过对运输生产系统要素进行整体研究、综合分析、组织控制，协调各要素之间、各子系统之间、各职能部门之间的关系,以达到运输系统安全的目标,实现系统安全最佳状态。

(2)管理方法定量化

从定量分析或定量与定性分析相结合所得结果,预测事故发生的途径,找出经济有利、合理可行的预防事故发生的良策,并运用计算机进行数据分析处理,实现计算机辅助管理。

(3)管理思想现代化

在运用安全系统工程的思想和方法时,引入行为科学、安全心理学、人机工程学等有关知识,强化以人为本的管理意识,调动广大职工立足本职工作,搞好安全生产的积极性。

7.1.2　运输安全系统管理的基本原理

1. 系统原理

根据现代企业管理的系统性原理,安全是运输企业素质的综合反映,安全工作是运输企业管理中综合性相当强的一项重要任务,是业务部门、综合部门、后勤部门及思想保证部门工作围绕的中心。企业的安全专职管理部门和各生产业务部门及其他综合保证部门的关系,既有各自独立的管理内容,又有互相交叉控制的结合部,这实际上就形成了以安全生产为中心的企业管理整体系统。对运输安全之所以要作为一个整体系统来认识,是因为安全贯穿着运输生产、营销的全过程,如铁路车、机、工、电、辆、客、货等各部门都有行车人身安全、设备安全问题,其他各部门的工作也影响作用于安全。如果各业务部门不明确安全目标和管理标准,各保证部门不从多方面提供安全保障,安全工作中的漏洞是不可能完全堵住的。因此,企业中各职能部门围绕安全生产明确各自职责,发挥应有作用是建立安全保障体系,落实"安全第一"的基本原则。

2. 动态原理

世界上的万事万物均在发展变化之中,铁路运输生产本身就是一个连续不断的动态过程,机车车辆不运动就无所谓运输生产。运输企业中的内外部环境、人员、设备等发生的各种不同形态的变化,要求企业管理包括安全管理要有相应的对策,以适应各种变化因素的影响。铁路运输生产多为露天作业,安全管理要随着高温、寒冷的季节变换,采取各种预防措施;设备由于磨耗、损坏,要及时维修更换,适时更新改造,并在新技术和新装备投入使用前,做好人员培训教育工作;对运输规章制度,要根据行车、货运、客运设备变化和运输安全需要进行修改、补充,并在执行过程中加强专业指导,逐步完善、规范;要适应形势发展和变化,切合实际地做好人的思想教育工作,建立健全动态的考核、激励和竞争机制,以增强职工的事业心和责任感。

3. 人本原理

人是生产力诸要素中最为重要的部分，人的高素质即能力、责任感和积极创造精神、身心健康等是确保运输安全的根本所在。运输安全固然要依靠科学技术的不断进步，采用先进的技术装备，以加强安全生产的物质基础，加大安全系数，但要防止"见物不见人"的倾向，安全生产形势的好与坏，主要取决于管理人员和作业人员的素质高与低，如果人的素质不高，技术设备再先进，也往往发挥不了应有的作用。因此，在安全管理工作中，不仅要发挥现代化技术设备的作用，更为重要的是要在提高人员素质上下功夫，培养壮大具有高度主人翁责任感的职工队伍，充分调动人的积极性、主动性和创造性，这是贯彻落实"安全第一，预防为主"方针的可靠保证。

4. 效益原理

市场经济是以经济效益为中心的，安全与效益紧密联系、高度统一。安全为了生产、为了效益，生产必须在安全的前提下进行，否则，生产停滞，效益也就等于零，且事故本身还有很大的经济损失，对效益也有很大影响。加强管理、保证安全是需要大量经费投入的，在事故树分析中，求出最小径集的目的，就是为了得知控制住哪几个基本事件就可以预防事故发生，并利用最小径集的不同构成形式，选择预防事故的最经济、最省事的方案，用最少的投资达到最佳的安全效果或大幅度地减少各种事故的目的。

5. 反馈原理

在以运输安全生产为目的人–机–环境系统中，为了实现对运输事故的有效控制，切实保障人身和作业安全，必须时刻掌握以往控制效果的反馈信息，作为进一步实施现场作业控制的依据。从某种意义上说，运输安全管理的根本目的就是准确、及时、经济地收集、加工、传递、存贮、输出运输安全所需的各种信息（包括安全指令信息、安全动态信息和安全反馈信息等），用于安全保障系统的运作，使运输人–机–环境系统取得最佳配合的安全效果。为此，必须要有严密的组织、严格的制度和要求，建立健全各种信息中心和网络，并广泛应用各种现代先进信息处理技术，提高安全信息的准确可靠程度，增强安全信息的时效性，及时解决所发现的各种问题。

7.1.3 国内外铁路运输安全系统管理发展动向

1. 安全科学管理理论的应用

随着科学技术进步，安全科学得到了较快发展，安全系统工程、风险评价理论、多目标决策理论、控制理论、人机工程学和安全心理学等与各国铁路运输安全生产结合得更加紧密，并形成各自的特点，使运输安全生产周期得以延长。美、日等国，由于其技术设备可靠性高，认为从人机工程学和心理学观点看，只要有人参与机械操作，就会有潜在的不安全因素。因此，由一人或两人对列车运行安全负责，要比一个两人以上的乘务组更能增强人的责任心，并减少互相依赖心理。日本新干线的列车自动控制系统（ATC）采用机器优先的运作方式，只有当机器发生故障时才由人干预，安全成效极佳。这些做法对人的职业道德、生产技能和知识水平提出了很高的要求。如果技术设备还不能给出一定可靠保证的前提，采用以人为主的办法，实现自控、他控、互控、联控相结合也是一种切实可行的保证安全措施。我国铁路在努力运用现代科学技术，不断提高运输设备安全可靠性的同时，更注重发挥人的主观能动作用。

我国铁路工程技术人员和广大职工在安全系统工程的实践中，通过安全系统分析强化系统结合部的管理和控制，实施劳动安全站区联控和行车安全车机联控，建立了比较完善的纵横交织的联控组织和信息管理网络，以及考核监控制度；在安全系统评价方面，从反映经营规模因素的安全评价方法研究，到安全评价指标体系的建立和常规-模糊安全综合评价理论及方法的探讨等等，都作了大量开创性的工作，取得了可喜的成果。

2. 重视人的生理心理因素

国内外普遍认为，在运输安全中，人是起决定作用的因素。日本高速铁路根据高速化的特点，特别要求机车乘务人员具有良好的职业生理和心理条件。它们通过对行车适宜性检查和心理测试检查，选拔职业生理和心理素质符合要求的人员担任列车司机，提高了机车乘务人员工作的可靠性。同样，俄罗斯等国通过自动心理生理测试电子仪，对司机的心脏、皮肤等部位测试后，确定在单调工作条件下紧急动作的准备程度，并结合解除疲劳能力的指标，评价中央神经系统功能状态及心理生理状况，择优而录用。

我国铁路对运输人员生理心理因素的理论研究、实验设备、实验手段和方法还比较落后，但在这方面的科学研究和实践从未间断过，并主要集中在对运输安全负有重大责任的机车乘务员和车站值班员身上。经过专家、学者和工程技术人员的共同努力，现已提出了机车乘务员生理心理素质的基本要求及其心理测试方法和量表，为制定我国机车乘务人员的生理心理标准提供了科学依据。

3. 推广安全文化

文化是人类物质财富和精神财富的总和，渗透于一切可能的领域。自1986年前苏联切尔诺贝利核电站的核泄漏事故的评审会上，基于核电站发生的任何问题，除了不以人的意志为转移的因素外，往往都来源于人的差错的认识，首次提出核安全文化的概念之后，安全文化立即引起了许多国家的关注和重视。1994年原国家劳动部提出"要把安全工作提高到安全文化的高度来认识",随后,我国铁路开始了安全文化建设的探讨和实践。

事实表明,安全文化是企业文化的重要组成部分,是现代企业安全管理思想和理论的升华,它的丰富内涵主要由安全价值观念和安全行为准则构成,其核心思想是通过安全文化教育,提高人的安全素养,如安全观念、安全意识、安全态度、安全知识、安全技能等,防止和消除人的差错对安全带来的危害。运输企业安全文化建设的任务主要是提高企业内在安全素质,为企业树立良好的外部形象;在职工队伍中形成安全第一、规范行为、从我做起的积极响应;完善运输安全的组织保障体制,包括安全方针、政策的制定与落实,合理划分安全责任和权限,组织实施安全生产目标等。通过全员自觉的安全行为和完善的安全组织保障体制,使运输安全法规、作业标准和作业制度得以彻底贯彻落实。

4. 加强安全技术设备管理

国外铁路在大量采用安全技术装备时,非常注重技术设备的安全性指标要求,十分重视制定标准和规程等安全基础研究。为了防止列车火灾,日、美、德、法等国都制定了防火安全标准。由于电子技术和计算机日益广泛应用在铁路安全技术设备中,所以各国对电子技术的安全性标准也十分重视,不仅要符合法律条文,还要考虑人的素质和技术的发展,并对标准和规程定期加以修订,以适应运输要求和技术发展的变化。

我国铁路为优先实现安全技术装备现代化的战略目标,进一步加大资金投入,增加科技含量,不断提高安全技术装备的现代化水平。实施过程中,不仅考核先进技术装备的覆盖率,还要考核技术装备的有效率。近年来,我国铁路为适应提速、重载运输需要,加大了对客车安全技术设备及线路、道口监护等方面的投入。此外全路重点安排的行车安全的硬件项目主要有机车运行监控装置、红外线轴温探测二代机联网、车辆轮对探伤设备、道口报警装置等,这对扭转运输安全的被动局面有重大意义。

7.2　运输安全总体管理

7.2.1　铁路运输安全总体管理的对象

铁路运输安全总体管理,是针对铁路运输人-机-环系统整体的安全管理。铁路运输安全总体管理的目的,就是提出一定时期的铁路运输安全要求,并构建根据既定生产目标,正常高效运转的铁路运输安全人-机-环控制系统。因此,铁路运输安全总体管理的对象,就是人员、设备、环境三类影响铁路运输安全的因素。

7.2.2 铁路运输安全总体管理的内容

铁路运输安全总体管理，涉及面很广，内容非常丰富，包括安全组织管理、安全法规管理、安全技术管理、安全教育管理、安全信息管理及安全资金管理等。

1. 安全组织管理

安全组织管理是安全管理的实施主体，负责安全的组织领导、协调平衡、监督检查工作，使运输企业安全管理体制有效地正常运转，保证安全目标的实现。其主要内容有：

（1）安全计划管理，负责运输安全的中长期规划和近期计划的编制和组织实施，以及方针、目标和政策的制定与落实。

（2）安全行政管理，包括各级安全管理机构的设置和职责划分，安全工作组织领导的原则和方法的确定，以及保证职工安全生产的组织手段。

① 安全劳动管理，对直接制约运输安全的关键因素如人员配备与组合、定员与班制、劳动定额和分配关系等合理地规定与协调。

② 职工生活管理，为保证职工以饱满的热情和旺盛的精力投入安全生产，在职工物质生活、精神生活和医疗卫生等方面所作出的妥善安排。

③ 安全行为管理。主要是运用各种安全管理手段对个人行为、群体行为、管理行为及人际关系进行激励、约束和协调。

2. 安全法规管理

安全法规管理的任务是严格遵循国家有关铁路运输安全的法律、法规等条文规定，对各种运输规章制度和作业标准进行研究、制定、修改、完善、贯彻和落实，使运输安全管理工作做到有法可依、有章可循、违法必究、违章必查。其主要工作有以下两项：

（1）建立健全规章制度的工作

安全法规要在尊重实践、尊重科学的基础上，通过建立、修订、补充逐步形成相对稳定、协调一致、切实可行的规章制度和作业标准体系。

（2）增加和废止规范制度的工作

技术条件和作业环境的变化，必然对运输安全规章制度和作业标准的针对性、有效性和规范性提出新的要求，在原有基础上及时增加运输生产急需的规章规定和废止不适用的规章制度对安全运输具有同等重要作用，不可偏废。

3. 安全技术管理

技术，除泛指操作技能外，广义地讲，还包括相应的生产工具和其他物资设备，以及生产工艺过程或作业程序、方法。安全技术管理的任务是正确执行国家有关技术政策、标准、规程和铁路主要技术政策，为铁路运输安全提供可靠的技术依据和技术措施；充分发挥科技是第一生产力的作用，不断吸收现代科技先进成果，促进铁路运输安全管理科技含量日益提高。由此可见，铁路运输安全技术管理，包括对运输安全硬技术设备的维护与管理和对运输安全软技术的开发与应用。

(1)铁路运输安全硬技术设备的管理，是指对铁路运输基础设施和安全技术设备的研制、试验、引进、装配、维护和安全质量管理等。

(2)铁路运输安全软技术的开发与应用，包括与铁路运输安全有关的各种操作办法、管理方法、运输安全管理基础理论及安全科学理论的研究与应用。

4. 安全教育管理

为了实现铁路运输安全，必须通过各种形式和方法，对铁路运输企业的广大干部和职工进行经常性的安全教育，其内容主要有：

(1)安全思想教育

安全思想教育是安全教育的重点所在。内容包括安全生产方针、政策、重要意义，劳动纪律、作业纪律，各项规章制度和典型事故案例教育等。通过正反两方面的教育使基层作业人员和各级管理人员牢固树立"安全第一"的思想，强化"预防为主"的意识，正确处理好安全与效率、效益的关系。

(2)安全知识教育

安全知识教育包括安全生产技术知识和安全管理知识教育，目的是解决应知的问题。前者包括运输生产特点、安全特性、设备性能、各部门作业方法及规范要求、事故成因及预防等；后者主要是对针安全管理人员而进行的安全教育，内容包括运输安全管理体制和各部门安全管理体系的构成与运作、事故预测和预防；安全系统评价的基本原理和方法；人–机工程学、安全心理学、行为科学等有关知识与应用。

(3)安全技能教育

安全技能教育是通过对作业人员进行长期、反复训练及本人实践，把所学到的安全知识转化为动手能力的过程，主要是解决应会的问题。内容包括岗位熟练操作、防止误操作和处理异常情况的技术、知识和能力。

(4)事故应急处理教育

事故应急处理教育一般应包括事故应急处理知识教育、自我保护和自救互援教育、事故现场保护方法教育和事故应急处理演习等。

通过上述教育能有效地防止事故损失扩大，为清理事故和迅速恢复正常运输秩序创造有利条件、

此外，对路外人员进行的铁路知识、安全常识及安全法制宣传、教育也是安

全教育管理的重要内容,应与地方政府配合进行。

5. 安全信息管理

安全信息一般是指在运输生产过程中,对一切有利于安全生产的指令和系统安全状态的描述或反映。安全信息既是安全管理的对象,又是安全管理的重要支持。安全信息包括:

(1)安全指令信息,指各种运输安全法规和安全方针、政策、目标、计划和措施等。

(2)安全动态信息,指在完成运输任务,执行指令信息过程中的正面和负面效应的反映。

(3)安全反馈信息,指从执行指令信息结果获得,能反馈用来调整和控制安全生产的信息。

(4)其他安全信息。如安全科学技术和管理信息等。

从某种意义上说,铁路运输安全系统管理就是准确、及时、经济地收集、加工、传递、存贮、检索、输出一切对运输安全有用有利的信息管理,并用运输安全所需的安全指令信息、安全动态信息、安全反馈信息和其他先进的安全科技和管理信息,精心指挥、精心组织、精心管理运输生产,不断开创铁路运输安全生产的新局面。为此,就要有严密的组织和先进的手段加以保证,如建立健全各种信息中心和网络,并广泛应用电子计算机和各种先进的信息处理技术。

6. 安全资金管理

要搞好铁路运输安全,必须有相应的安全资金保证。安全资金管理包括对保证铁路运输安全所需资金的筹集、调拨、使用、结算、分配等,并进行安全投资的经济评价与经济分析,实行财务监督等。安全是保障人的生命财产安全的,保障国家财产不受损失,保障整个铁路运输系统畅通无阻,如果将投入到安全的资金挪作他用,那就是一种严重的犯罪行为。

上述铁路运输安全管理的内容是按不同需要,从管理范围和主要工作等方面分别所作的阐述。在实际工作中,各职能部门按照"谁主管、谁负责"的原则,在努力做好本职工作的同时,为实现安全方针目标所规定的任务,应相互协调配合,共同形成合力,发挥整体优势。此外,铁路运输企业的各级组织、各职能部门还必须严格遵守安全监察制度,自觉接受安全监察机构在业务上的指导,不断提高职能范围内的安全管理水平,共同促进铁路运输安全形势向健康方向发展。

7.3 运输安全事后管理

7.3.1 铁路运输事故的定义与分类

1. 国家通用定义与分类

国务院 2007 年颁布的《生产安全事故报告和调查处理条例》中规定，根据生产安全事故造成的人员伤亡或者直接经济损失，事故一般分为以下等级：

(1)特别重大事故，是指造成 30 人以上死亡，或者 100 人以上重伤(包括急性工业中毒，下同)，或者 1 亿元以上直接经济损失的事故。

(2)重大事故，是指造成 10 人以上 30 人以下死亡，或者 50 人以上 100 人以下重伤，或者 5000 万元以上 1 亿元以下直接经济损失的事故。

(3)较大事故，是指造成 3 人以上 10 人以下死亡，或者 10 人以上 50 人以下重伤，或者 1000 万元以上 5000 万元以下直接经济损失的事故。

(4)一般事故，是指造成 3 人以下死亡，或者 10 人以下重伤，或者 1000 万元以下直接经济损失的事故。

上述条款中所称的"以上"包括本数，所称的"以下"不包括本数。国务院安全生产监督管理部门可以会同国务院有关部门，制定事故等级划分的补充性规定。

铁路运输企业也是生产企业，因此其事故的分类也是参考以上内容而定，但是铁路运输方式有其独有的特点，因此在实际的铁路运输安全管理中，往往还会根据铁路运输方式的特征，重新定义铁路运输事故和进行分类。

2. 铁路行车事故定义与分类

为了及时正确处理铁路行车事故，维护铁路运输秩序，贯彻"安全第一，预防为主"的方针，使铁路运输更好地为国民经济建设服务，铁道部制定了《铁路行车事故处理规则》(简称《事规》)。

《事规》是调查和处理铁路行车事故的基本依据，对铁路行车事故的调查处理、定性、定责和统计分析具有鲜明的法规性和权威性。

(1)行车事故的定义

凡因违反规章制度、违反劳动纪律、技术设备不良及其他原因，在行车工作中造成人员伤亡、设备损坏、经济损失、影响正常行车或危及行车安全的，均构成行车事故。

(2)行车事故的分类

1)行车事故分类的原则和依据

① 依据事故性质的严重程度

客运列车事故比其他列车事故性质严重，列车事故比调车事故性质严重。冲突、脱轨、火灾和爆炸事故比构成设备事故和一般违章、违纪的条件要求严格。

② 依据事故损失的大小

事故损失主要指人员伤亡多少和机车、车辆、线路、桥梁、供电、信号等设备的损坏程度和经济损失。

③ 依据事故对行车造成的影响的大小

繁忙干线、干线和其他线路发生事故、双线行车中断和单线行车中断、延误本列时间所构成的事故种类不同。

2）按事故性质、损失和对行车所造成的影响分类

按事故性质、损失和对行车所造成的影响，行车事故分为特别重大事故、重大事故、大事故、险性事故和一般事故。

3）按事故内容分类

按事故内容可分为列车事故、调车事故和因铁路技术设备破损或货物装载不良造成的事故。

3. 行车事故构成条件

（1）特别重大事故构成条件

列车发生冲突、脱轨、火灾、爆炸或调车作业（包括机车车辆整备作业）发生冲突、脱轨，造成下列后果之一的为特别重大事故：

① 人员死亡 50 人及以上。

② 直接经济损失 1000 万元及以上。

"列车"指编成的车列并挂有机车及规定的列车标志。单机、动车及重型轨道车，虽未完全具备列车条件，亦按列车办理。"客运列车"指旅客列车（包括临时旅客列车）和混合列车。"其他列车"指客运列车以外的列车。

列车与其他调车作业的机车、车辆等互相冲突而发生的事故属列车事故。列车以调车方式进行摘挂或转线而发生的事故，属调车事故。军用列车、行包专列、回空客车车底除有特殊通知外，一律按其他列车算。通勤列车算客运列车。调车机车进入区间（跟踪、越出站界调车除外），发生事故时计为列车事故。

客运列车在中途站进行摘挂（包括摘挂本务机车）或转线作业发生的事故，以及客运列车或客运列车摘下本务机车后的车列，被其他列车、机车、车辆冲撞造成的事故，均计为客运列车事故。

"冲突"系指列车、机车、车辆（包括轨道起重机，以下同）、动车、重型轨道车互相间或与设备（如车库、站台、车挡等）、轻型车辆发生冲突招致机车、车辆、动车、重型轨道车破损。

在列车运行中由于人为失职或设备不良等原因，将车辆挤坏或拉坏构成中破及以上程度，或在调车作业中由于人为失职或设备不良等原因，将车辆挤坏或拉坏构成大破以上程度，也作为冲突事故处理。

由于机车、车辆冲撞造成货物窜动将车辆撞坏、挤坏时，算冲突事故，并根据所造成的后果，确定事故性质。

"脱轨"系指机车、车辆、动车、重型轨道车(包括拖车)的车轮落下轨面(包括脱轨后又自行复轨)。每辆(台)只要脱轨1轮，即按1辆(台)计算。由于车辆脱轨造成的货物窜动将车辆撞坏、挤坏时，根据所造成的后果，确定事故性质。

"列车发生火灾"系指列车起火造成机车、车辆破损(面积达 $5m^2$ 及以上)、影响使用(失去基本功能)，或发生货物、行包烧毁。

"列车发生爆炸"系指由于爆炸造成机车、车辆设备损坏，墙板、车体变形或出现孔洞。

(2)重大、大事故的分类及构成条件(见表7-1)

表7-1　重大、大事故的分类及构成条件表

分类条件			重大事故			大事故		
			造成下列后果之一的：冲突、脱轨、火灾、爆炸		调车冲突脱轨造成下列后果之一的	造成下列后果之一的：冲突、脱轨、火灾、爆炸		调车冲突脱轨造成下列后果之一的
			客运列车	其他列车		客运列车	其他列车	
繁忙干线	人员伤亡	死亡	3人及以上					
		死亡、重伤	5人及以上					
	中断时间	单线或双线之一线	3 h	4 h	4 h	2 h		
		延误本列	3 h			2 h		
		双线	2 h	3 h	3 h	1 h		
	客车中途摘车		2辆			1辆		
	机车破损		大破1台	机车车辆脱轨6辆(台)及以上		中破1台	机车车辆脱轨3辆(台)及以上	
	车辆破损		客车报废1辆或大破2辆			客车中破1辆		
	直接经济损失		500万元及以上			100万元及以上	200万元以上	

续表7-1

分类条件			重大事故			大事故		
			造成下列后果之一的：冲突、脱轨、火灾、爆炸		调车冲突脱轨造成下列后果之一的	造成下列后果之一的：冲突、脱轨、火灾、爆炸		调车冲突脱轨造成下列后果之一的
			客运列车	其他列车		客运列车	其他列车	
干线	人员伤亡	死亡	3人及以上					
		死亡、重伤	5人及以上					
	中断时间	单线或双线之一线	4 h	6 h	6 h	3 h	4 h	4 h
		延误本列	4 h			3 小时		
		双线	3 h	4 h	4 h	2 h	3 h	3 h
	客车中途摘车		2 辆			1 辆		
	机车破损		大破1台	车车辆脱轨8辆（台）		中破1台	机车车辆脱轨4辆（台）及以上	
	车辆破损		客车报废1辆或大破2辆			客车中破1辆		
	直接经济损失		500 万元及以上			100 万元及以上	200 万元及以上	
其他线路	人员伤亡	死亡	3人及以上					
		死亡、重伤	5人及以上					
	中断时间	中断行车	6 h	8 h	8 h	4 h	6 h	6 h
		延误本列	6 h			4 h		
	客车中途摘车		2 辆			1 辆		
	机车破损		大破1台	机车车辆脱轨 810 辆及以上		中破1台	机车车辆脱轨4辆（台）及以上	
	车辆破损		客车报废1辆或大破2辆			客车中破1辆		
	直接经济损失		500 万元及以上			100 万元及以上	200 万元及以上	

（3）险性、一般事故的分类及构成条件（见表7-2）

表7-2　险性、一般事故的分类及构成条件表

险性事故	一般事故	
造成下列后果之一，但损害后果不够大事故条件的事故	造成下列后果之一，但损害后果不够大事故及险性事故条件的事故	
	A 类	B 类
• 列车冲突 • 列车脱轨 • 向占用区间发出列车 • 向占用线接入列车 • 未准备好进路接、发列车 • 未办或错办闭塞发出列车 • 列车冒进信号或越过警冲标 • 机车、车辆溜入区间或站内 • 列车中机车、车辆制动梁或下拉杆脱落 • 列车在区间碰撞轻型车辆、小车、路料及施工机械 • 列车中机车、车辆、动车、重型轨道车断轴 • 接触网塌网、坠落、倒杆刮上客运列车 • 关闭折角塞门开出列车 • 列车运行中刮坏行车设备或货物坠落损坏行车设备 • 其他（性质严重的列车事故，经铁路局决定列入本项）	• 调车冲突 • 调车脱轨 • 挤道岔 • 错办或未及时办理信号招致列车停车 • 错误办理行车凭证发车或耽误列车 • 调车作业碰轧脱轨器或防护信号 • 列车分离 • 施工、检修、清扫设备耽误列车 • 行车值班、值乘人员违反劳动纪律、作业纪律耽误列车 • 列车发生火灾或爆炸 • 滥用紧急制动阀耽误列车 • 擅自发车、开车、停车，错办通过或在区间乘降所错误通过 • 列车拉铁鞋开车 • 漏发、错发、漏传、错传命令耽误列车 • 错误操纵及使用行车设备耽误列车	• 机车故障耽误列车 • 车辆故障耽误列车 • 车辆燃轴 • 其他配件 • 线路、桥梁、隧道设备不良耽误列车 • 水害、塌方、落石耽误列车 • 动车、重型轨道车故障耽误列车 • 信号、通信设备故障耽误列车 • 信号设备 • 通信设备 • 供电、给水设备故障耽误列车 • 牵引供电设备 • 信号供电设备 • 给水设备

4. 行车事故考核指标

铁路行车安全是保证铁路正常运输的重要条件，是铁路运输管理水平和各项工作质量的综合反映，是铁路运输质量的重要指标。目前，全路行车安全考核主要指标有行车事故件数、行车安全天数、行车事故率和职工死亡事故率。

（1）行车事故件数

行车事故件数指在一定时期（月、季、半年、年度）内，全路、铁路局或站段

所发生的特别重大事故、行车重大事故、大事故和一般事故的总件数。事故总件数可以是全部行车事项的总件数，也可以按事故等级或事故种类分别统计。

（2）行车安全天数

行车安全天数（连续安全生产无事故天数）是衡量铁路局安全成绩的重要指标。责任行车特别重大和行车重大事故影响铁路局安全成绩；责任行车大事故影响站、段的安全成绩。各铁路单位通常以 100 天为统计单位，开展百日安全生产无事故活动。

（3）行车事故率

行车事故件数和行车安全无事故天数与行车工作量没有直接关系，较难反映一个单位在一定时期内运输生产的质量和行车安全管理的水平，而行车事故率是指全路、铁路局、机务段在一定时期内每百万机车走行公里所发生的行车事故件数，因而相对说来，能比较客观地反映一个单位的行车安全状态和管理水平。

（4）职工死亡事故率

职工死亡事故率是一个行车安全的相关指标，指在一定时期内，某单位每一百万在册职工总数所发生的职工死亡总人数。其中，在册职工总人数指包括行车职工在内的全部职工人数，而职工死亡总人数则指在统计期内，因生产和工作发生事故（包括行车事故）所造成的职工死亡总人数。

铁道部对铁路局安全指标考核实行扣分。铁路局发生旅客列车行车特别重大事故实行"一票否决"；发生责任旅客列车重大事故，每件扣 30 分，未发生旅客死亡时，酌情扣减；除此以外的责任行车特别重大事故和行车重大事故（含责任重大路外伤亡事故），按每百万机车走行公里事故率 0.015 件考核，失控扣减 10 分（按事故率计算的事故考核件数，小数点后 1 位有效数进一，按整数计算）。考核年度内隐瞒行车重大事故的，一经查实，要加倍计算行车事故件数。

铁路局责任职工死亡事故率一般按 0.3 人/百万名职工考核，失控扣减 10 分（按职工死亡事故率计算的职工死亡考核人数，小数点后 1 位有效数进一，按整数计算），考核年度内隐瞒责任职工死亡事故的按死亡人数加倍计算。

以上考核成绩直接影响铁道部对铁路局资产经营责任制完成情况进行等级评定。

7.3.2　铁路行车事故处理

各级行车安全监察机构是行车事故调查处理的主管部门。铁道部安全监察特派员办事处根据《事规》参与所辖区域发生的行车重大、大事故调查，并提出定性、定责建议。行车事故处理的主要工作包括，事故通报、调查处理、责任判定、统计分析、总结报告等。

1. 行车事故的通报处理

(1)特别重大、重大、大事故的通报办法

在区间发生时,由运转车长(无运转车长时为司机)立即报告铁路局列车调度员。如不可能,则报告最近车站值班员,转报铁路局列车调度员。在站内或段管线内发生时,由站段长直接报告铁路局列车调度员。报告事项按《事规》规定办理。

如发生列车冲突、脱轨或其他严重事故,当时尚未判明是否构成特别重大、重大、大事故时,亦应按上述规定通报。

铁路局列车调度员接到事故通报后,立即报告调度值班主任。如需要救援列车或救援队时,应立即发布出动命令。调度值班主任应同时通报有关人员迅速赶赴现场。有关单位接到事故通报后,应立即通报有关铁路公安派出所。如发生列车火灾或爆炸事故时,还应立即通报当地消防部门。

铁路局调度值班主任接到事故通报后,还应立即报告铁路局长、有关副局长、安监室主任(值班监察)、有关业务处长、公安局局长及铁道部调度员。同时,由铁路局安监室主任或值班监察报告铁道部安监司值班监察。铁道部调度员接到事故通报后,立即报告值班处长。值班处长报告运输局局长、安监司司长、公安局局长(或值班室)及部长办公室。由部长办公室报告总调度长、主管副部长、部长。

铁道部安监司值班监察接到事故通报后,立即报告安监司司长、副司长及部长办公室,并由司长或副司长报告总调度长、主管副部长、部长。

关于有关特别重大、重大、大事故的通话机制,按"117"应急通话级别,按"立接制"紧急办理。

(2)险性及一般事故的通报办法

在区间发生时,由运转车长(无运转车长时为司机)或施工领导人立即报告铁路局列车调度员。如不可能,则报告最近车站值班员,转报铁路局列车调度员。在站内或段管线内发生时,由站段长直接报告铁路局列车调度员,报告事项与发生重大、大事故相同。

铁路局列车调度员接到事故报告后,必须及时向铁道部调度员以及有关领导及有关单位通报。如需救援列车或救援队时,应立即发布出动命令。

(3)填写"行车事故概况表"的规定

铁路局列车调度员应将每件行车事故及时填写"行车事故概况表"(安监报－1),同时抄送铁路局安全监察室。铁道部调度员接到特别重大、重大、大事故及险性事故报告后,及时填写"行车事故概况表"并通知部安监司。发生特别重大、重大、大事故时,各级安监部门及有关业务部门应将详细情况及时逐级报告上级主管业务部门。

3. 行车事故调查处理

(1)职责分工

① 特别重大事故按国务院 34 号令发布施行的《特别重大事故调查程序暂行规定》调查处理。

② 重大事故由铁路局调查并提出处理意见，由铁道部审查批复；大事故由铁路局调查处理，并报铁道部备案。重大、大事故涉及的两个铁路局(其他有关单位，下同)意见不一致时，各自向铁道部提出事故调查处理报告，由铁道部审查裁决。

③ 险性事故由发生事故的铁路局调查处理，涉及两个铁路局意见不一致时，由铁道部审查裁决。

④ 一般事故由基层单位调查处理，涉及两个铁路局意见不一致时，由铁道部裁决。涉及同一铁路局两个基层单位时，由铁路局裁决。

对重大、大事故和险性事故，铁道部认为有必要调查时，可派员进行调查。

⑤ 属于人为破坏性事故及破坏嫌疑事故，由公安部门负责查处。

(2)组织领导

① 重大、大事故发生后，在铁路局事故调查处理委员会到达现场前，由铁路局指定的车站站长任组长并组织有关单位组成事故现场临时调查处理小组。其任务是抢救伤员，尽快开通线路，作好救援准备工作，勘察现场，保存可疑物证，查找事故线索及原因，作成记录，向铁路局事故调查处理委员会报告。

② 铁路局接到重大、大事故通报后，立即组成以铁路局长或副局长为主任委员，安监室主任为副主任委员，有关处长和公安局局长为委员的事故调查处理委员会，迅速赶赴现场，过行调查处理，积极抢救伤员，采取措施，迅速恢复通车。

③ 事故发生的有关单位在事故调查处理委员会到达后，必须主动汇报事故情况，提供便利条件。任何单位和个人不得拒绝或干涉、阻碍事故调查的正常工作。

(3)行车责任事故的判定和处理

① 行车重大、大事故责任的判定，按《事规》第 5.1.1 条~第 5.1.14 条执行。

② 险性事故及一般事故责任的判定，各铁路局可参照《事规》第 5.1.1 条~第 5.1.1,条执行。

③ 事故损失费用的赔偿，按《事规》第 5.3.1 条~第 5.3.8 条办理。

4. 调查报告

事故调查组应当按照国家有关规定开展事故调查，并在下列调查期限内向组织事故调查组的机关或者铁路管理机构提交事故调查报告：

① 特别重大事故的调查期限为 60 日；

② 重大事故的调查期限为 30 日；

③ 较大事故的调查期限为 20 日；

④ 一般事故的调查期限为 10 日。

事故调查期限自事故发生之日起计算。

事故调查报告形成后，报经组织事故调查组的机关或者铁路管理机构同意，事故调查组工作即告结束。组织事故调查组的机关或者铁路管理机构应当自事故调查组工作结束之日起 15 日内，根据事故调查报告，制作事故认定书。

事故认定书是事故赔偿、事故处理以及事故责任追究的依据。

5. 行车事故统计分析及总结报告

① 各单位应备有行车事故登记簿（安监统－1），详细记载各种行车事故的发生经过，原因及处理情况；定期分析总结，认真填写"行车事故处理报告"（安监报－2），对职工进行安全生产教育。

② 铁路局安监室应将发生事故情况每日报告铁道部安监室。铁路局于月、季、半年、年度后 10 日内做成"行车事故报告表"（安监报－4），逐级上报。

③ 铁路局各业务部门应于月、季、年度末，对本系统行车事故进行分析总结，向上级主管业务部门报告，并抄送同级安监室。

为客观、公正、准确、及时地做好行车事故处理工作，《事规》还附有有关行车重大、大事故电报拍发办法；《事规》内容解释；机车、车辆大、中破范围的具体规定，以及行车事故概况表、处理报告、外转行车事故通知书和行车事故报告表等。

7.3.3　铁路货物运输事故处理

1. 基本含义

交由铁路运输的货物，在铁路承运后（负责承运前保管的车站还包括保管期间）直至交付以前的整个过程中，发生货损、货差，造成财产损失，或因货物染毒，危险货物发生事故造成人员伤亡时，统称为铁路货运事故。

2. 相关记录

铁路货物运输过程所涉及的部门、工种很多。为了便于分析铁路、发货人、收货人相互间，或铁路内部有关单位之间的责任，在发生或发现事故当天（或各环节在交接时发现货物或车辆异状时）应编制记录。记录分为货运记录和普通记录两种。

（1）货运记录

可分为带号码与不带号码的两种。带号码的货运记录每组一式三页，第一页为编制站存页，第二页为调查页，送责任单位调查。第三页为货主页。不带号码的货运记录只限于用作抄件或货运员发现事故时报告用。

遇下列情况之一时，应在发现事故的当日按批编制货运记录：

① 发生上述九类货运事故时；

② 货物超过规定运到期限十五日，或鲜活货物超过运到期限，仍未能到达到站时；

③ 发货人自装的货物，货车施封、篷布苫盖和敞、平、砂石车货物装载有异状发生损失时；

④ 事故货件回送或一批货物中部分剩余货物补送时；

⑤ 集装箱破封或箱体损坏造成货物损失时；

⑥ 货物装载清单有记载而实际无票据无货物时；

⑦ 发生无法交付货物时(已编有记录的除外)；

⑧ 公安机关查获铁路运输中被盗的货物，以及沿线拾得的货物交给车站处理时。

编制记录时应如实记载事故货物及有关方面的当时现状。为了便于分析事故原因及责任，货运记录各栏应逐项填记，还应记明货车车体、门窗、施封或篷布情况，货物包装及装载状态，事故货件装载位置、损失程度等。此外，根据事故的不同性质，还要相应地增加填记内容，例如污染事故，就要记明车内污物名称、位置、面积与被污染货件距离，被污染货件的数量和程度等。

(2)普通记录

遇下列情况之一时，应在当日按批编制普通记录：

① 货车在中途发生补封或换装、整理时；

② 车长委托车站清点或代封时；

③ 发生货运事故，车长(列车货运员)向车站交接或车长(列车员)互相交接时；

④ 事故发生原因涉及车辆技术状态时；

⑤ 发货人自装的货物，货车施封良好，篷布苫盖和敞、平、砂石车货物装载无异状，收货人提出货物有损失要求车站证明交接现状时；

⑥ 按照其他规定需要证明时。

编制的记录须由参加检查货物(车)的有关人员签字或盖章。货运记录须盖车站公章或专用章。普通记录也须有站、段名称戳记，或写明车长、列车货运员、车辆检查人员的单位名称。

3. 货运事故的调查

(1)事故的调查分析。车站在接到调查记录后(包括自站编制的记录)应迅速组织有关人员进行调查，查明事故原因，并按下列规定办理：

① 属于自站责任时，应分析、落实责任，提出处理意见报主管铁路局，并以事故查复书通知到站和到局。对重大、大事故还应作成正式文件，并于十五日内连同全部调查材料报主管铁路局；

② 属于他站责任时，用事故查复书说明理由和根据，连同全部调查材料送责任单位，并抄送给到站和有关单位。对重大、大事故还应同时抄报主管铁路局。

③ 涉及货主责任时，发站应联系发货人落实责任。对发货人承认其责任的事故，应取得发货人出具的有效书面证明，转交到站处理。

铁路局在接到重大、大事故报告后，应立即深入现场，进行调查处理工作。

（2）事故责任的划分。铁路从承运货物时起，至将货物交付收货人时止，对货物发生灭失、损坏等负赔偿责任。但由于下列原因而造成的灭失、损失除外：

① 自然灾害；

② 货物本身性质引起的碎裂、生锈、减量、变质或自燃等；

③ 货物包装的缺点，承运时无法从外部发现或未按国家规定在货物上标明包装储运指示标志；

④ 发货人自装的货物，加固材料不符合铁路规定条件，或违反装载规定交接时无法发现的；

⑤ 押运人未采取保证货物安全的措施；

⑥ 发货人、收货人的其他责任。

如果由于发、收货人的责任或押运人的过错，使铁路或第三者造成损失时，发货人或收货人应负赔偿责任。

铁路内部责任的划分，应根据调查情况，事故发生的原因，以及有关的规定确定责任单位。

（3）货运事故的赔偿要求。货主向铁路要求赔偿货物损失时，应按批向到站（货物发送前发生的事故向发站）提出赔偿要求书，并附货物运单、货运记录和有关证明文件。按声明价格运输的个人物品，应同时提出盖有发站日期戳的声明价格的物品清单。

当铁路向发货人或收货人提出赔偿要求时，应提出货运记录、损失清单和必要的证明文件。

4. 铁路货物运输事故的处理流程

（1）编制记录

货物在运输过程中（包括承运前保管和交付完毕后点回保管）发生需要证明铁路同托运人或收货人间责任的情况都应在当日按批编制记录。

① 发生货损、货差、有货无票、有票无货、误运到站或误交付、为能在规定

时间内交付等情况而需要证明责任的,应编制货运记录。

② 整车货物途中需要换装或整理,而货物本身未发生损失以及其他情况,需要证明责任的,应编制普通记录。

③ 按件数和质量承运的货物,包装完好。件数相符而重量不足或多出时,不编货运记录,只在货物运单内注明。

(2)事故检查或鉴定

货物发生损坏或部分灭失,不能判明发生原因和损坏程度时,承运人应在交付前主动联系收货人进行检查或邀请鉴定人进行鉴定,鉴定时按每一货运记录分别编制鉴定书。因鉴定所支出的费用应在鉴定书内记明,事后由事故责任人负责。

(3)违法或危及运输安全事故的处理

货运过程中发现违反政府法律规定或危及运输安全的情况,承运人应分别按下列规定处理:

① 货物品名与运单记载不符时,若属危险货物以其他品名托运的,应即报告当地政府的主管铁路局,按其指示处理。

② 货物重量超过使用的货车容许载重量的应进行换装或将部分卸下,对卸下的货物,处理站应编制货运记录,凭记录将货物补送到站;到站应按规定核收运输费用和违约金。但对卸下的不易计件的货物,按零担运输有困难时,应电告发站转告托运人提出处理办法。如从发站发出通知之日起 10 日内未接到答复,就按无法交货物处理,

③ 发现装载的货物有坠落、倒塌危险或货物偏重、窜出、渗漏,危及运输安全时,除通知有关单位外,应即进行整理和换装。属于托运人责任的,换装、整理或修补包装的费用,由处理站填发垫款通知书,随同运输票据递送到站,向收货人核收。

④ 凡承运人无法处理的情况,应即时通知托运人。

(4)其他事故的处理

① 货物运到期限满后经过 15 日或鲜活货物超过运到期限仍不能在到站交付货物时,车站应于当日编制货运记录交收货人,赔偿前若货物运到,车站应及时向收货人办理交付并收回货运记录。

② 因承运人责任将货物误运到站或误交付,承运人应编制货运记录将货物运到正当站交给收货人。

7.3.4　铁路旅客运输事故处理

1. 旅客人身伤害或急病处理

发生旅客人身伤害或急病时，车站或列车应会同公安人员勘察现场，收集旁证、物证，调查事故发生原因，编制客运记录或旅客伤亡事故记录，并积极采取抢救措施，按照旅客人身伤害或疾病处理的有关规定办理。

2. 行李包裹事故处理

发生行李、包裹事故时，车站应会同有关人员编制行李、包裹事故记录，交收货人作为请求赔偿的依据。事故赔偿一般应在到站办理，特殊情况也可由发站办理。

3. 线路中断时对旅客的安排

线路中断造成列车不能继续运行时，列车长应迅速了解停运的原因，组织列车工作人员稳定车内秩序。发生火灾爆炸事故时，应组织旅客撤离现场，抢救伤员，扑救火灾（必要时应分解列车），调查取证并迅速与就近车站联系，向铁路局客调及上级有关领导报告情况。

列车停运且不能在短时间内恢复运行时，站车应做好服务工作，解决旅客的困难，做好饮食供应工作，必要时向地方政府报告请求援助。事故发生铁路局还应在向铁道部请求命令后，向全路发出停办客运业务的电报。恢复通车时也照此办理。

线路中断时，旅客可以要求在原地等候通车、返回发站、中途站退票或按承运人的安排绕道旅行，具体办法按《客规》办理。

4. 线路中断时对行李、包裹的安排

对发站已承运的行李、包裹应妥善保管，铁路组织绕道运输时，运费不补不退。对滞留中途站的鲜活包裹应及时变卖处理。

收货人在中途站要求领取时，应退还已收运费与发站至领取站应收运费的差额。不足最低运费按最低运费核收。对要求运回发站取消托运的，退还全部运费。

5. 客运事故赔偿

发生旅客伤害事故时，旅客可向事故发生站或处理站请求赔偿。根据2007年7月11日国务院颁布的《铁路交通事故应急救援和调查处理条例》，从2007年9月1号起，事故造成铁路旅客人身伤亡和自带行李损失的，铁路运输企业对每名铁路旅客人身伤亡的赔偿责任限额为人民币15万元，对每名铁路旅客自带行李损失的赔偿责任限额为人民币2000元。铁路运输企业与铁路旅客可以书面约定高于上述规定的赔偿责任限额。经承运人证明事故是由承运人和旅客或托运人的共同过错所致,应根据各自过错的程度分别承担责任。保险金的支付办法,按《客规》有关规定办理。

事故造成人身伤亡的,铁路运输企业应当承担赔偿责任;但是人身伤亡是不可抗力或者受害人自身原因造成的,铁路运输企业不承担赔偿责任。违章通过平交道口或者人行过道,或者在铁路线路上行走、坐卧造成的人身伤亡,属于受害人自身的原因造成的人身伤亡。

事故造成铁路运输企业承运的货物、包裹、行李损失的,铁路运输企业应当依照《中华人民共和国铁路法》的规定承担赔偿责任。收货人要求赔偿时,应在规定期限内提出并应附下列文字材料:行李票或包裹票;行李、包裹事故记录;证明物品内容和价格的凭证。行李、包裹事故赔偿标准,分别按保价运输与非保价运输办理。行李、包裹全部或部分灭失时,退还全部或部分运费。

铁路与旅客、托运人、收货人相互间要求赔偿或退补费用的有效期限为365天。有效期限由下列日期起算:

① 身体损害和携带品损失时,为发生事故的次日;

② 全部灭失为运到期限终了的次日;

③ 给铁路造成损失时,为发生事故的次日;

④ 多收或少收运输费用,为核收该项费用的次日;

责任者自接到赔偿要求书的次日起,必须在30天内办完赔偿手续。

丢失的行李、包裹找到后,承运人应迅速通知托运人或收货人领取,撤销一切赔偿手续,收回全部赔款。如托运人或收货人不同意领取时,按无法交付物品处理。如发现有欺诈行为不肯退回赔款时,可通过行政或法律手段追索。

7.3.5 铁路运输事故应急处理

1. 列车在区间发生路外伤亡事故的处理

列车在区间运行中撞轧行人,有人从车上坠落,线路内(包括邻线)有人死伤时,司机、运转车长发现后均应停车,并由运转车长查明死伤初步情况,有条件时,立即报告邻近车站值班员。车站接到报告后应及时通报铁路公安派出所和有关铁路业务部门共同赶赴现场,组织抢救。对死伤者进行妥善处理后,迅速恢复行车。

2. 发生挤道岔的处理

① 发现道岔故障或被挤坏后,立刻进行防护,并禁止一切机车车辆通行,及时报告车站值班员(调车区长),通知工务、电务部门进行检查修理。为了不中断行车,由工务人员将道岔扳向尖轨未挤坏一侧,钉固后方准使用。

② 发生挤道岔后,如果机车、车辆停留在道岔上,不准后退(后退可能造成

机车车辆脱轨，使事故扩大），应按顺岔子方向缓缓移动，将车列全部拉过道岔。

如必要后退时，可将道岔扳向尖轨未挤坏的一侧钉固后，方准后退。

复式交分道岔挤岔后，因其道岔构造复杂，停在道岔上的机车车辆，禁止移动，通知工电部门检查，确定处理方法。

3. 发现列车中车辆抱闸的处理

运转车长或接发车人员发现运行的列车中，闸瓦处冒烟，夜间火花，属于车辆抱闸。闸瓦贴紧车轮但还能移动，夜间车轮有火圈为活抱闸。车轮不能移动，夜间车轮与轨面接触处向后射出较短的火花为死抱闸。

如系活抱闸时应在前方站停车处理。

如系死抱闸或装载危险、易燃货物的车辆活抱闸时，运转车长用列车无线调度电话通知司机停车处理或拉紧急制动阀区间停车处理；接发车人员发现车辆死抱闸有危及行车安全时，对通过列车显示停车手信号或用列车无线调度电话通知司机停车处理。列车未停车，报告列车调度员或前方站停车处理。

4. 车辆燃轴的处理

由于轴瓦与轴颈间的油膜被破坏，或油膜没有很好地形成，运行时造成轴瓦与轴颈的直接摩擦而产生高热，称为热轴。如果发热已达到冒烟，发火或闻到燃轴的油味时，称为燃轴。

发现燃轴时，车站接发车人员要立即向列车司机、运转车长显示停车信号；如果来不及时，应及时报告列车调度员及前方站，使列车停车处理。运转车长发现燃轴或车站显示停车信号时，应立即使用紧急制动阀停车，由运转车长会同司机进行检查，根据情况采取措施或限速运行到前方站。如在车站停车时，应将情况报告铁路局列车调度员，按其指示办理。

5. 列车发生火灾的处理

列车发生火灾应立即停车。

（1）停车地点的选择

① 列车中有冒烟、发火现象的车辆并已接近车站，在站内灭火为有利时，可运行到站内停车处理。站内应停于靠水源的线路，禁止停在有仓库及重要的建筑物的处所。

② 火势不大停在区间有水源、易扑灭、有村庄的地点。禁止停在桥梁、隧道、大上坡道及风口地段。

③ 火势较大，必须立即停车，防止运行中的风力助长火势。

（2）停车后的处理

① 将着火车辆与前后车辆拉开一定距离。数个车辆同时着火时，在条件允许的情况下，一一拉开距离，以分散火势，便于灭火。

② 对区间停留的车辆采取防溜措施(着火车辆立即拧紧手闸,以免火势增大后无法拧闸),并按规定进行防护。

③ 在电气化铁路区段内,立即报告列车调度员和电力调度员,并提出是否需要停电的请求。

④ 迅速组织和利用一切人力、器材进行扑救。装载危险货物的车辆着火时,指派有办理危险货物知识的职工指导抢救及灭火。

⑤ 旅客列车发生火灾时,首先疏散旅客。

⑥ 火势危及邻线列车安全时,应迫使其在离火源较远处停车。

⑦ 对一时难以扑灭的火灾,根据具体情况,采取分部进行,将着火车辆拉入站内或有水源便于灭火的地点扑救。

⑧ 对发生火灾的车辆,必须彻底扑灭,然后根据车辆技术状态等情况,决定是否可以挂运。

6. 列车冒进信号的处理

当列车冒进进站或出站信号机停车后,列车不得移动位置,查明情况后分情况处理(当有碍邻线时,应进行防护)。

(1)进站列车

① 接车进路已准备妥当,以调车方式接入站内。

② 停车位置影响准备接车进路时,通知司机退出有关道岔,准备好接车进路后,以调车方式接入站内;电气集中设备的车站,退出进站(进路)信号机后,准备好接车进路,开放进站(进路)信号机进站。

③ 挂有装载超限货物车辆的列车,接车线满足列车限制条件时,以调车方式接入站内。否则通知司机后退,接人超限列车的固定接车线。

(2)出发列车

① 通知司机以调车方式退回出站信号机前方,办理闭塞,开放出站信号发车。

② 电话闭塞、电气路签(牌)闭塞,在不影响接发其他列车或调车作业时,列车不必后退,办好闭塞手续,准备好发车进路,发给司机占用区间凭证后发车。

③ 超长列车冒进出站信号后,不影响其他列车到发或调车作业时,不必后退。

(3)列车冒进信号的处理

① 列车冒进信号挤道岔时,列车不得后退,按挤道岔处理方法办理。

② 列车冒进信号后及时报告列车调度员,以便调整列车运行计划。

7. 列车分离的处理

列车分离时,应立即查明分离原因。如系钩销被人提开,应重新连挂,确认钩销落槽，连续风管，进行制动试验，良好后即可开车；如系车钩零部件损坏，可将机车前端或守车后端适宜的车钩零部件与其更换。如钩型不适宜时，在站内甩车处理，在区间按分部运行处理。

8. 列车运行中发现车门开放、货物坠落的处理

列车运行中发现车门开放时，在不影响双线会车，不致破坏技术设备与不危及行车和人身安全的情况下，可运行至前方站处理。

如发现装载的货物窜出、脱落、歪塌等情况危及行车或人身安全时，应立即停车处理。坠落的货物无法移动时，应尽量派人看守，报告前方站处理。在双线区间，坠落的货物如果还影响邻线行车，不能立即移出线路时作好防护后再进行处理。

9. 列车运行中发现车辆部件损坏时的处理

① 软管破裂或拉断时，用守车后部或机车前部风管更换。

② 主管损坏时，应根据线路坡度、故障车位置、闸瓦压力等条件确定处理方法。如故障车位于列车前部，应采取分部运行办法处理。如果故障车发生在中部或后部，可将该车前位折角塞门关闭，把故障车及其以后车辆的余风排净，通知司机时刻注意列车尾部标志，限速运行到前方站处理。如闸瓦压力不能保证最低运行速度时，应分部运行。

③ 支管损坏时，如损坏位置在截断塞门后部，将截断塞门关闭，排风后按关门车处理；如在截断塞门前部，按主管损坏处理。

④ 制动梁脱落时，在车站停车时发现，通知车站甩车；在运行中发现时，使用紧急制动阀停车，运转车长会同司机进行检查，对故障车关闭折角塞门，排风并采取防止脱落的措施后，运行至前方站处理。

各种事故应急处理中，均应及时与调度指挥人员取得联系，听候指示办理。

7.4 铁路运输事故的教育作用

7.4.1 运输事故的两重性

运输事故存在两重性，一方面运输事故给国家财富和人民生命财产带来不同程度的损失，阻碍铁路运输的改革和发展，损失重大的事故还会给社会带来不安定因素；另一方面，运输事故也有一些特殊作用。首先是反面教材的作用，事故向人们形象地展示破坏的恶果，教育人们必须按照安全生产规律办事。其次是非正常条件下破坏性(或接近破坏)科学试验的作用。

运输系统发生了事故，说明该系统人、机、环境等要素存在考虑不周和相互

关系失调等问题，从而以事故形式弥补了系统设计时应做而没有做或想做而无法做的试验，进而改变系统的原设计，使系统的设备质量、环境条件、作业组织及相关规定得到改善。再次，事故所提供的信息、资料也可能促进与安全学科密切相关的其他学科发展。因此，必须在千方百计防止事故的同时，加倍重视已发生事故的上述作用，充分研究和利用事故给我们提供的一切信息、数据和资料，为有效控制事故，发展安全科学技术服务。

7.4.2　运输事故两重性的积极转化过程

事故既有消极的一面，又有积极的一面，从消极向积极的转变不是自发形成的，而是通过人们对事故信息资源的研究和利用才能实现消极作用向积极作用的转化。

事故在初期阶段只有消极作用，直接使运输系统中的人或物受到伤害或损坏，从而使运输生产中断或受到严重威胁，影响经济效益和职工情绪，挫伤职工的生产积极性和创造性。同时还有可能引起受伤害职工家庭、附近居民及社会公民的抱怨和愤怒，在社会上造成不良影响。此时，事故责任单位和主管部门会受到来自企业内部和社会各方面的压力，对此，如果各级领导和广大职工以对国家对人民对自己负责的态度变压力为动力，按照"三不放过"的原则，充分利用事故的反面教材作用，对职工实施案例教育，并组织科技力量，全面深入细致地分析研究事故，开发事故信息资源，弄清事故发生机理，吸取教训，采取措施，防止类似事故再次发生，这是事故转化的中期阶段。

在上述处理事故的基础上，依据现代科学技术，探索改善系统安全状况及提高运输系统整体功能和安全生产水平的新思想、新手段、新方法，或者以事故提供的特殊信息为线索，研究开发新的事故控制技术，改进运输安全技术设备，改善运输安全系统管理方法，这样就完成了事故的消极作用到积极作用的转化过程。

如果有的事故责任单位和少数领导不能正确对待各方面的压力，受经济利益驱使，对事故隐瞒不报，弄虚作假，大事化小，小事化了，这不仅为运输安全留下了后患，而且造成了宝贵的事故信息资源的浪费，如不及时克服纠正，必将助长不正之风的蔓延，承受更重的事故惩罚。

7.4.3　运输事故两重性的积极转化条件

1. 认识和把握事故的运动规律

事故与一切事物一样，也具有它的运动变化规律。一是突然变化，这是指事故的形成是各种不安全因素（或故障）由量变到质变的结果。当危险因素长期存在，安全管理又比较放松，违章违纪现象就会增多，隐患就会越来越严重，险情就会不断发生，如果熟视无睹，听之任之，不采取措施，就会造成事故。因此，不仅对事故要做到"三不放过"，对违章、违纪、事故苗头、人员轻伤等也要"小题大做"，特别是对那些未遂事故或无伤害事故，一定要当作事故来认真分析处理，吸取教训，采取措施，这样才能做到防患于未然。二是不断变化，运输生产中的主客观情况处于不断发展变化之中，所有各种变化都会对安全生产带来影响。实际上许多事故的发生原因都涉及到人、机、环境的变化就说明了这一点。所以，不能正确对待变化了的情况就容易导致事故发生，而情况变化也可能形成较为安全的条件，关键在于以变应变，不断揭露矛盾，解决矛盾，不断发现新情况，研究新问题，采取有针对性的措施，就能有效地防止事故。反之，如果对变化的情况反应迟钝，甚至麻木不仁，对容易导致事故发生的新情况、新问题不采取措施，就会贻误时机，酿成大错。

2. 挖掘事故信息资源

形形色色的事故现场有许多宝贵的事故信息，必须广泛收集和充分利用。事故现场中，无论是与事故有关受到伤害的人员，还是被损坏的运输技术设备及作业环境，都可以从中获取有益于研究分析事故的各种信息、资料。为了使事故调查取证得到真实的情况，事故发生后应严格保护现场，防止无意的破坏和有意的伪造现场。采取测绘、拍照、录像等现代手段保留现场原始状况。事故调查处理委员会或调查组的组成，除领导和管理人员外，必须选择熟悉事故系统的有关专家参加。这些专家应当是有特殊专长，又与事故发生无关联的科技工作者，以便客观公正地从系统整体出发分析事故，提出解决系统安全问题的基本思路。事故调查应重证据，重调查研究，搜集事故现场中的一切有关痕迹、物证，调查一切与事故有关的人证，谨防人为误导。

3. 实事求是的分析事故

根据事故调查取得的相关事故信息，经过深入分析，去伪存真，并结合以往同类事故的累积资料，分析确定事故发生的过程和原因。当事故信息不足以进行定论时，调查人员还应采取必要的试验(实验)手段来分析事故成因，尽可能作出符合实际的科学论断。事故分析应当是以事实和科学原理为依据的分析和研究，不应以个人的主观意志为转移。

4. 有效利用信息资源

事故信息资源的有效利用，应侧重于事后的科技进步效应和宣传教育效应。安全监察部门在完成事故调查分析、严肃处理后，应向有关方面、特别是科研单位通报事故情况，促使人们在吸取教训的同时，认真思考能否利用这些信息研究或开辟新的科技领域，应用新的安全技术和措施，并组织科技攻关，务求改进运输系统的安全功能。宣传教育的效应，应注重体现在对事故的处理上，必须明确事故处理的目的，不是为了"整人"和处罚，而是为了教育人。除故意破坏者外，事故责任者的本意，也并不愿意发生事故，造成伤害，只有由于一定的主客观原因，作业人员忽视了安全生产纪律，违反了规章制度，而造成事故及其损失的严重后果。因此，给事故责任人必要的不同形式的处理，也是惩前毖后的教育形式。然而更为重要的教育效应则体现在对全体员工的教育上。这就需要利用各种手段加大宣传力度，扩大事故的反面教材作用，绝不能因为怕处理、怕罚款、怕影响企业形象或个人发展而千方百计隐瞒事故、逃避事故责任和处罚，否则，只能造成双重损失，即事故损失和事故信息资源损失。

5. 建立健全事故档案

事故档案，应当是各种类型事故的档案，包括轻伤、重伤、死亡事故的档案，未遂事故的档案和经济损失事故的档案等。事故档案是重要的技术档案，是人们研究事故的成果。事故档案对研究事故发生规律，防止发生事故有重要作用；可作为职工安全教育的素材；可为科研部门和大专院校提供研究的资料；可为领导机关决策提供依据。

事故档案应在事故结案后归档，其具体内容一般应该包括：

① 事故登记表；

② 事故调查报告；

③ 现场调查记录、图纸照片；

④ 技术鉴定和试验报告；

⑤ 物证、人证材料；

⑥ 直接和间接经济损失材料；

⑦ 事故责任者的副、主材料；

⑧ 医疗部门对伤亡人员的诊断书；

⑨ 发生事故时的工艺条件、操作情况；处分决定和受处分人员的检查材料；有关事故的通报、简报及文件。

按系统、分类别建立完善的事故档案及其管理制度，可以为安全科技发展提供依据，为安全教育提供生动的素材。事故档案应长期保存，建立档案管理制度，为一切研究事故的人服务。在计算机技术已广泛应用于交通运输现代化管理的态势下，各类运输企业应在现有的以事故概况和经过为主的事故数据库基础上，建立人为事故分析数据库，形成对人为错误原因分析的专家系统，实现定型和非定型分析的图型化，以便更为科学可靠地研究控制和杜绝事故的方法及途径，有效地对事故进行预测和预防。

第8章　高速铁路运输安全技术保障体系

高速铁路作为铁路运输的一种新形式，其安全问题尤其重要，我国目前的高速列车运行速度最高达 350 km/h，任何灾害的发生都可能引发巨大的损失，并威胁人民群众的生命和财产安全。因此，运输安全管理是高速铁路管理工作中的重中之重。在分析研究影响高速铁路运输安全的相关要素的基础上，构建运输安全保障技术体系，是实现高速铁路安全运营的重要技术支持手段。

高速铁路运输安全保障技术体系是针对高速铁路运输系统中行车速度高、密度大、高新技术含量大以及由此带来的系统复杂度和风险高的特征，围绕运营安全这一中心任务，利用先进的通信技术、计算机网络技术，将地域上分散、组织管理上松散的各个设备和环境监测检测点，连同与行车安全直接相关的作业和施工现场以及各部门的各级管理决策层连接起来，实现通畅快捷的安全信息流动渠道和大范围的安全信息共享，建立集监测、检测、控制和管理决策为一体的大型综合自动化技术体系。

现代通信和计算机技术的发展，为高速铁路的安全保障技术体系的建立创造了充分的技术支持条件。高速铁路的安全保障技术正在向着实时化、信息化、智能化方向发展。

8.1　高速铁路概论

8.1.1　高速铁路的定义

当今世界上，铁路速度的分类一般定义为：时速 100～120 km/h 称为常速；时速 120～160 km/h 称为中速或准高速；时速 160～200 km/h 称为快速；时速 200～400 km/h 称为高速；时速 400 km/h 以上称为超高速。

对于列车的"高速"水平，随着科学技术的进步也在不断的提高。西欧把新建时速达到 250～300 km/h、旧线改造速度达到 200 km/h 的铁路称为高速铁路；1970 年日本政府第 71 号法令中的定义为：列车在主要区间能以 200 km/h 以上速度运行的干线铁道称为高速铁路。1985 年联合国欧洲经济委员会在日内瓦签署的国际铁路干线协议规定：新建客运列车专用型高速铁路时速为 300 km/h，新建客货运列车混用型高速铁路时速为 250 km/h；1986 年国际铁路联盟（UIC）提出，列车最高运行速度至少达到 200 km/h 的铁路才能称为高速铁路。

按照速度等级，我国将时速 200～350 km 的铁路统称为客运专线。在制定设计规范时，按照速度等级分别制定了以京沪高速铁路为代表时速 300～350 km 的高速客运专线、时速 250 km 的客运专线和城际客运专线、时速 200 km 的客运专线、客货共线、既有线改造提速线路的三个速度等级的五个设计规范，分别用于不同的线路。时速 160 km 及以下为普通客货共线铁路。

高速铁路除了列车营运达到速度一定标准外，车辆、路轨、操作都需要配合提升。广义的高速铁路包含使用磁悬浮技术的高速轨道运输系统。

高速铁路是近代高新技术在铁路运输中的集中体现，它集中反映了一个国家铁路牵引动力、线路结构、高速运行控制、高速运输组织和经营管理等方面的技术进步，也体现了一个国家的科技和工业水平。高速铁路是社会经济发展和运输市场竞争的需要，它促进了地区经济的发展和城市化进程，在经济发达、人口密集地区其经济效益和社会效益尤为突出。

8.1.2 高速铁路的优势

1. 输送能力大

输送能力大是高速铁路的主要技术优势之一。目前各国高速铁路几乎都能满足最小行车间隔 4 min 及其以下（日本可达 3 min）的要求。日本东海道新干线高峰期发车间隔为 3 分半钟，平均每小时发车达 11 列，在东京与新大阪间的两个半小时的运行路程中，开行"希望"号 1 列、只停大站的"光"号 7 列以及各站都停的"回声"号 3 列，每天通过的列车达 283 列，每列车可载客 1200～1300 人，年均输送旅客达 1.2 亿人次，待品川站建成后，东京站每小时可发车 15 列。东海道新干线目前每天旅客发送人数是开通之初的 6 倍多，最高达到 37 万人/日（1991 年）。其他国家由于铁路客运量比日本要少，高速铁路日行车量一般在 100 对以内。

2. 速度快

速度是高速铁路技术水平的最主要标志，各国都在不断提高列车的运行速度。法国、日本、德国、西班牙和意大利高速列车的最高运行时速分别达到了 300 km、300 km、280 km、270 km 和 250 km。如果作进一步改进，运行时速可以达到 350～400 km。除最高运行速度外，旅客更关心的是旅行时间，而旅行时间是由旅行速度决定的。以北京至上海为例，在正常天气情况下，乘飞机的旅行全程时间（含市区至机场、候检等全部时间）为 5 h 左右，如果乘高速铁路的直达列车，全程旅行时间则为 5～6 h，与飞机相当；如果乘既有铁路列车，则需要 15～16 h；若与高速公路比较，以上海到南京为例，沪宁高速公路 274 km，汽车平均时速 83 km，行车时间为 3.3 h，加上进出沪、宁两市区一般需 1.7 h，旅行全程时间为

5 h，而乘高速列车，则仅需 1.15 h。

3. 安全性好

高速铁路由于在全封闭环境中自动化运行，又有一系列完善的安全保障系统，所以其安全程度是任何交通工具无法比拟的。高速铁路问世 35 年以来，日、德、法三国共运送了 50 亿人次旅客。除德国 1998 年 6 月 3 日的 ICE884 高速列车行驶在改建线上发生事故外，各国高速铁路都未发生过重大行车事故，也没有因事故而引起人员伤亡。这是各种现代交通运输方式所罕见的。几个主要高速铁路国家，一天要发出上千对的高速列车，即使计入德国发生的事故，其事故率及人员伤亡率也远远低于其他现代交通运输方式。因此，高速铁路被认为是最安全的。与此成对比的是，据统计，全世界由于公路交通伤亡事故每年约死亡 25 万 ~ 30 万人；1994 年全球民用航空交通中有 47 架飞机坠毁，1385 人丧生，死亡人数比前一年增加 25%，比过去 10 年的平均数高出 20%。每 10 亿人公里的平均死亡数高达 140 人。

4. 受气候变化影响小，正点率高

高速铁路全部采用自动化控制，可以全天候运营，除非发生地震。据日本新干线风速限制的规范，若装设挡风墙，即使在大风情况下，高速列车也只要减速行驶，比如风速达到每秒 25 ~ 30 m，列车限速在 160 km/h；风速达到每秒 30 ~ 35 m（类似 11、12 级大风），列车限速在 70 km/h，而无须停运。飞机机场和高速公路等，在浓雾、暴雨和冰雪等恶劣天气情况下，则必须关闭停运。正点率高也是高速铁路深受旅客欢迎的原因之一。由于高速铁路系统设备的可靠性和较高的运输组织水平，可以做到旅客列车极高的正点率。西班牙规定高速列车晚点超过 5 min 就要退还旅客的全额车票费；日本规定到发车超过 1 min 就算晚点，晚点超过 2 h 就要退还旅客的加快费，1997 年东海道新干线列车平均晚点只有 0.3 min。高速列车极高的准时性深得旅客信赖。

5. 舒适方便

高速铁路一般每 4 min 发出一列车，日本在旅客高峰时每 3 分半钟发出一列客车，旅客基本上可以做到随到随走，不需要候车。为方便旅客乘车，高速列车运行规律化，站台按车次固定化等。这是其他任何一种交通工具无法比拟的。高速铁路列车车内布置非常豪华，工作、生活设施齐全，座席宽敞舒适，走行性能好，运行非常平稳。减震、隔音，车内很安静。乘坐高速列车旅行几乎无不便之感，无异于愉快的享受。

6. 能源消耗低

如果以"人/公里"单位能耗来进行比较的话。高速铁路为 1，则小轿车为 5，大客车为 2，飞机为 7。高速列车利用电力牵引，不消耗宝贵的石油等液体燃料，

可利用多种形式的能源。

7. 环境影响小

当今，发达国家对新一代交通工具选择的着眼点是对环境影响小。高速铁路符合这种要求，明显优于汽车和飞机。

8. 经济效益好

高速铁路投入运行以来，备受旅客青睐，其经济效益也十分可观。日本东海道新干线开通后仅 7 年就收回了全部建设资金，自 1985 年以后，每年纯利润达 2000 亿日元。德国 ICE 城市间高速列车每年纯利润达 10.7 亿马克。法国 TGV 年纯利润达 19.44 亿法郎。

8.1.3 国内外高速铁路发展情况

自 1964 年日本建成东京至大阪世界上第一条高速铁路 40 多年来，高速铁路从无到有经历了不同的阶段，归纳起来，高速铁路的发展可以划分为三个不同的阶段。

1. 1964 年至 1990 年是世界高速铁路发展的初期阶段

在这期间建设并投入运营的高速铁路有日本的北海道、山阳、东北和上越新干线，法国的东南 TGV 线和大西洋 TGV 线。意大利的罗马至佛罗伦萨线与德国的汉诺威至威尔茨堡高速铁路也于这期间开始建设，日本则建成了遍布全国的新干线网的主体结构。除了北美外，世界上经济和技术最发达的日本、法国、意大利和德国推动了高速铁路的第一次建设高潮。

2. 1990 年开始为高速铁路网建设的第二次高潮

高速铁路建设在日本和法国所取得的成就影响了很多国家，促进了各国对高速铁路的关注与研究。在这个时期，日本、法国、德国以及意大利对发展高速铁路进行了全面规划。1991 年瑞典开行了 X2000 摆式列车，1992 年西班牙引进法、德两国的技术建成了 471 km 长的马德里至塞维利亚高速铁路。1994 年英吉利海峡隧道把法国与英国连接在一起，开创了第一条高速铁路国际联运线。1997 年，从巴黎开出的"欧洲之星"又将法国、比利时、荷兰和德国连接在一起。这一时期的日本，因早已完成了新干线路网骨干结构的建设，高速路网的建设开始向全国普及。1900 年起开通了福岛、山形两条小型新干线，为既有线提速改造走出了一条新路。法国和德国则在修建高速铁路的同时，实施既有线的改造。

3. 20 世纪 90 年代中期形成高速铁路建设的第三次高潮

1998 年 10 月在德国柏林召开的第三次世界高速铁路大会上，美国学者 Anthony Perl 作了题为《高速地面交通系统的全球化和普及》的发言，将当时高速铁路的发展定为世界高速铁路发展的第三次高潮。这次高潮波及到亚洲、北美、澳洲以及整个欧洲，形成了交通领域中铁路的一场复兴运动。自1992年以来，俄罗斯、韩国、我国台湾省、澳大利亚、英国、荷兰等国家和地区均先后开始了高速铁路新线的建设。为了配合欧洲高速铁路网的建设，东部和中部欧洲的捷克、匈牙利、波兰、奥地利、希腊以及罗马尼亚等国家也开始对干线铁路进行改造，全面提速。除了以上这些已经开工建设的项目外，正在对高速铁路开展规划与筹建工作的国家还有土耳其、中国、美国、加拿大、印度、捷克等。

据不完全统计，全世界拥有或正在建设高速铁路的国家和地区已经达到12个，进行研究和规划的国家有6个，已经建成高速铁路新线长达5000多公里，正在建设的线路还有5500 km。可以预见，21世纪的铁路运输业将会出现轮轨系统高速铁路的全面发展，全球性高速铁路网建设的时期已经到来。

我国第一条高速铁路——120 km京津城际铁路于2008年8月1日开通运营。这条最高运行时速350 km的铁路，将北京和天津两大直辖市紧紧相连。2010年10月26日沪杭高速铁路正式通车运营，这是2010年继郑西高铁、沪宁高铁之后开通的又一条时速350 km标准的高速铁路。至此，我国投入运营的高速铁路营业里程已达到7431 km，居世界第一位。2010年11月15日京沪高速铁路全线铺通。该铁路贯穿北京、山东、上海等7省市，新建铁路全长1318 km，是世界上一次建成线路里程最长、标准最高的高速铁路。

根据《中长期铁路网规划》确定的任务，到2012年，我国铁路营业里程将达到11万公里以上，到2020年，将全面完成基本实现我国铁路的现代化，客运专线将达到1.2万公里以上，所有的省会城市和大中城市间都有快速客运铁路，在环渤海、长三角和珠三角地区更会形成公交化的城际快速客运网。

8.2　高速铁路安全保障技术体系

8.2.1　高速铁路安全要素分析

高速铁路运营体系是由多个子系统组成的复杂动态大系统，它涉及铁路工作人员、线路、机车车辆、通信信号及监控、故障检测、维修等各个领域，任何一个子系统出现缺陷，都会导致整个系统的劣化或失败，因此需从系统工程的原理和方法出发，对各个子系统的形成和运行过程加以控制，以保证整个高速铁路运营系统的高质量和高可靠性。同样的根据系统工程原理，影响高速铁路安全的因素也可以分为人、设备、环境和管理四个方面。

下面将从人、设备、环境和管理等四个方面对高速铁路安全影响要素进行分析。

1. 人员安全要素分析

在高速铁路运输系统中，人既是事故的肇事者又是受害者，绝大多数事故的发生均与人的不安全行为有关。因此，要降低高速铁路运输事故发生的概率，就必须对高速铁路运营过程中的人员加强管理。

系统内人员对安全的影响主要表现在安全管理和教育水平、工作人员的业务技术水平、职工违章违纪现象、职工的奖惩等方面。

相对于普通铁路而言，在高速铁路系统中，人员对安全的影响更为突出。虽然大量的信息采集、处理、判断等工作由机器来完成，人机结合方式和工作内容也发生了很大变化，但是一旦遇到一些机器本身不能处理的突发事件时，要求人们必须在最短的时间内确定系统的状态和故障所在，然后加以排除。因此，对人员素质的要求更加严格。从某种意义上说，高速铁路系统的安全更加依赖于人。

高速铁路的安全关键在于处理好人与设备之间的关系。高速铁路的运营安全又是贯穿到铁路建设、运营和管理的各个环节，从勘测、设计、施工、新技术的研究开发、设备的生产制造到运营管理和日常维护监测等都直接或间接与安全有关。同时，安全问题又渗透到铁路的各个部门、专业和工种。因此，它是一个综合性的问题。

根据日本高速铁路几十年来的安全管理成功经验，为了保证高速铁路运输的安全，必须处理好人的问题、机器设备的问题以及人与机器两者间的协调问题，这一点非常值得我们认真学习借鉴。

有些行车作业环节，因受其作业特征及其技术要求等因素的限制，不可能完全不需要人的参与。事实上，高速铁路仍是一个人-机系统，但它与一般人-机系统相比，不仅对"机"的质量水平要求大大提高，而且对"人"的素质要求也大大提高。

2. 设备安全要素分析

高性能、高可靠性的设施装备是高速铁路运营安全的基础与保证。设备要素可分为移动设备和固定设备两个方面。

（1）移动设备安全要素分析

机车车辆的风险可分为机车机械风险和机车车辆运行风险。

机车机械风险包括设计制造风险和维护保养风险。设计制造风险包括是否有设计制造缺陷，是否采用了新技术和新材料，如无线列调、机车信号、列车自动停车装置以及阻燃、低烟、低毒、高分子材料和耐火涂料等。维护保养风险包括在机车车辆出现裂纹或缺陷时能否及时发现并进行维护保养，在维护保养时维护保养水平高低不一，能否达到维护保养要求。

机车车辆运行风险指机车车辆在运用中超过车辆本身的载重或构造速度的要

求行车,司机未按照操作规范作业等。

(2)固定设备安全要素分析

① 高速铁路的线路

高速铁路的列车运行速度较高,为了保障安全,线路的建筑标准也高;其修建和养护标准也比较高,且要保持更严格的容许误差。因此,为了适应高速运行和繁重的运输任务的要求,必须加强线路的检测、监视和维修养护工作,采用先进的设备,来保证线路的质量和行车安全。

② 大型场站安全要素分析

高速列车的空气压力波,将危及站台上的旅客及正在线路旁作业的员工安全。因此,正线侧站台的安全距离应不小于 2 m,而且还必须设置防护栅栏,必要时还要加设相关安全监视设备。对站场上空天桥等横跨股道的设备,应采取加固措施,必要时加设落物监测装置。

③ 轨道电路安全要素分析

配置有绝缘节的轨道电路,由于绝缘节会影响道床的稳定性,当绝缘破损后还会造成行车的不安全因素。许多国家都在研制无绝缘多信号的轨道电路,以满足高速铁路多信息、高可靠度要求。

3. 环境安全要素分析

这里的环境安全要素同样可分为自然环境和社会环境两方面。保障高速铁路运营的安全、顺畅,必须注重环境条件的影响。

自然灾害是影响铁路运输安全的重要因素之一,对于运行中的高速列车更是如此,高速铁路系统对外界条件的要求较之普通铁路要高得多,受外部环境的影响也大得多。因此,要安全、顺畅地保证高速铁路的安全,必须注重恶劣气候条件的影响。

由于气象原因而造成的自然灾害种类繁多,如暴雨、冰雹、大风、暴风雪或大雪、台风、龙卷风、洪水、泥石流、山体塌陷以及地震等等,这些自然灾害均会对高速铁路的正常运输生产产生影响和造成危害。另外,酷暑、严寒等也会对高速铁路的场外安全作业产生不良影响。除了灾害性天气外,影响高速铁路运行的还有视程障碍现象,如大雾弥漫、大雨滂沱、风沙等,即使使用电子摄像监控设备,仍难取得设备环境周围的清晰图像,难以实现对高速铁路运行环境的有效监控。

在高速铁路系统的运营中,往往还会出现一些新的由环境引起的安全问题。例如在 2009 年开通的郑西线,由于其沿线的河南巩义县附近,有十几个排放不达标的小型化工厂,离铁路非常近,其排放的粉尘会附着在高速列车上的绝缘设备上造成污染,天气干燥时显现不出问题,但是当出现大雾或者是小雨时,粉尘潮湿就会导电，从而破坏整个电气化的绝缘。这是在当时造成高速列车晚点的重要原因之一。

社会环境主要指社会政治和经济形式、安定团结的局面、社会治安保卫等。良好的社会环境将对高速铁路的运行安全起到良好的促进和保障作用。

总之，环境因素对于高速铁路的安全运营有很大的影响，势必要引起我们的高度重视。

4. 管理安全要素分析

高速铁路系统的安全运营，除了依靠先进成熟的技术、系统来保障外，同样也离不开安全管理的有力支持。安全管理是高速铁路运营管理工作的重要组成部分。

高速铁路的安全管理应始终贯彻"安全第一"的理念。建立完备检修制度、制定预防灾害的措施、提高列车运行的可靠性、完善高速铁路应急管理体制等均是保障高速铁路安全运营的重要管理内容。

8.2.2 高速铁路运输安全保障技术体系的构成

为保证高速铁路的高效运营，安全问题必须作为一个首要的问题予以重视。高速铁路安全保障技术体系正是保障高速铁路安全运行、预防和避免事故发生以及尽量减少事故损失的一个复杂大系统。深入探索和把握高速铁路的安全规律，建立健全高速铁路安全保障技术体系，形成高速铁路安全的长效机制，是确保高速铁路持续安全稳定的关键性、基础性工作。

构建高速铁路安全保障技术体系应从高速铁路运输安全保障工作的系统性、复杂度和行车安全保障系统的大系统特征出发，着眼于人、设备、环境和管理四个方面来构建该技术体系。

图 8-1 所示的"全覆盖、立体化、高可靠"的我国高速铁路运输安全保障技术体系，为运营安全稳定提供了可靠的保障。

1. 基于预防和避免事故的高速铁路安全的监控和检测技术

高速铁路运营系统是一个复杂的动态系统，其组成要素处于动态变化过程中，为了安全管理和事故预防，应加强对影响安全的各种因素进行实时的监控和检测。高速铁路安全监控与检测的内容涉及高速铁路运营相关的所有方面，可以分为高速铁路设施设备（固定设备和移动设备）、环境（自然环境和社会治安环境）、人员等。高速铁路安全的监控和检测，应依靠先进可靠的检查监测工具和手段，采取人机结合、动态检测和静态监控结合的方式，实现对主要行车设备、主要行车岗位、安全关键部位全方位、全过程的检查监测、信息反馈、考核评估，加快形成监控有力、反应灵敏、闭环管理的监控和检测保障技术体系。

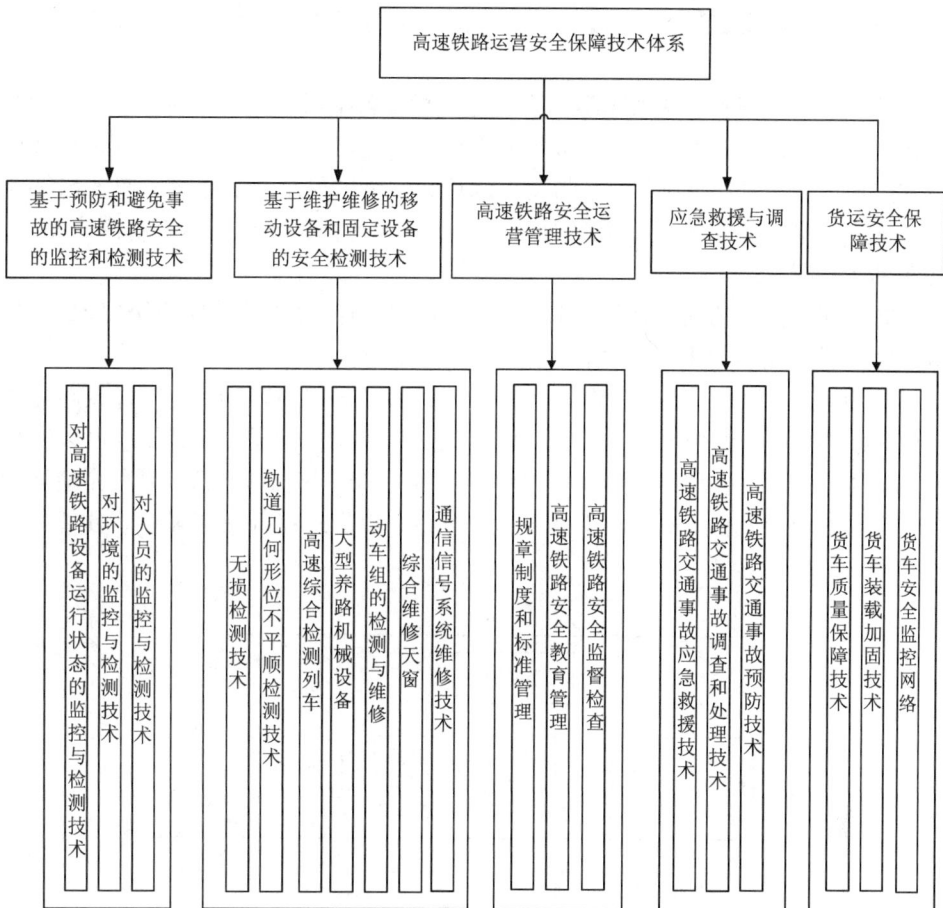

图 8-1　高速铁路行车安全保障体系

1）对高速铁路设备运行状态的监控与检测技术

高速铁路设备包括固定和移动两种。对固定设备和移动设备进行监控的目的是随时掌握设备的运行状态，及时发现运行中可能出现的影响运营安全的因素和隐患。

（1）列车运行控制技术

高速铁路的核心是高速度。实现高速度的核心技术体现之一就是列车运行控制。列车运行控制技术主要由通信和信号作为支撑，以技术手段对列车运行方向、运行间隔和运行速度进行控制，使列车能够安全运行且提高运行效率，列车运行控制系统地面设备和车站联锁设备主要实现联锁控制功能，并生成列车控制所需的基础数据，通过车－地信息传输通道将地面控制信息传送给列车，经列车运行控制车载设备进行处理后，生成列车速度控制曲线，监督控制列车安全、高速运行。

列车运行控制系统主要由地面设备和车载设备组成。地面设备主要检查列车在区间的位置，形成速度信号，向列车传送允许速度、线路参数等信息。车载设备主要由天线、信号接收单元、制动控制单元、司机控制台显示器、速度传感器等组成。车载设备根据接收到的地面信息、列车特性，计算列车制动模式曲线，控制列车运行状态。

各国研制生产的列车运行控制系统（ATP/TC）有十余种，如德国的 LZB 系列和 FZB 系列、法国的 TVM 系列、日本的 ATC 系列。

作为时速 350 km 及以上的高速铁路，我国采用的是基于 GSM－R（铁路无线通信）的 CTCS－3 列控系统。该系统由车载子系统和地面子系统组成，可以实现移动闭塞，列车位置及列车移动授权由 GSP 和 GSM－R 传输解决，列车完整性检查和定位校核分别由车载设备和点式设备实现，使室外设备减至最少。其结构原理如图 8－2 所示。

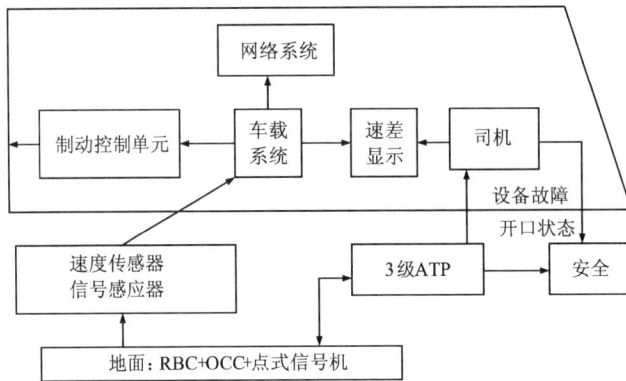

图 8－2　CTCS－3 结构原理示意图

（2）列车状态监测与诊断技术

列车状态监测与诊断技术主要应用于对列车各部分状态进行监测并进行故障诊断。监测的主要设备有轴温、车门、轮对、牵引电机等。利用该技术可以及时通报司机采取必要的防范措施，并可以通过无线通信系统，通知前方的维修部门做好检修更换的准备工作。

高速列车实现全列车自动诊断，动车和拖车都装有数据采集和诊断计算机，对牵引动力、制动系统、走行部分、轴温、列车火灾以及车门、空调、照明等进行监测。一旦出现危及行车安全的隐患和故障时，会发出报警信息，问题严重时还会自动控制列车减速，甚至停车。

例如，德国 ICE 列车的诊断系统，不仅可以检测机车车辆、电气及机械方面的故障，而且可以实现列车故障诊断单元在发车前对每个系统进行可靠性和功能测试，有效地缩短整备对时间。

（3）机车车辆诊断和实时检测技术

高速运行的机车车辆的状态，直接关系到行车安全与否。机车车辆的故障诊断和实时检测技术能够及时探测高速运行时的转向架的疲劳破坏状况、接触部件运动破坏状况、车体结构振动噪声、轴温状态、弓网接触压力、接触面几何状态、温度、滑动速度、磨损以及受电弓的结构状态、轮轨噪声、轨道变形、振动加速度等状态值。另外，将列车分离状况、车内温度、烟雾探测等情况通报给司机，使其采取必要的防范措施，并通知前方的维修部门做好检修、更换的准备。

（4）桥梁、隧道、重要立交道口的监测技术

高速铁路大量采用了桥梁、隧道、立交道口等建筑结构，这些结构的状态对列车安全运行有着重要的作用，所以必须对这些结构及设备、设施进行监测，采用传感器件和信号处理技术，对桥、隧道和线路的一系列参数进行测量和分析，以提供报警信号，使之通过信息通道及时传到综合调度中心，防止突发事件引起重大的行车事故。

（5）车站、站场状态的监测技术

车站及站场是列车与旅客相对密集的地方，为保障安全运营，应设立相应的车站、站场状态监测系统，实时监测站场状态，及时发现潜在的事故隐患，避免事故的发生。另外，在车站站台也要设置相应的监测系统，保证列车进站时或经过车站时，站台上旅客、工作人员及物品的安全。

（6）轨温监测技术

在现场设置钢轨及大气温度传感器，建立轨温监测报警系统，实时掌握钢轨温度，确定轨温控制标准，科学地进行轨温预报，也是保障高速铁路安全运营的关键技术之一。轨温监测系统由设置在现场的钢轨温度传感器、大气温度、湿度传感器，设置在养路工区（工务段）的信息处理器、显示器、道床状态信息输入设备（报警器、记录仪等）组成。同时在线路选定地点附近设气象信息采集点，以便对比决策。

（7）牵引供电设备的安全监测技术

牵引供电设备的安全监测技术有利于减少供电系统事故隐患，降低事故概率，缩短故障查找和检修时间，确保供电系统可靠运行。实现在线监测的关键技

185

术包括个性化信号采集处理模块(传感器、信号采集及处理、嵌入式微机处理系统、远程通信)、后台智能专家系统和远程诊断及设备状态监测(调度中心)。

2)对环境的监控与检测技术

高速铁路运营系统处于开放的环境状态,环境中的各个因素都会影响到高速铁路运营状态的安全性。环境因素包括自然环境和社会治安环境两种。加强对环境状态的监控与检测,随时了解环境的变化,对安全预防和事故避免具有重要的意义。

(1)自然环境的监控与检测技术

自然环境监测与灾害预测报警技术是高速铁路运输安全保障技术体系中不可缺少的重要技术手段之一。它主要是对自然灾害及沿线环境进行监测,在要监测的地区设置相应的监测设备和预警系统,并将信息传送给有关场所。监测的信息主要有雨量、风速、风向、地震、洪水、落石、下雪量、泥石流等。防灾用的监测设备预先设定基准值,一旦达到基准值,系统自动报警。

① 雨量及洪水监测技术

雨量及洪水监测系统由数据采集设备、监测终端设备以及监测主机设备构成。数据采集设备主要包括雨量计、水位仪、防撞监视仪、冲刷测量仪、洪水测量仪等。数据采集设备测得的数据通过通信线路传输并显示在监测终端上。调度人员根据此降雨状况发出警戒命令及限制列车运行速度。

② 地震监测技术

地震监测系统主要是对地震进行监测并采取紧急措施以减少事故损失。系统由振动加速度传感器和中心监视设备两部分组成。振动加速度传感器检测加速度值和P波,具有自动报警、显示加速度波形功能,同时能够分析处理监测数据。例如,日本东海道新干线沿线的14个地方设置了地震预报系统,在沿线的25个变电所设置了地震计,一旦监测到危害可能性大的地震后,变电所内的断路器会自动断开,停止送电,使列车紧急停车。

③ 强风监测技术

强风监测技术是在铁路沿线设立监测点,安装风速、风向传感器和采集单元,实时采集风速、风向数据,数据超过报警值便发出报警;用户确认报警信息和现场情况后,及时采取应对措施,如减速、停车或躲避等。

④ 落石监测技术

在易发生危害性落石滑坡的地方安装落石监测仪,当落石砸到检知网上时,监测线路被切断,使现场的红色信号灯闪亮,安装在车站上的报警装置发出报警信号,从而阻止列车驶入相应地区。

⑤ 泥石流监测技术

在泥石流易发生区域及其周围设置雨量计、风速计,在有滑坡的地方增设滑坡计等,同时设置测量通过颗粒的组合成分等仪器,根据不同地区的情况确定适当的标准值,数据超过一定值时就会报警或预报险情。

(2)社会治安环境的监控与检测技术

加强防护网、立交道口、沿线绿化等工程建设,健全护路联防联控机制,强化治安综合治理,完善区段巡察看护制度,采取物防、技防、人防相结合的综合防护措施,着力构建全天候、立体化的治安防范保障体系。

① 安全防护工程技术

为杜绝机动车辆等异物侵入运营线路,高速铁路基本上采取的是"全封闭、全立交"安全防护方式。安全防护技术包括安装高标准的栅栏,做好线路绿化,完善道口防护设施,提高道口防护能力,加固上跨铁路立交桥防护设施,实现站区全封闭管理等。

同时,应健全护路防控责任制。以铁路公安部门为主,工务、车务等单位配合,建立分工明确、职责清晰的护路联防责任体系。公安部门重点抓好线路治安巡察、路外宣传等工作,切实发挥沿线治安防范的主体责任;工务部门重点抓好栅栏、绿化等安全防护工程建设和日常管理;车务部门重点加强站区管理。进一步明确公安民警、工务巡线人员、护路联防队员的巡护范围、工作标准和职责要求,健全联防联控制度,加强日常管理和考核,确保各项巡查措施落到实处。进一步完善线路巡查制度,形成制度化、规范化的护路管理机制。

② 铁路入侵检测技术

铁路入侵检测技术是指在铁路视频监控环境下,让计算机在不需要人参与的情况下,通过对视频序列的处理,实现对入侵行为的自动检测和分析,并对危险行为做出报警。铁路入侵检测的核心技术包括实现铁路入侵物体的定位与跟踪、对入侵行为进行识别和分析、生成报警信息等内容。

(3)对人员的监控与检测技术

人员是指对高速铁路运营安全产生直接影响的人员,包括提供服务者、被服务者及其他人员。一些人员的行为与交通密切相关时,应加强对其行为状态的监控与检测,这是保证高速铁路运营安全的一个重要内容。

提供服务人员的行为,可通过交通行业相关的作业标准、规范等约束,并采用一定的设备监控提供服务人员的工作状态。

对被服务人员的监控与检测,主要是在客运站内、高速列车上进行,需要一定的监控和检测设备(主要采用红外线、超声波检测,电视监控等设备)完成。如对旅客、行李、货物等进行检查的安全检查系统,该系统的主要功能是防止将易燃、易爆、危险品带到车站内,带上运输工具,防止无关人员进入站内和登上高速列车。再如，对车站隔离区、车站出入口管理和安全监控，对重要设施和区域的监控和检查的安全保卫系统，，其主要功能是防止旅客或非旅客炸毁列车，防止无关人员进入隔离区、登上列车、进入轨道，保障车站设施安全，维护候车室正常秩序

2. 基于维护、维修的移动设备和固定设备的安全检测技术

高速列车的开行加剧了轨道等设施装备的恶化，使得养护维修工作量增加，但随着行车密度的提高使得养护维修作业时间越来越少，如何提高养护维修的针对性和作业效率是维修技术要解决的关键问题。基于维护、维修的移动设备和固定设备的安全检测技术应以确保高速铁路的线桥隧涵、牵引供电、通信信号等固定设备质量为重点，更新维修理念，采用先进维修手段，创新维修方式，加强设备精检细修，全面提升设备质量，确保动态达标。

设施装备维修技术的主要功能有：对线路状况进行监测及管理，管理线路的日常维护及保养，安排施工，工务设施检修、故障履历管理，维护计划管理。通过集中对全线的信号及相关的控制设备的状态进行监测，建立通信网管监视系统，各专业机房环境监测系统，及时掌握电务设备及其工作环境的状态，合理安排维修，保证系统正常运转，一旦出现故障，及时采取有效措施，使危害降至最低程度，并作为制定维修计划和安排综合维修天窗的主要依据。在发生事故灾害时，提供紧急救援方案，负责线路维修计划、慢行区段指定以及灾害情况修复作业安排，在轨检车定期检测数据的基础上，对测试数据及线路巡视人员的检查报告等进行管理。

基于维护、维修的移动设备和固定设备的安全检测技术应强调以下几点：

一是树立全新的维修理念。工务部门要树立零误差的维修理念，严格执行线路维修标准，提高线路质量；电务部门要树立零故障的维修理念，通过精检细修，提高设备安全可靠性；供电部门要树立零缺陷的维修理念，加强对牵引供电设备的日常检查和维修，消除设备主要缺陷。

二是优化检修资源配置。增加并统筹大型养路机械资源，做到科学布局、集中管理、统一调度使用，最大限度地发挥大机效能；动态优化维修机具配置，做到大机与小型机群要配套，维修能力与维修作业量达到相互匹配。

三是应考虑推行新的维修方式。例如工务系统要大力推进"检养修"分开，加快构建以专业修、集中修、机械修为主，临时补修为辅的维修模式；电务系统要大力推行"值检修"分离的维修模式，全面实行状态修、集中修和专业修，大力提升设备维修标准化和规范化水平。供电系统要进一步完善委托管理体制，加大监管力度，加强质量监督考核，确保接触网设备动态达标。

四是强化关键部位质量控制。组建线路、道岔、曲线、钢轨打磨等专业维修

队伍，充实管理人员和专业技术力量，提高关键部位的维修质量；加大设备投入，配备专用维修设备，特别是各类检测、监控、维修设备，满足设备日常检测维修的需要；加大技术攻关力度，研制轻量化、高精度、适合现场作业需要的小型工装机具，提高日常维修作业的效率和质量。

3. 高速铁路运营安全管理技术

1）规章制度和标准管理

高速铁路规章制度保障体系，应以铁路运输基本规章为依据，以确保高速铁路的运营安全为重点，分系统、分层次的建立和完善各项规章、制度和办法，形成科学严密、统一规范、动态优化、具体可行的规章制度保障体系。科学严密，就是结合新技术、新设备大量运用的实际，从理论到实践，从技术标准到作业标准，深入进行科研论证，确保各项规章制度经得起运营实践的检验。统一规范，就是以基本规章为基准，建立覆盖各专业、各层面的专业规章、技术文件、作业标准和作业程序，形成统一、规范、完备的规章制度体系。动态优化，就是根据铁路运输生产组织的变化要求和运输安全工作实际需要，及时废止、修订和补充完善各项规章制度和办法，确保各项规章制度具有较强的时效性和指导性。具体可行，就是依据基本规章制度，每个层次、各个系统制定出明确、具体、细化的规章制度，确保落实到一线、落实到岗位。

（1）完善各项规章制度

铁道部有关部门应结合高速铁路运营安全面临的新情况、新变化，对技术管理规定和技术管理办法等规章制度进行充实和完善。各专业部门要对专业规章规程进行废修补。各铁路局、站段要结合本单位实际，对《行规》、《站细》、《段细》进行细化和完善，确保各项规章制度和管理办法严密规范。

（2）建立规章制度动态优化机制

明确铁道部、铁路局、站段三级规章制度的管理范围、管理责任和归口部门，实现规章制度的分层分级管理；进一步完善规章制度的起草、评审、会签、批准和发布程序，确保规章制度的严肃性和权威性；建立规章制度的动态完善制度，保证各项规章在动态中优化、在发展中完善。

2）高速铁路安全教育管理

高速铁路的运营安全除了需要高可靠性的设备和运行控制手段之外，人的因素也是不容忽视的，因为所有的高科技设备和控制仪器都需要靠人来掌握，所有的法规章程也需要靠人来执行。建立健全高速铁路安全教育保障体系，是减少人的不安全因素、提高运营安全水平的有效途径之一。

（1）建设培训基地

建设铁路职工培训基地，集中全路培训资源，重点组织好高级专业管理人员和先进装备运用操作人员的培训；建设铁路局或高速铁路运营公司的系统培训基地，重点对行车主要工种、特种作业人员进行培训；建设完善站段实训基地，强化对一线职工实际操作技能和应急处置能力的培训。同时，充分利用社会培训资源，加强部校战略合作，建设铁路高技能人才培训基地，形成功能完善、布局合理的职工培训网络。

（2）开发培训教材

高速铁路管理部门联合有关高等院校，编写分别适用于高等院校教学、职工培训和职工应知应会需要的三大教材体系。通过开发课件、装备先进的模拟培训设备等手段，增强培训效果。

（3）建设高素质师资队伍

培养高素质铁路职工培训师资队伍，尤其是要重视和加强基层站段职教队伍建设，优化和改善职教队伍的文化结构、专业结构、知识结构和年龄结构，为提高职工实作技能培训质量打下坚实基础。

3）高速铁路安全监督检查

高速铁路安全监督检查保障体系应严格遵循我国现行的安全管理体制——"企业负责、行业管理、国家监察、群众监督"来建立。强化铁道部安全监察司的行业监管机构的职能，强化铁路局和铁道部安监司特派员办事处两级安全监督检查力量的整体功能，加强站段的安全监督检查力量，强化安全生产的外部监督，安全监督更贴近运输现场。各级安全监察部门应加强对问题整改情况的检查，及时处理各类安全隐患和问题。

4. 应急救援与调查技术

尽管高速铁路为保证行车安全采取了各种措施，但仍可能有不可预见的事故发生。因此，除了采取各种防患于未然的措施之外，还应具备各种应急救援、事故处理、灾后恢复等设备和能力，建立一套完整的事故应急处理系统，对减少人员伤亡、减轻事故损失具有非常重要的意义。

1）高速铁路运输事故应急救援技术

高速铁路运输事故应急救援技术的作用是科学规范灾害事故发生时的救援抢修和突发事件出现时的应急处置方法和程序。在高速铁路运营系统遭遇自然灾害或突发事件时，通过应急救援技术及系统向上级报告、向下级发出救援指令，指挥组织救援并协调地方救援力量。防止人员伤亡和财产损失的扩大，减少对运输秩序的影响，尽快恢复正常的运营秩序。

2）高速铁路运输事故调查和处理技术

高速铁路运输事故的应急处置技术，要依据《中华人民共和国安全生产法》、《中华人民共和国铁路法》、《铁路运输事故调查处理规则》、《铁路运输事故应急救援和调查处理条例》等相关法律法规处理。其目的是通过对事故应处置的调查研究，科学分析事故的致因因素，对事故责任进行追究，总结事故发生的规律和教训，提出有针对性的措施，防止类似事故的再发生。

3）高速铁路运输事故预防技术

通过建立高速铁路事故预防的网络体系，实现对列车、乘务人员、线路和车站的实时监控，对事故易发地段的重点预防、专业预防，并将采集的灾害信息传递给高速列车调度和控制中心。

5. 货运安全保障技术

我国部分高速铁路存在客货混跑的运营模式，为了保障高速铁路运营安全，迫切需要先进的技术装备来保障货运的安全。

1）货车质量保障技术

加强货车厂修、新造车辆的质量把关，完善质量检查验收和召回赔偿制度，提高货车生产制造质量。加强货车日常检修，严格货车检修标准，加强检修工艺线建设，完善质量责任追究制度，全面提高货车段修质量。加强货车运用维护，重点抓好装卸车作业标准化。加强列检作业，随时处理货车质量问题。加大车辆检查整修力度，集中整治不良货车，大力压缩破损货车。建立货车质量联保控制机制，确保车辆状态良好。

2）货车装载加固技术

优化装载加固方案，建立方案库，实现信息化管理。改进装载加固手段，提高装载加固效率和质量。加强特种货物承运管理，重点抓好散堆装、易脱落、会窜滚、可旋转和阔大货物，以及危险化学品的全过程装载运输管理，加强在途和保留货物列车监控，确保运输万无一失。

3）货运安全监控网络

利用车辆运行安全监控系统，不断提高货车运行状况实时监控质量。采用超偏载检测装置、轨道衡、危险货物检测仪等安全检测设备来保障货物的安全状态，实现信息联网、集中控制，充分发挥作用。

4）高速铁路运营安全监控技术

高速列车的高速度、高密度运行，对高速铁路行车安全监控提出了更高的要求。首先需要对列车运行状态进行在线或定期监测和检测，采集相关信息。对于采集到的各种原始信息，由各种信息管理系统进行融合集成处理、分析与判断。综合调度中心或综合维护与救援调度中心从各信息管理系统获取相关的信息以判定固定设施、移动设备等是否异常，根据异常事件的性质和级别对运行中的列车进行综合监控，或实施预警，或限速运行，或中止行车，以确保高速列车运行安全。

8.3 高速铁路安全监控技术

8.3.1 高速铁路安全信息采集技术

应用信息采集技术对超越各种设备安全设计限度的突发事件,实行安全监测,据此进行列车运行管理。安全监控对象主要包括固定设施、移动设备和行车事故等几方面。下面先对高速铁路安全信息作简要介绍。

1. 高速铁路安全信息

高速铁路安全信息遍布铁路各个管理部门,涉及铁路运营、维修环节的全过程,主要包括列车运行控制、电力调度、接触网和线路状态检查等各个方面。

(1)高速铁路安全相关信息分类

根据《铁路信息化总体规划》,高速铁路信息管理系统覆盖了各个运输管理部门。按照高速铁路安全相关信息面向描述对象大致可分为如下几类:

① 铁路空间信息

空间信息指由各种航拍、车载和地面测地遥感技术所获取的高速铁路系统各物资要素存在的空间分布、时序变化及其相互作用信息的总体,主要包括固定设备(如线路、桥梁、隧道、车站、信号)和移动设备(如动车组)等的时空分布及相互联系的信息,例如站名、线名等。空间地理信息对各个运输管理部门的信息资源综合开发利用起着基础的支持作用,对空间信息和铁路业务信息进行数据挖掘而得到有价值的知识,对线路的规划、维修和事故后的救援指挥进行决策支持。

② 铁路运输基础信息

与列车运行安全相关的主要信息,如列车运行及编组情况、动车组等移动设备履历及其状态信息、线路、轨道、桥梁等固定设施信息。这部分信息大都由运输生产基层部门产生,是保证铁路运输生产正常运转的基础,也是整个铁路运输生产正常运转的信息资源基础。

③ 业务应用系统信息

铁路业务管理信息系统产生的信息,是对铁路运输生产环节各工作的特征描述和分析,也与列车的安全运行密切相关,如供电设备状态管理信息系统中的变压器工作状态信息,通过这些信息可以判断系统是否能给供电臂下的高速列车正常供电。这部分信息能够在分析的基础上产生新的、可为运输安全生产管理参考的信息。

高速铁路运营安全信息包括安全管理、设备和设施的监测信息以及一些沉淀在安全管理信息系统中的历史数据。

（2）铁路安全信息的特点

高速铁路运输系统的安全信息涉及人（乘客、乘务员和管理者）、动车组各关键零部件和相应的基础设施等的信息，具有以下的特点：

① 多源性

高速铁路系统信息种类繁多、来源广泛，这些信息不仅与人相关，而且与高速铁路系统中的基础设施也都相关；不仅与时间相关，而且与空间密切相关；由于系统是动态的，所以数据有历史数据．有实时数据，还有根据历史数据按照预测方法预测的数据；同时安全信息数据和空间有很大的关系。

② 异构性

高速铁路系统所涉及的与安全相关的子系统，都是各个管理部门根据本部门的所管理的设备、设施的特性，分别决策采用的不同厂商产品构建的，基本上都是自成体系，而且多个子系统采用的应用程序不同，接口标准不统一，数据的种类也多，不仅存在关系型数据源，还有多媒体信息，包括语音信息、文字信息、图像信息及视频等等，同时也还存在大量的文件系统。

③ 层次性

高速铁路安全相关数据，依据数据抽象的层次，有基础数据、特征属性数据和状态描述数据等类型。基础数据层从各类信息源获取的基本监控数据；特征属性数据是不同数据获取模式及其统计数据，侧重于识别判断（环境监测、交通流监测、事件判断）；状态描述数据是列车运行状态的描述模式及其统计数据，侧重于列车运行影响分析和预测。

2. 安全相关信息检测与监测技术

根据不同监控对象，保障高速铁路运营安全的信息采集技术繁多，下面主要介绍常用的轨道状态信息、车轴信息采集、环境监测技术。

（1）位移传感器

铁路常用的位移传感器是液体摆倾角传感器，用来测量轨道的水平状态等。其工作原理是使液体处于密闭容器中，当容器发生倾斜时，液体受重力作用保持液面水平，相对于容器不产生相对运动，而容器中各处的压力发生相应变化，导致倾角变化。当两压力传感器处于同一水平时，两侧压力测点处的压力是相同的，由于两个压力传感器的特性相同，其输出电压的差值为零。

高程差倾角传感器直接以高度差来表示倾斜度或倾角的大小。传感器的尺度尽可能地接近被测对象的长度（如轨距 1435 mm），避免用倾角换算为高度差时因被测对象尺度过大而面临的以小测大的问题。采用高程差倾角传感器，精度为 1 mm。

（2）高速摄像技术

高速摄像技术广泛应用于安全监测,不论是对钢轨、轨道部件、接触网等固定设施的形态检测,还是对车轮、转向架等移动设备构件的工况监测。常采用电荷合器件图像传感器(Charge Coupled Device, CCD)进行图像采集,CCD 由一系列彼此非常靠近的 MOS 电容器组成,能够存储电荷,把光线转变成电荷,通过模数转换器芯片转换成数字信号。在高速铁路运营过程中,高速 CCD 激光位移传感器系统可以进行路障的检测。

① 静止路障的检测

危害高速列车运行的路障,可以利用 CCD 获得轨道的图像信息,采用边缘检测的方法提取铁轨所在的区域,分析轨道上是否存在危及行车安全的障碍物。路障检测采用基于 DSP 的嵌入式系统,按照以下步骤进行处理:

第一步,应用 CCD,获取轨道所在区域的图像信息。

第二步,对获得的图像进行分离处理,把轨道所在的区域从背景中分离出来。

第三步,对轨道所在的区域内进行模式识别,提取轨道相关的特征信息,以识别是否存在障碍物。

第四步,如果存在障碍物,则对检测到的障碍物进行识别,并与专家库中有关路障的特征信息进行匹配处理。

第五步,根据障碍物的类型、大小以及其他特性,判断其危害列车运行危险程度,向乘务员提出警示信息。

② 运动路障的检测

运动路障的检测关键是将序列图像的变化区域从背景图像中提取出来。运动区域的检测方法可以分为模板匹配、光流和背景减除。一般采用背景减除的方法,由于铁路的复杂环境中经常出现一些背景的微小变化,如云层的变化、风雨雾雪等恶劣的自然情况,简单的背景减除效果就会受到影响,可以在系统中建立环境图像的背景统计模型,用自适应背景减除算法提取前景区域,并在线更新背景的统计模型。图 8-3 为路障检测系统整体框架原理图。

(3)红外线轴温探测技术

利用红外线技术可对运行的列车轴温进行监测,发现车辆热轴、防止车辆燃轴。依据红外线探头对轴箱采集点位置进行扫描,对不同环境温度、线路条件、车型和车速条件下轴箱温度数据分析,有效把握热轴发展过程。按其对行车安全的危险程度将热轴分为微热、强热、激热等故障阶段。

红外线轴温探测系统包括中央管理系统和轴温采集系统。中央管理系统能对各个探测站进行网络管理。面向高速铁路的红外热轴探测系统采用光子探头作为测温敏感器件,克服热敏电阻响应速度较慢的缺陷,具有很高的响应速度,适应

```
                          ┌──────────────────┐
                          │   图像平滑虑波    │
                          └──────────────────┘
                    ┌───────────┴───────────┐
          ┌──────────────────┐    ┌──────────────────┐
          │   图像边缘检测    │    │   图像边缘检测    │
          └──────────────────┘    └──────────────────┘
          ┌──────────────────┐    ┌──────────────────┐
          │     前景提取      │    │   适应性背景去除  │
          └──────────────────┘    └──────────────────┘
┌──────────┐  ┌──────────────────┐    ┌──────────────────┐
│车载高速摄像│  │   图像窗口建立    │    │   图像窗口建立    │
└──────────┘  └──────────────────┘    └──────────────────┘
          ┌──────────────────┐    ┌──────────────────┐
          │ 静态路障检测与识别│    │ 运动路障检测与识别│
          └──────────────────┘    └──────────────────┘
                    └───────────┬───────────┘
                          ┌──────────────────┐
                          │   路障特征匹配    │
                          └──────────────────┘
                          ┌──────────────────┐
                          │     输出警示      │
                          └──────────────────┘
```

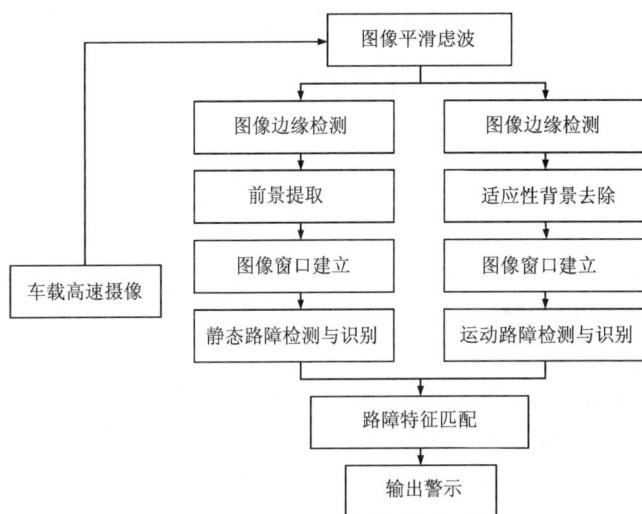

图8-3　路障检测系统整体框架原理图

的列车时速最高可以达到 360 km。

红外热轴探测系统的信息处理包括四个主要方面：

① 轴温探测

应用光子探头探测得到列车轴温相应的电压数据，通过转换计算得到轴箱探测部位的实际温度。

② 计轴计辆

将探测到的动车组各轴承间的相对距离数据进行分割，形成按照各辆动车或者拖车分开的数据段。

③ 滚滑判别

我国高速铁路不同的运营线路采用不同的动车组，轴承各异，轴温检测系统面向滚动轴承和滑动轴承进行检测，根据滚动和滑动轴承的不同的温度响应曲线对轴承的类型进行判别，是进行热轴判别的基础。

④ 热轴判别

根据不同的轴承类型依据的不同热轴判别标准，将探测到的轴温和热轴的判别标准进行比较，判断轴承是运行在正常轴温还是热轴状态，以及热轴的等级是微热、强热还是激热，以便采用相应的措施，进行维修还是停运，避免事故的发生。

(4)超声波技术

应用超声波(频率超过 20 kHz 的声波)技术可以进行轨道位移的发生、磨损或者内部出现伤痕的检测。在检测过程中，检测设备无需与轨道接触，便可准确判断铁轨开裂位置，甚至裂痕的深度，有助于及时排除铁轨断裂可能带来的潜在危险。

① 超声波钢轨探伤原理

利用声波在不同介质中的传播特性，用 200 kHz 的声波射入到被检钢轨中，如果钢轨中有损伤，也就是说钢轨已经不是由同一介质组成的，那么超声波会被反射回来，根据反射回来的超声波信号，可判断钢轨中伤痕的大小及其位置。在探伤仪上安装有不同角度的探头，可以对钢轨的不同部位的损伤进行检测。

② 钢轨探伤系统

钢轨探伤检测系统主要由探头、超声收发装置、探头伺服控制系统、探伤数据采集系统、损伤分析系统、祸合液喷淋系统、主控计算机以及外设等组成。

在钢轨探伤检测系统中，探头装有超声换能器，通过超声发射电路使换能器按定频率发射超声波。系统进行工作时，祸合液喷淋装置在探头和钢轨之间喷洒祸合液，保证探头与钢轨接合良好，保证超声波束的大部分能量能传入钢轨内。如无损伤存在，波束到达钢轨底面后依原路返回探头，得到底波。否则在底波前出现一个损伤波，而底波峰值降低或消失。

超声回波信号经超声接受装置放大、滤波及电平转换后送入高速数据采集系统。数据采集系统按规定格式记录下回波信号的波程、峰值及脉冲重复周期的序号，形成数据文件送入损伤分析系统。损伤分析系统判断出有无损伤并描绘出钢轨伤损图，当探测出有损伤时会自动报警，如图 8 - 4 所示。

(5)牵引供电系统监测报警技术

牵引供电系统监测报警技术涉及计算机网络、多媒体技术和数字技术，实现牵引供电系统的远距离、大范围的数字化监控，形成牵引供电系统的"遥视系统"，与自动灭火系统一起组成变电所安全监控系统。进而，在沿线各变电所增加视频监控系统，可实现系统的遥控、遥测、遥调、遥信、遥视功能，获得变电所的各种电气参数，遥控各个电器开关等。

采用红外辐射探测技术实现报警信息采集，双监探测器采用微波、红外两种检测方法，有效检测人员入侵，烟雾和温度传感器采集火灾的信息，门禁开关用于检测门的破坏。

(6)环境监测相关技术

我国地域跨度大，不同地域高速铁路面临不同的自然灾害(大风、暴雨、雪灾和地震等)，严重影响线路设施、供电和信号设备的安全，危及高速列车的安全运行。通过感烟探测器、火焰探测器、雨量传感器、温度传感器等设备检测灾害的

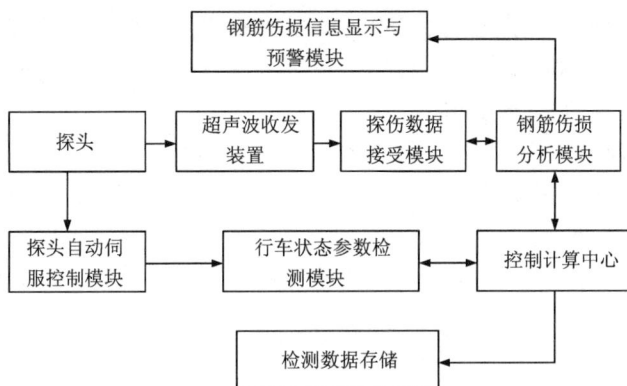

图 8-4　超声波钢轨探伤系统结构图

发生，监测其发展，预测其影响，然后再利用计算机技术、数据通信技术等实现信息传输及信息综合管理，实现对灾害的动态应急管理。

3. 安全信息采集技术的集成应用

高速轨检车和综合检测车采用多种信息采集技术，集成数字滤波及图像处理等技术，以计算机为数据处理主体，进行信息的模拟与数字混合处理，对列车运行状态参数进行实时跟踪检测。使用轨检车和综合检测车可及时掌握上述系统的质量状态，正确指导养护维修，确保铁路运输安全。

（1）轨检车

轨检车是专门用来检测轨道的几何状态和不平顺状况，以便评价轨道几何状态的特种车辆。通过轨检车的检测，可以发现轨道平顺状态不良的地点，以便采取紧急补修或限速措施，并确定应进行计划维修的里程段落，编制维修作业计划。此外，根据轨检车的记录也可评定轨道的养护水平和整修作业质量。

轨检车由检测装置和数据处理系统两大部分组成。检测装置包括惯性基准轨道不平顺测量装置、光点轨距测量装置和多功能振动测量装置等。检测项目有轨道的高低、水平、三角坑、方向、轨距、行车速度、曲线超高、曲率以及高低方向等轨道不平顺的变化率、曲线通过的均衡速度等，为更全面地评价轨道的状态提供依据。

轨检车载数据处理系统能对测试结果进行实时处理。由各检测装置测得的模拟信号通过模数转换器转化为数字信号，输入计算机进行分析和处理。处理结果打印成图表，给出某段线路上各检测项目的平均值、标准值、各级超限峰值及最大超限值、累计超限罚分值等。同时，模拟信号还被记录在波形记录仪或模拟磁带机上,供进一步分析和处理使用。

在高速轨检车上,激光、数字滤波及图像处理技术得到广泛应用,以计算机为数据处理主体,对轨检信号进行模拟与数字混合处理,确保检测结果不受轨检车运行速度和运行方向的影响。

中国铁路现役轨检车按检测系统类型划分为四类:GJ-3型、GJ-4型、GJ-4G型和GJ-5型;按车辆速度等级划分为:120 km/h等级、140 km/h等级和160 km/h等级。我国新研制的新型的0号轨道综合检测车(200 km/h等级),不仅具有一般的检测功能,还可以检测供电接触网、信号检测、列车运行动力学指标等。

大型轨检车中采用了以陀螺仪为核心的惯性式测量系统。该系统测量精度高、响应快,能够很好地满足测量系统的需要。然而,由于大型轨检车价格昂贵、开发难度大、运营费用高、操作困难、体积大、使用效率不高,在很大程度上限制了大型轨检车的适用范围。

(2)综合检测车

高速综合检测列车是高速铁路系统的综合调试及验收、基础设施检测、指导养护维修、保障行车安全的重要技术装备。国外高速铁路发达国家,为了满足高速铁路安全运营需要,均采用高速综合检测列车对基础设施进行综合检测。日本先后研制了"East-i"等高速综合检测车,法国研制的"IRIS320",最高时速可达320 km,意大利的最高检测时速220 km的检测车被命名"阿基米德"。

为了提速和高速线路上检测的需要,2008年7月,我国成功研制出首列最高检测速度达到250 km/h的0号高速综合检测列车,该检测车基于CRH5型动车组技术平台,由5节动车和3节拖车组成,包括通信信号检测车、会议车、接触网检测车、数据综合处理车、轨道检测车、餐车、卧铺车和信号检测车。0号高速综合检测列车集成了世界最先进的专用检测系统,具有对线路轨道、牵引供电、通信信号等基础设施,轮轨和弓网接触状态及列车舒适性指标等进行高速动态时空同步检测,并具有实时数据传输、存储和分析处理功能。实现了现代测量、时空定位同步、大容量数据交换、实时图像识别和数据综合处理等先进技术,是提高高速铁路基础设施检测效率、指导养护维修、确保高速铁路运营安全的重要技术装备。综合检测车车厢是装备各种高科技监测和分析仪器的工作间,集办公、检测、生活等诸多功能于一体,大大提高铁路维修养护的效率,已在既有提速线路执行检测任务,具备升级到时速300 km的能力。我国将进一步研制时速380 km以上的高速检测车。

0号检测车具有对线路轨道、牵引供电、通信信号等基础设施,轮轨和弓网接触状态及列车舒适性指标等进行高速动态时空同步检测的功能,并可以进行实时数据传输、存储和分析处理，实现了现代测量、时空定位同步、大容量数据交换、实时图像识别和数据综合处理等。

8.3.2　高速铁路运营综合监控技术

依据高速列车状态信息的内部关联性，以信息化技术为手段，建设从列车网络控制到综合监控不同层次的系统，从而满足视频监控、综合监控、调度、列车运行控制的需要。本节对高速铁路综合视频监控系统、运营综合监控、高速列车运行控制技术和高速列车控制网络系统相关技术作简要介绍。

1. 高速铁路综合视频监控系统

铁路系统作为国家重要的运输部门，其日常的稳定运行决定了国民生产、生活的正常运转，加之铁路系统部门众多、地点分散、现场环境复杂，成为日常维护工作的难点。在铁路系统内部推行视频监控系统，可以实现对全部监控现场或者当地的道口、车站和铁路沿线环境的监控，大大减轻日常人员巡视的工作量，便于及时发现危险隐患，保障安全生产。

国内铁路视频监控系统的应用起步晚，但发展速度比较快，目前已经有很多系统正在运行中，如济南西站货场、编组场数字视频监控系统、青岛站编组场电视监控系统、大石桥站客运电视监控系统、株洲站视频监控系统等等。

我国已有铁路综合视频监控系统的主要功能有：

① 支持分级管理和多用户同时观看，为多业务部门监视终端提供监视图像。

② 可对监视区域的图像进行远程控制和智能处理。

③ 支持自动轮巡监视和人工监视模式。

④ 可对监视图像以 MPEG-4 或 H.264 格式进行传送和存储，图像具备 4CIF（704×576）和 CIF（352×288）以上的分辨率，移动采集点图像可根据需要设定。

⑤ 具有视频分析功能并对异常状态报警提示。

⑥ 具有抓拍功能，能够对所存储的监视图像进行检索和回放。

⑦ 统一分配 IP 地址和设备编号，在视频接入点、路局视频节点具有对辖区内网络资源和协调设备的管理功能，集中实现对系统设备的参数配置和状态监控。

⑧ 能够对接入网络的用户进行身份和权限识别，保证信息安全。

⑨ 具有与其他信息系统或监控系统互联，实现告警与视频联动功能，如与列车调度指挥系统（TDCS）和调度集中系统（CTC）互联，将图像信息与相关车次号信息匹配；与货运安全监控系统互联，实现超限、超偏载等报警联动；与防灾安全监控、通信信号电源与环境监测、牵引供电和电力、客运服务、应急通信等系统互连，实现视频资源共享和报警联动。

2. 铁路综合视频监控系统互联互通平台

随着铁路的快速发展，视频监控技术已经广泛应用在高速铁路运输指挥、生产作业、公安保卫等领域，并逐渐成为铁路安全生产、提高效率、强化管理的重要技术支撑。特别是铁路高速客运网络的建设不断推进，既有铁路技术改造的加快，视频监控的重要性、广泛性以及共享性也得到进一步的强化。

但是铁路视频监控系统一般都是由各个业务部门分别进行建设，在建设标准、技术体制、运用质量等方面都存在着差异，无法实现图像资源的有效共享，不能充分发挥综合视频监控的全面优势。为了使铁路综合视频监控系统规范建设和可持续发展，满足既有视频系统间的视频共享，现已设计并实现了铁路综合视频监控系统(简称"视频系统")互联互通平台，达到异构视频系统的互联和视频共享的目的。

铁路综合视频监控系统由视频核心节点、视频区域节点和视频接入节点三类视频节点组成。视频系统互联互通平台通过对所辖范围的用户和设备进行统一协调管理，提供用户跨区域访问的认证、鉴权，实现视频访问信令的多级交换和视频数据的跨域转发，完成异构视频系统之间互联和视频共享。

3. 视频智能分析技术

视频智能分析技术主要是指自动地提取视频源中的关键(特征)信息并进行智能化分析，并通过设置一定的条件和规则对其判定。如果把前端设备(如摄像机)看作是人的眼睛，则视频智能分析技术可以看作是人的大脑，智能分析技术借助 CPU 强大的数据处理能力，对视频画面中的海量数据进行高速分析，为使用者提供有价值的关键信息。

视频智能分析的处理方法主要是对场景中人的运动进行分析，其过程一般包含运动检测、目标跟踪、行为识别和理解几个方面。其中运动检测、目标跟踪等底层处理环节在过去几年中得到了快速发展，并且得到了实用。行为识别作为人的运动分析的高层处理部分，是极具挑战性的一个研究方向，也是当前学术研究的热点。

4. 高速铁路综合监控系统

日本、法国和德国等较早建设和运营高速铁路的国家，都为保障高速列车安全运行部署了高速铁路综合监控系统。我国也在进行高速铁路运营综合调度系统的建设。下面介绍日本的 COSMOS 系统和我国的高速铁路运营调度系统。

(1)日本新干线 COSMOS 系统

日本新干线综合运输管理系统(Computerized Safety Maintenance and Operation system of Sinkansen, COSMOS)是以自主分散运行管理系统为中心，运输计划、运行管理、车站作业管理、维修作业管理、车辆管理、设备管理、信息集中管理和电力系统控制等各个子系统间信息共享的系统，实现了综合调度、监控和综合维护管理。其中设备调度负责线路的管理和维修保养，收集沿线气象、地震等信息，指挥灾害后的运营系统修复与救援工作。

COSMOS 系统突破了功能单一、控制分散、通信信号相对独立的传统技术理念，应用通信和信号一体化技术实现了高速列车运营综合监控的数字化、智能化和网络化，实现了车站、区间和列车控制的一体化，使系统达到很高的自动化水平。另外，系统成功地应用了安全光纤局域网，使之成为联锁系统、列车运行控制系统的安全传输通道。依托与通信技术的技术标准相一致的网络技术，达到通信技术与信号安全技术的深度结合，实现了通信信号一体化。

（2）我国高速铁路运营综合调度系统

铁道部于 2008 年规划的《铁路客运专线运营调度系统总体技术方案》涵盖了运行管理、供电管理、防灾减灾等系统，并将相关的功能集成在一起，实现了高速铁路运营各个系统的综合监控，实时掌握各个业务系统的工作状态，为相关部门提供决策支持，保障运营任务的顺利进行。

行车监控相关的主要功能包括：

① 以多种方式实时显示列车运行情况、联锁和列控系统等信息。

② 实时监视牵引供电和供电系统各变电所、配电所、分区所、开闭站等设备的运行和带电状态、系统运行参数，并提供异常运行状态报警功能。

③ 监测列车运行环境中风、雪、雨、地震等主要灾害和落物造成的隐患，对实时采集的监测数据进行分析和处理，判定灾害的等级和性质，自动报警并给出处理建议。

④ 对全线设备设施状态进行监视，接收通信信号设备、信息设备和基础设施监测系统的预警和报警信息，提供应急处置预案。

高速铁路运营调度系统涉及到控制理论、信息学、计算机科学、通信学、系统学及运筹学等不同领域的方法和技术，其中高速铁路运营调度系统关键技术体现在以下几个方面：

① 智能化调度的系统集成策略与方法

系统集成策略与方法为高速铁路智能化调度系统内部各子系统之间、内部与外部之间的互联和相互操作提供运行机制。

② 智能化调度系统的信息融合与分析处理技术

应用安全信息融合技术，综合考虑计算复杂程度，需要构建满足任务要求的数据处理模型，以解决高速铁路安全相关要素的不确定性因素的表达和推理演算。

③ 智能化调度系统的时空一体化数据集成及其数据挖掘技术

由于高速铁路安全相关信息资源是异域、异构、自治性分布和海量的,同时具有时空特征、属性特征及动态特性,需要应用到数据集成、融合和挖掘的理论与方法,以全面解决具有多语义性、多层次性、多时空性、多尺度性的海量、异域、异构数据间的融合、集成和知识发现,为管理人员提供决策支持。

④ 智能化调度系统的地理信息与定位服务技术

应用到铁路地理信息的组织存储技术、空间定位参照技术、与业务信息结合的四维时空信息处理技术等,为各调度功能子系统提供统一的空间定位基础和服务平台。

5. 高速列车运行控制技术

高速列车运行控制技术主要是监控列车在运行时是否超过线路结构规定的速度、列车构造速度和非正常运行条件下的限速及紧急限速,控制列车不要进入危险区域。日本、法国、德国等国家的高速铁路分别采用了不同的技术,形成不同技术体系的列车运行控制系统。

(1)实时操作系统开发平台技术

实时操作系统(Real Time Operation System,RTOS)是嵌入式系统的软件开发平台,其基本功能包括任务管理、定时器管理、存储器管理、资源管理、事件管理、系统管理、消息管理、队列管理、旗语管理等,最关键的部分是实时多任务内核。高速铁路列车运行控制系统中引入 RTOS,可以有效地解决系统的安全性和嵌入式软件开发标准化的难题。基于 RTOS 开发出的程序,具有较高的可移植性,可实现90%以上设备独立,从而有利于系统故障导向安全的实现。

(2)数字信号处理新技术

与分立元器件和模拟信号处理技术相比较,数字信号处理技术具有更高的可靠性和实时性。在高速铁路列车控制系统的信号处理中引入了小波信号处理、现代谱分析等技术可以更好地保证系统的可靠性和实时性。目前,我国轨道电路的信号发送、接收以及机车信号的接收普通采用了数字信号处理技术,法国 UM2000 数字编码轨道电路也都采用了数字信号处理技术。

(3)计算机网络技术

应用计算机网络技术可以实现列车运行控制系统信息化,列车运行控制的集中和智能管理。

首先,现代铁路信号系统不是各种信号设备的简单组合,而是功能完善、层次分明的控制系统。系统内部各功能单元之间独立工作,同时又互相联系,交换信息,构成复杂的网络化结构。计算机网络技术使指挥者能够全面了解辖区内的各种情况,灵活配置系统资源,保证铁路系统的安全、高效运行。

其次,现代铁路信号系统采用许多先进的通信技术(如光纤通信、无线通信、卫星通信与定位技术),计算机网络为上述技术提供信息化载体,以信息化带动铁路产业现代化。全面、准确获得线路上的信息是高速列车安全运行的保证。

再次,借助计算机网络技术实现列车运行控制的智能化,包括系统的智能化与控制设备的智能化。系统智能化是指上层管理部门根据铁路系统的实际情况,借助先进的计算机技术来合理规划列车的运行,使整个铁路系统达到最优化;控制设备的智能化则是指采用智能化的执行机构,来准确、快速地获得指挥者所需的信息,并根据指令来指挥、控制列车的运行。

(4)融合通信技术与控制技术

列车运行控制系统既有的轨道电路作为信息传输媒体的列车运行控制系统已经不能适应高速列车运行控制的要求,高速列车运行控制系统综合利用 3C(Computer,Communication 和 Control)技术代替轨道电路技术,虽然仍保留闭塞分区,不过在闭塞分区的分隔点进行了改进,应用应答器、计轴器或其他能传送无线信号装置等代替机械绝缘节和电器绝缘节,同时也实现列车与地面之间各种类型的无线双向通信,为列车运行控制的未来发展开辟了新天地。

6. 高速列车网络控制系统技术

高速列车网络控制系统可实现列车牵引、制动、供电、空调、门控、转向架等子系统和设备的实时监视和控制,并能自动识别列车编组,支持列车实时诊断技术,实现车地间的数据交换,结合地面专家系统能对车载设备应用情况进行统计分析,提高维护作业效率。

(1)高速列车网络控制系统简介

高速列车在高速运行过程中,通过实时监控用电参数、机械参数以及其他与列车安全紧密相关的运行参数,来监测列车的状态。例如,CRH3 型动车组网络控制系统可实现以下主要控制功能:

① 各动力车的重联控制。

② 全列车所有由计算机控制的单元联网通信和资源共享。

③ 全列车的制动控制、门控、空调控制及轴温检测等功能。

④ 完成全列车的自检及故障诊断决策。

列车网络控制系统通过网络把命令传送到各节车厢,从而实现对全车的控制。各种控制命令都可通过网络传送到各车的各个设备,执行的结果通过网络返回司机,如图 8 – 5 所示。

典型的高速列车网络控制产品有 Siemens 的 SIBAS – 32 铁路自动化系统、Alstom 公司的 A – GATE 控制系统、日本三菱电机的 TCMS 列车控制监视系统等。

(2)车载通信网络系统

高速列车车厢内各检测设备独立检测各参数,每个车厢内设置了一个车厢级

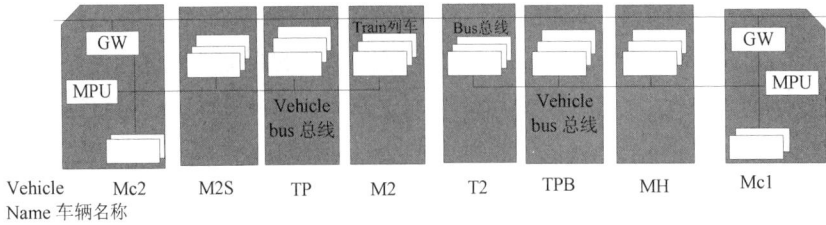

图8-5 列车网络系统控制示意图

控制主机。车载的整个网络由两级网络构成。一级网络是列车级通信网络，包括列车主控计算机及其网络、列车级总线、各个车厢的代理节点及与车厢控制主机直接相连的轴温集中转换器和陀螺仪。二级网络是车厢级总线及车厢级检测设备，检测设备包括电源检测模块、空调控制器、漏电检测、振动检测、车门控制器和绝缘检测等。系统网络框架结构如图8-6所示。

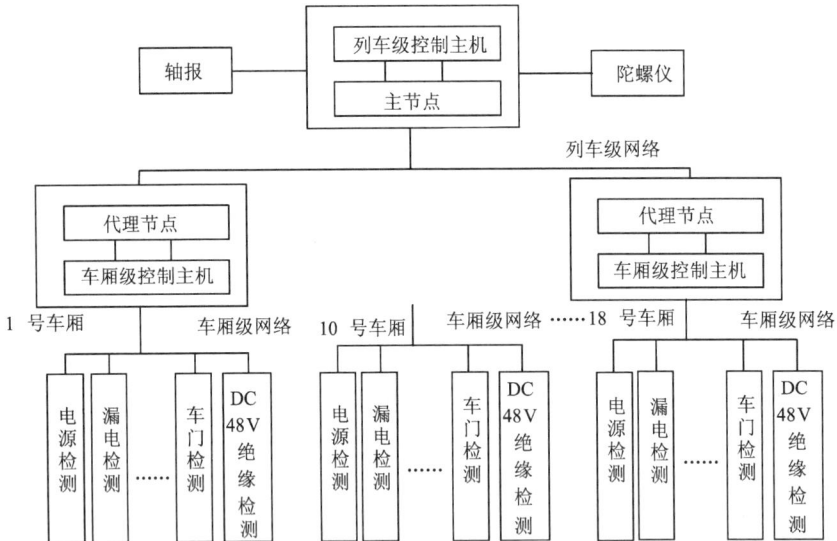

图8-6 高速列车车载通信网络系统结构图

8.4　高速铁路运输安全保障系统

安全是一切交通运输方式的先决条件，是高效运输和持续发展之本，是铁路运输的生命保障。高速铁路作为铁路运输的一种新形式，具有运行速度高、运行密度大的特点，因此也对行车安全保障系统提出了更高、更具特色的要求。

一方面，与传统铁路一样，高速铁路需要有效地管理铁路运输各个业务部门在生产调度、指挥等日常工作中的业务信息，这就需要设计优良、功能完备的车务、电务、工务管理系统的支持，以保证铁路线路、机车车辆、牵引供电以及通信信号等设备的高安全性。

另一方面，高速铁路还要对各种可能发生的灾害，如自然灾害——强风、暴雨、大雪及地震等，突发性灾害——塌方、泥石流、异物侵入限界、非法侵入等，实施全面的监测，即建立防灾安全监测系统，实施全面、准确、实时的安全监控、预防灾害的突然袭击。同时，高速铁路安全保障系统必须能够针对各类灾害监测的原始信息，通过数据处理、分析判断后，传送到应急救援指挥系统进行确认和处理。根据灾害的性质和等级，对运行中的列车实施预警、限速运行或者是终止运行，以保障列车的绝对安全。一旦发生安全事故，安全保障系统能够根据信息分析处理的结果，通过启动现有预案、提供决策支持等方式指导应急救援工作的展开。

因此，高速铁路运输安全保障系统是一个包括多个独立运行并互相补充的集合体。根据各个系统在高速铁路运输安全保障中所处的位置和所主要完成的功能的不同，下面主要从列车实时运行控制、周边环境和灾害的监测与预警、各种设施的检测与诊断以及在发生突发事件情况下的救援和减灾等方面来介绍。从总体上说，高速铁路运输安全保障系统包括了人-机-环-管的主要部分。

8.4.1　列车运行控制系统

1. 列车运行控制系统的基本原理

列车运行控制系统主要是以技术手段对列车运行方向、运行间隔和运行速度进行控制，使列车能够安全运行且提高运行效率，列车运行控制系统地面设备和车站联锁设备主要实现联锁控制功能，并生成列车控制所需的基础数据，通过车-地信息传输通道将地面控制信息传送给列车，经列车运行控制车载设备进行处理后，生成列车速度控制曲线，监督控制列车安全、高速运行，简称列控系统。

列车运行控制系统结构如图 8-7 所示。

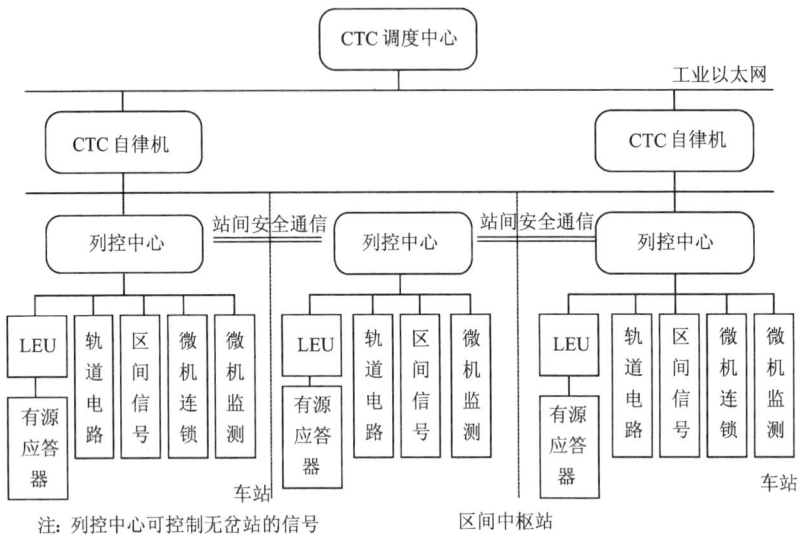

图 8 - 7 列车运行控制系统结构图

2. 列车运行控制系统的组成

从设备的角度来说,列车运行控制系统主要由地面设备和车载设备组成。地面设备主要检查列车在区间的位置,形成速度信号,向列车传送允许速度、线路参数等信息。车载设备主要由天线、信号接收单元、制动控制单元、司机控制台显示器、速度传感器等组成。车载设备根据接收到的地面信息、列车特性,计算列车制动模式曲线,控制列车运行状态。

从功能划分的角度来说,列车运行控制系统主要包括列车自动防护系统(Automatic Train Protection,ATP)、列车自动运行系统(Automatic Train Operation,ATO)和列车自动监控系统(Automatic Train Supervision,ATS)。

ATP 系统的主要功能是通过车载 ATP 系统和地面设备间的信息传输,来实现列车的安全间隔控制、超速防护及车门控制,保证行车安全。

ATO 系统主要完成站间自动运行、列车速度调节和进站定点停车,并能接受控制中心的运行调度命令,实现列车的运行自动调整。

ATS 系统的主要功能是监控列车运行状态,采用软件方法实现联网、通信及列车运行管理自动化。

已运营的典型高速铁路列控系统比较见表 8 - 1。

表8-1　已运营的典型的高速铁路列控系统分析表

设备名称	法国 TVM300	法国 TVM430	德国 LZB	日本 ATC
最高运行速度	270km/h	320km/h	270km/h	270km/h
闭塞方式	固定闭塞	固定闭塞	固定闭塞	固定闭塞
制动模式	阶梯方式	分级连续式	连续速度控制模式	阶梯方式
控制方式	人控优先	人控优先	可选人控优先或机控优先	机控优先
安全信息传输	媒介：无绝缘模拟轨道电路	媒介：无绝缘模拟轨道电路	媒介：数字轨道电缆	媒介：有绝缘模拟轨道电路
其他信息传输方式	媒介：环线、应答器方向：地-车单方向	媒介：环线、应答器方向：地-车单方向	媒介：环线、应答器方向：地-车单方向	媒介：环线、应答器方向：地-车单方向
列车定位	轨道电路　车载测距	轨道电路　车载测距	轨道电路　车载测距	轨道电路　车载测距
区段占用	无绝缘模拟轨道电路	有绝缘数字轨道电路	无绝缘模拟轨道电路	有绝缘模拟轨道电路
系统特点	系统的结构简单，造价低廉；与移频自闭有较好的兼容；人控优先，有利于发挥司机的作用；需要设一个闭塞分区为保护区段，对通过能力有影响	用人控优先有利于发挥司机作用；需要设一个闭塞分区为保护区段，对通过能力有影响	轨道电缆作传输媒介，区间有源设备较多，系统造价高，维护较困难	机控优先方式有利于减轻司机负担，但对列车制动系统要求较高；绝缘节与我国的不同

3．主要的高速铁路列车控制系统

目前世界上的列车控制系统有多种，在欧洲的列车控制系统就有15种以上。欧洲之星高速列车装有6套ATP设备，Thalys高速列车装有8套ATP设备，操作方式各不相同，维护费用很高。以下是法国、德国和我国的高速列车控制系统的基本情况。

（1）法国高速列车运行控制系统

法国列车运行控制系统采用基于数字轨道电路 UM2000/TVM430 的列控系统，主要由 UM2000 数字编码轨道电路和 TVM430 车载设备组成。该系统采用分段速度—距离曲线控制模式，当列车超过当前允许速度时，设备自动实时常用制动或紧急制动，保证列车速度降到允许速度之下或在安全停车地点前停车。

UM2000/TVM430 列控系统利用 UM2000 数字编码无绝缘轨道电路作为传输通道，实现列车与地面信息的交换。在 TVM300 系统的基础上增加了设备状态和自然环境检测的功能, 如接触网电压监视、热轴检测、降雨量检测、降雪量检测、暴雨及大风雪检测等, 强化了列车安全保障功能。其控制的高速列车运营时速不超过 320 公里, 追踪间隔不低于 3 分钟。

(2)德国高速列车运行保障系统

德国高速铁路 ICE 采用感应交叉环线实现车、地双向列车信息传送的列控系统(LZB), 是典型的连续式列车控制系统之一, 应用最广泛的是 LZB80。

LZB80 系统利用沿钢轨铺设的交叉环线的轨道电缆实现车–地之间的双向信息传输, 采用连续目标距离速度模式曲线控制的方式。地面列控中心是 LZB 系统的核心, 通过车–地信息传输系统, 接受调度中心的各种行车命令, 处理后传送给车载设备, 以控制列车运行速度; 同时 LZB 车载设备可以将列车的精确位置、实标速度、机车及列车工作状况(设备状况、轴温、供电及故障)等信息及时送达地面列控中心。列控中心根据综合调度中心下达的列车运行计划、列车运行线路状况(坡度、曲线半径、限制速度等)、相邻连锁中心送来的列车进路信息等经计算、比较处理后, 确定保证行车安全的前提下使列车运行间隔最小的列车运行速度, 并通过 LZB 地–车双向传输系统将控制命令传送到 LZB 车载设备, 实现对列车运行速度的控制。LZB 的控制的高速列车运营时速不超过 300 公里, 运行追踪间隔不低于 3 分钟。但 LZB 系统与我国既有干线铁路采用的信号制式完全不同, 且沿钢轨铺设交叉环线不利于铁路养护作业。

(3)我国的高速列车运行控制系统

我国的高速列车运行控制系统主要包括两种级别: 一是京津城际铁路应用的 CTCS – 3D 列控系统, 二是武广、郑西和京沪等其他高速铁路、客运专线线路上应用的 CTCS – 3 列控系统。

① CTCS – 3D 列控系统

CTCS – 3D 列控系统包括车载子系统和地面子系统两部分, 它利用轨道电路实现列车占用及空闲检查, 应用有源应答器传输列车行车许可, 采用目标距离连续速度控制模式监控列车运行状态。

列控车载子系统主要包括车载安全计算机、雷达和测速传感器、应答器感应天线、TCR(轨道电路读取器)和轨道电路天线、DMI(人机界面)、JRU(司法记录器)。地面子系统由应答器、轨道电路、无线通信网络(GSM – R)、列车控制中心(TCT)/无线闭塞中心(RBC)等设备组成。

列车占用检查和列车完整性检直由地面轨道电路信号系统完成等。行车许可由地面设备产生, 通过应答器传送到车载设备, 以便列车在到达进站信号机之前就能接收新的信息, 防止列车越过行车许可。轨道电路实现连续注入信息, 在危险条件下辅助应答器迫使列车停车。

② CTCS-3 列控系统

CTCS-3 列控系统包含了 CTCS-2 列控系统的全部设备，并在 CTCS-2 的基础上使用铁路专用全球移动通信系统(GSM-R)进行实时无线通信，列车在由无线闭塞中心控制的线路上运行。控制的高速列车运营时速可以超过 350 公里，运行追踪间隔不低于 3 分钟。

GSM-R 系统设备主要包括无线闭塞中心(RBC)和车载 GSM-R 系统等。RBC 根据列车占用情况及进路状态向所管辖列车发出行车许可和列车控制信息，GSM-R 地面设备作为系统信息传输平台完成地-车间大容量的信息交换。

8.4.2 环境监测与灾害预测预警系统

环境检测与灾害预测预警系统，主要对可能发生的灾害、突发性灾害等各种可能发生的灾害，实施全面、准确、实时的安全监控。对各类灾害监测的原始信息，通过灾害预测预警模块的数据处理、分析与判断后，根据灾害的性质和级别，对运行中的列车或实施预警，或限速运行，或中止行车，以确保高速列车运行安全。环境监测与灾害预警系统结构如图 8-8 所示。

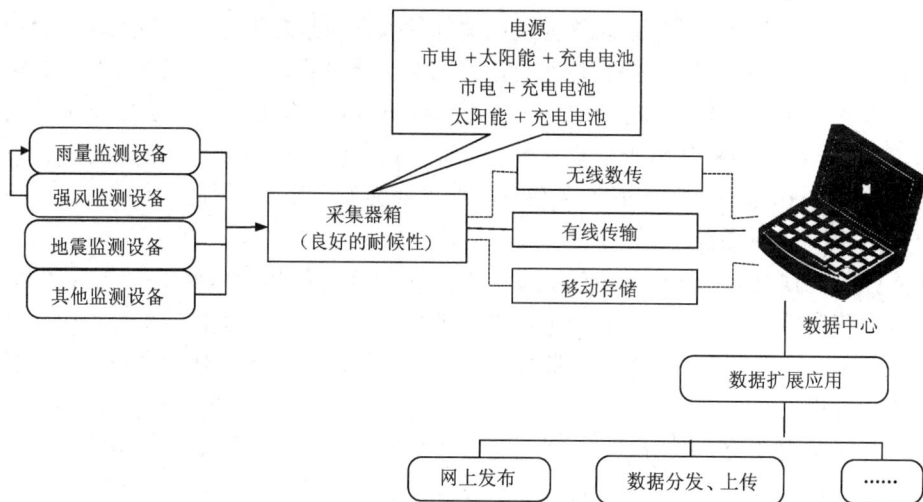

图 8-8 环境监测和灾害预测报警系统结构图

1. 雨量及洪水监测预警系统

洪水灾害不像地震、风灾那样具有突发性，它是按积少成多、循序渐进的规律形成灾害的，往往因汛期雨水多造成。铁路受雨及洪水破坏主要表现在路堤、桥梁以及路堑自然边坡破坏三大方面。路堤破坏类型主要有边坡侵蚀、堤内水位上升、排水不良、周围环境影响；桥梁破坏主要有桥墩过度冲刷、桥梁撞击、水位过高；路堑自然边坡破坏很大一部分也是由雨水冲刷造成的。

雨量及洪水监测系统由数据采集设备、监测终端设备以及监测主机设备构成。数据采集设备主要包括雨量计、水位仪、防撞监视仪、冲刷测量仪、洪水测量仪等。

一般应在下列地点考虑设置雨量计：沿线五年内日最大降水量大于 100 mm 的区间，每间隔约 25 km 处；位于山坡山脚地带的填土路基，有可能发生滑坡、泥石流或路基下沉的路堑、路堤、隧道入口等处；综合维修基地（工务段）或车站所在地附近。雨量计应安装在无遮掩、宽敞的场所，安装高度在 1~4 m。

水位计一般考虑设置在以下地点：河床变化引起桥下泄洪能力不足的桥址处；泄洪区的线路区间；通航河流可能发生船舶撞击桥梁的桥址处，同时考虑设防撞监视仪；冲刷威胁桥梁安全的桥址处，同时考虑设冲刷测量仪。必要时对历史上洪水频发地区、重要河流上游设洪水测量仪。

各类探测采集设备的设置高度和具体位置还应根据现场建筑构造物的抗灾能力以及警报标准具体确定，并要结合其他监测系统统一协调布置。

雨量及洪水监测预警系统主要由水文气象数据采集终端（各类传感器）、数据处理与预报（中央装置）、数据传输与控制三大部分组成。设置地点主要分布在降水量大的区间、山坡山脚地带的填土路基、隧道入口、桥址处、洪水频发地区的河流上游、综合维修基地或车站所在地附近。其主要的传感器有风向风速计、气温计、气压计、雨量计、水位观测仪、冲刷测量仪、洪水测量及防撞仪等。

2. 强风监测预警系统

强风对铁路运输安全的影响，主要表现在输电线路和接触网的振动与摆动，以及大跨度桥梁的"风振"，此外侧风对高架桥上运行的列车也构成威胁。由于高速铁路本身运行速度就很快，因此相对于普通铁路而言，强风对高速铁路的危害性更为突出。

强风监测系统一般由风向风速计、发送装置、接收分析记录装置组成。风向风速信号送至分析记录装置，记录显示装置设置在调度中心。

风向风速计的设置一般要结合其他探测设备（如雨量探测）综合考虑，便于维修，并安装在无遮掩、宽敞的场所，监测的数据应能代表该地域实际风量，设备运行满足该地自然环境条件的要求。

铁路沿线的特大桥、车站及大风区间，特别是空旷地带风期长、风力强劲的风口要设置风向风速计，其位置一般设于距线路中心水平距离 2.5~4.5 m、距轨面垂直高度 5~7 m 处，如需要，还可在桥梁上设置监测垂直地面纵向风速的超音波风向风速计。强风监测预警系统主要由风向风速计、信息传输、数据记录与信息显示三部分组成。设置地点主要在特大桥梁、车站、变电所等地，此外，空旷地带的强风风口地区也应设置。传感器主要是风向风速计。

3. 地震监测预警系统

地震除直接破坏铁路基础设施外，还会直接导致列车脱轨、倾覆等灾害。为避免这些灾害的发生，要尽可能使列车在地震发生前或发生时降低运行速度或停车，特别对高速列车更为重要。在铁路沿线设置地震探测器，并有效利用国家地震台网的信息，构成地震早期监测报警系统是非常有价值的。

地震监测预警系统主要由地震监测系统和拾震及数据处理设备、信息通信接口及传输设备、综合调度中心监视设备三部分组成。系统设置地点主要分布于高速铁路途径区域内地震烈度大于Ⅶ度地区，变电所的感震柜内。

拾震设备包括地震仪及 P 波检测仪。地震仪作为列车地震防护装置使用时，有加速度报警仪和显示用地震仪两种。加速度报警仪可靠性高，当检测到地震动加速度值超过警戒值时，自动报警；显示用地震仪能记录地震动的加速度波形，可进一步确认加速度报警仪发出的报警信号，同时还有 P 波检测的功能。其检测到的数据经处理分析，为列车运行管制及恢复运营提供依据。P 波检测仪是通过设置在特定场所(没有人为振动的地表基岩处)捕捉 P 波的始动，识别地震发生的方位并推测出到震源的距离和地震的震级。

由于地震台站有很强的专业性，地震监测系统的建设在台站的选址、仪器的标准化及资料的分析和处理的规范化等方面，均需接受所在地县级以上地方人民政府、负责管理地震工作的部门或机构的指导。

4. 其他灾害监控预警系统

高速铁路同普速铁路一样，还应针对不同地理环境条件、不同的运营机制，设置相应的防火灾、防雷击、防冰雪等设施。防冰雪措施主要有：设置防雪栅或防护林；设置防雪崩装置；采用洒水器化雪和高压清洗积雪等措施；防止列车底架粘附积雪，造成车下设备损坏以及防止当积雪融化下落时，威胁线路两侧的地面设备和引起道渣飞溅；防止道岔积雪直接威胁行车安全。系统主要由防护设备、警示设备、信息传输和监视报警系统组成。设置地点主要分布在与公路、既有铁路并行、跨越的交界处，有可能发生崩塌、落石的地段，桥墩外侧面，明线区间和隧道内两侧。主要的防护设备为金属防护网栅、防护撞击设施、边界故障报警装置、列车防护开关。

8.4.3　设施装备的监测与在线诊断系统

设备装备的监测检测与诊断系统集中对全线的线路、桥梁、信号及相关的控制设备的状态进行综合检测，包括周期性检测、实时检测。监视系统运行是否正常，各监测点及车站信息处理中心是否正常工作，确认各种主要设备的技术状态是否完好。建立通信网管监视系统、各专业机房环境监测系统，及时掌握工务、电务设备及其工作环境的状态，合理安排维修，保证系统正常运转，防事故于未然。设施装备的监测与在线诊断系统如图8-9所示。

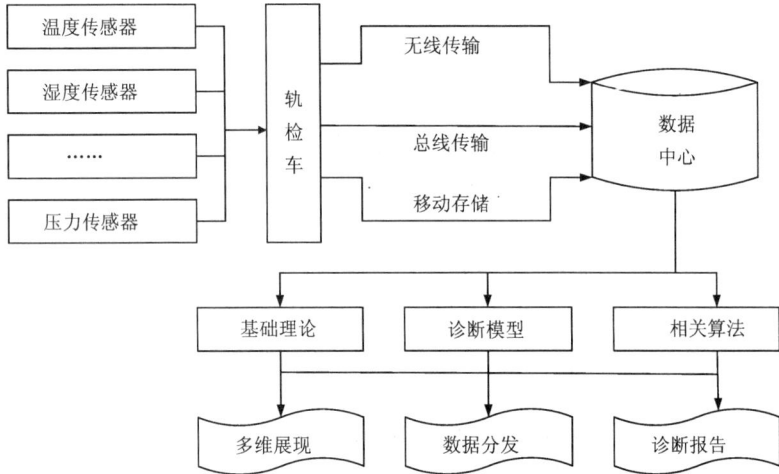

图8-9 设施装备的检测与在线诊断系统图

1. 轨温监测诊断系统

轨温的升高使无缝线路钢轨的纵向应力加大，超过一定的标准时会导致胀轨跑道事故，对行车安全有极大的危害。

现场设置钢轨及大气温度传感器，建立轨温监测报警系统，实时掌握钢轨温度，确定轨温控制标准，科学地进行轨温预报，能进一步为行车指挥提供决策依据。

轨温监测系统由以下几部分组成：设置在现场的钢轨温度传感器，大气温度、湿度传感器；设置在养路工区(工务段)的信息处理器、显示器，道床状态信息输入设备(报警器、记录仪等)。

钢轨温度传感器设置地点应选择在线路条件如路基、道床、曲线、坡度等不利的地点。由于轨温与气温有紧密的联系，而一般认为70 km范围内的气温几乎相同，因此，一般情况下，每隔70 km左右设置一处轨温监测装置。在桥梁较多地段或曲线较多地段，可根据实际情况适当增设。同时在线路选定地点附近设气象信息采集点，以便对比决策。

2. 牵引供电安全在线监测诊断系统

我国目前电气化铁路牵引供电设备的维修仍采用定期停电检修试验方式。这样的试验方式虽然可以解决一部分问题，但由于是在低压下模拟高压状态，测试结果不能全面反映设备在实际运行状态下的真实情况，并且停电对铁路正常运行会造成一定影响。此外，监测周期长，设备仍存在带隐患运行的可能，维护测试也有一定的盲目性，加大了维护人员劳动强度和运行维护成本。

牵引供电安全在线监测诊断系统是为了适应高速电气化铁路及客运专线特点的设备在线监测系统，实现对主要电气设备的实时在线监测，在建立设备分析模型的基础上，通过专家诊断软件系统对历史数据进行统计分析，确定设备运行状态，指导运行维护人员工作。

3. 机车走行部故障在线诊断系统

提取机车走行部运行信息的方法，一般有噪声和振动两种方法。噪声也可以归纳为振动范畴，对振动信号的处理方法很多，常见的有直接对振动信号进行时域振动能量分析或经 FFT 变换后进行频谱分析。

高速铁路机车走行部在线检测系统可以采用包络检波（包络解调）技术可靠提取振动冲击信号，将振动传感器测得的信号，通过电包络的方法使故障冲击波得以加强和放大，然后对其进行滤波、检波和抗混处理和小波变换，得到故障特征信号，有效地抑制常规振动及干扰信号对后续信号与分析的影响。

传统的监测方法是用模拟电路对传感器测得的采用信号进行处理。这种方法对元器件的要求相当严格，调试困难大，且系统的稳定性及抗干扰能力比较差。在高速铁路走行部故障在线诊断系统可以采用以 DSP 数字新型号处理器为核心，对振动信号进行数字化分析和处理。由于 DSP 强大的运算能力，不仅为信号的处理带来了方便性和快捷性，也为 FFT 变换、小波变换等运算提供了强大的支持。就诊断方法而言，可以采用时域振动能量分析和频谱分析相结合的故障诊断专家系统，克服单一参量、单一标准的局限性，实现了多参量、多标准的综合精密诊断。

8.4.4 事故救援和减灾系统

1. 应急救援指挥与信息发布系统

应急救援指挥与信息发布系统是实现对应急现场救援指挥及信息管理功能的模块。功能主要包括：

（1）自动报警和接警

事故发生时，能够实现系统自动报警并进行接警，为救援指挥中心提供实时准确的事故消息。

（2）自动启动预案

在事故发生时，系统自动根据报警的类型、位置、时间、事故发生地点及其附近的危险源、障碍物、交通情况以及监控状态等信息自动调出相关的应急预案，并对预案流程实时追踪，为救援人员提供预案的辅助决策。

（3）预案联动

在自动启动预案后，系统按照预案的内容进行现场救援指挥，包括事故信息通报、救援信息自动发布、预案命令自动下达以及事态发展的信息发布等。

（4）应急指挥联动

按照发出的指令，系统通过短信平台和智能客户端平台，自动将指令发送到各级救援部门，同时将各救援的回馈信息自动集中管理，并动态显示指令的执行状态和完成状况，为下一步指挥决策提供支持，同时可将救援相关信息和事故处理过程完整记录，为事后总结提供依据。

（5）现场实时视频和静图显示

显示救援现场的实时视频图像和应急静图，并具有随时存储和转发的功能。

（6）救援组织管理

根据救援组织所处的位置和其职责范围，对救援队、救援班、救援列车、救援设备和救援物资等救援资源进行智能化的、有组织的高效调度。

（7）事故现场环境综合展现

事故现场环境综合展现为救援部门了解事发路段的地形地貌、基础设施状况等提供了实时可靠的资料。

（8）GPS 监控

实时追踪救援列车和救援汽车的位置，为救援工作提供支持。

（9）信息发布

事故救援完成后向外界发布事故的相关信息。

2．预案及事故资料管理系统

预案及事故资料管理系统能够实现对预案的流程化、系统化、规范化和模块化管理。其功能主要包括：

（1）预案信息管理

主要包括：添加新预案；对已有预案编辑、删除、升级；根据预案分类、事故类型、事故级别、站段类型等条件查询相应应急预案；对系统建立的应急救援预案根据其类型进行评价；并能够进行统计分析，形成分析报表。

（2）预案模板化、流程化管理

实现自动完成预案的模板化和流程化，并能对预案模版进行更新，如添加新的预案模版、删除、编辑已有模版等功能；系统能够智能地将预案流程化处理，实现预案的应急联动，并事故处理过程实时追踪。

(3)事故资料管理

① 历史事故资料查询

通过事故编号、事故类型、事故性质、事发时间等条件对历史事故信息进行查询，查看历史事故基本信息、事故概况信息、事故处理过程、事发时天气情况、救援人员情况等与事故相关的各类信息。

② 历史事故资料编辑

对历史事故资料如事发时间、上报时间、救援情况、事故原因等信息，进行添加、修改、删除等，并能够自动生成救援列车复旧报告等文档。

③ 历史事故视频查询

通过输入查询条件如事故编号、事故性质、事发时间等，查询历史事故发生时录制的现场视频(静图、动图)。

④ 历史事故统计分析

对发生的历史事故按照时间、类型和级别等条件进行统计分析，形成统计报表。

⑤ 定责定损分析

根据事故统计分析对事故进行定责定损分析并保存，并能形成事故报表。

3. 应急日常监控系统

应急日常管理模块主要是指系统平常处于日常监控状态下，对线路上的列车运行状态监测、车辆运行安全监控、电力监控、环境监控、大风监控等业务系统进行监控并对获取的信息进行管理。

(1)车辆运行安全监控

主要监测 THDS(红外线轴温监测系统)安全和报警信息、TPDS 货车运行状态地面安全监测系统)安全和报警信息、TFDS 货车运行故障动态检测系统)安全和报警信息、TADS 货车滚动轴承轨边早期故障声学诊断信息)安全和报警信息、TWDS(车辆轮对尺寸动态监测信息)和报警信息。

(2)列车运行状态监测

主要监测车次、机车号、车长、车组号、车组类、列车速度、加速度、制动率、列车最大运行速度、列车载重、列车轴重、列车位置、牵引电压等信息。

(3)电力监控

主要管理电压、电量、变压器、互感器、避雷器相关信息、电力、电缆等主要电力设备的运行状态信息。

(4)环境监控

主要管理钢轨、枕木、道渣基本信息，路基、坡度、曲线、车站、站场(包括站场内部设施)信息,沿线行车设备信息、桥梁、隧道、涵洞等信息。

(5)大风监控

主要管理风速、风向、雨量、雨速、湿度、温度等信息。

(6)现场视频监控

从现场获取实时视频,可以随时查看并存储,能够对现场状况动态监控,同时也可以查看历史视频。

4. 应急救援辅助决策系统

应急救援统计与分析模块是为应急救援决策提供辅助信息的模块。它的主要功能包括:

(1)决策辅助资料管理

实现对各种救援方案具有决策支持材料的管理,包括国家、铁道部和公司的政策、法规以及从其他系统接入的业务信息等。

(2)预案辅助决策

针对突发事件,系统自动把事件信息与各种救援预案(包括事发地点的应急疏散图、历史相关事故的救援方案等)相关联,并以文字或电子地图方式显示,指导救援工作。

(3)应急指挥态势分析

针对事故自动生成救援线路图、人员疏散图、救援态势图,突出显示事故区段、人员疏散通道、实施救援的相关信息等。

(4)运营影响分析

发生事故后,分析事故对线路运营产生的影响。

(5)救援疏散路径分析

事故发生后,系统自动分析可能的救援疏散路径。

(6)安全区域分析

事故发生后,通过对事故现场环境及事故态势分析等来确定现场的安全区域,为救援工作的开展提供依据。

(7)危险可达性分析

事故发生后,系统能智能化地对事故的影响范围等进行分析。

(8)最优救援路径生成

根据形成的多条救援路径以及现场情况、障碍点分布、安全区域分布等情况形成最优救援路径。

(9)应急规划决策支持

规划应急资源的配置和应急救援路线的分布。

(10)应急资源规划支持

通过对目前的现有的应急资源的数量和位置进行分析，并对所有应急资源定责分析，评估分布的合理性且为要新添加的应急物资的安排（包括数量和安放的位置）提供依据。

5. 救援资源管理系统

救援资源管理系统是实现对高速铁路安全保障体系中所有应急救援资源的统一管理，用户可以将自己所在部门的救援资源情况更新，最终由应急管理办公室的专业负责人对救援资源统一管理。救援资源主要包括救援列车、救援人员、救援设备、救援汽车和救援物资等。功能主要包括：

（1）救援列车、救援汽车管理

对救援列车信息、救援汽车信息进行维护。救援列车信息主要包括救援列车基本信息（如救援列车名称、救援列车车辆型号、救援列车车辆总重等）、救援列车编组信息以及救援列车人员信息。救援汽车信息主要包括救援汽车车牌号、救援汽车类型、救援汽车驾驶员信息、救援汽车 GPS 等。

（2）救援人员管理

实现基于铁路救援组织机构的人员组织管理，如救援队、救援班的管理；对救援相关人员的信息的维护和管理，如救援列车人员、基层站段救援人员的管理。

（3）救援物资、救援设备管理

对救援物资信息和救援设备信息的维护和查询，在日常监控状态下各应急救援部门人员可以对救援物资和救援设备的分布、储存情况进行查询，以便及时掌握应急救援能力。用户能够随时方便地对这些信息进行更新，通过建立数据字典对救援物资和救援设备的型号、类型进行维护，同时也可以对救援物资和救援设备的基本信息进行维护。

6. 应急演练管理系统

应急演练管理模块是实现事故演练的设计、执行、总结和资料管理的模块。应急演练分为两种形式：实战演练和模拟演练。

（1）实战演练

实战演练指由高速铁路公司组织应急救援体系内各部门进行的应急救援演练。系统主要功能包括：实战演练方案制定；实战演练指挥；实战演练总结；实战演练统计分析。

（2）模拟演练

为了更好的保障高速铁路的运营安全，加强高速铁路应急体系的事故救援演练，在系统中增加了模拟演练功能。主要功能包括：模拟演练场景设定；影响因素模拟；模拟演练指挥；模拟演练总结。

（3）模拟演练统计分析

对模拟演练中的人员调配、财产损失和救援资源使用情况等进行统计分析，形成统计分析报表。同时在应急演练模块中还包含历史演练信息查询、更新等。

7. 数据交换系统

数据交换管理模块主要实现高速铁路应急救援指挥信息系统与外部业务系统间的数据管理，包括数据的筛选、抽取、添加和更新等过程。高速铁路应急救援指挥信息系统是从各业务系统、安全监控系统以及外部系统中提取该系统所需要的各类数据，包括静态数据交换和动态数据交换，这些数据属于典型的异构数据。该模块将实现对数据的统一转换处理，为系统提供信息服务。

参考文献

[1] 秦进. 运输安全管理[M]. 长沙：中南大学出版社，2010

[2] 肖贵平，朱晓宁. 交通运输安全工程[M]. 北京：中国铁道出版社，2004

[3] 赵吉山，肖贵平. 铁路运输安全管理[M]. 北京：中国铁道出版社，2001

[4] 王家平. 加强运输安全管理工作的辩证思考[J]. 理论学习与探索，2008(4)

[5] 左东红，贡凯青. 安全系统工程[M]. 北京：化学工业出版社，2004

[6] 安全科学技术百科全书[M]. 北京：中国劳动社会保障出版社，2003

[7] 卢宗豪. 谈如何加强铁路运输安全基础管理[J]. 安全，2007(10)

[8] 陈建林，雷伟生. 铁路军事运输安全管理的研究[J]. 铁道运输与经济，2007(9)

[9] 匡艳，王海星. 交通环境对交通安全的影响及对策[J]. 铁道劳动安全卫生与环保，2005，32(2)

[10] 冷健. 安全管理和安全策略研究与设计[D]. 湖南大学，2008

[11] 杨炎坤. 行车安全心理[M]. 北京：中国铁道出版社，2009

[12] 贾利民. 高速铁路安全保障技术[M]. 北京：中国铁道出版社，2010

[13] 周磊，陈雷. 铁路货车安全管理概论[M]. 北京：中国铁道出版社，2010

[14] 彭代渊. 铁路信息安全技术[M]. 北京：中国铁道出版社，2010

[15] 张维，李新东，于文涛. 铁路无损检测与地面安全监测技术[M]. 成都：西南交大出版社，2008

[16] 贾利民. 青藏铁路运营与安全综合监控系统——基于信息集成的铁路运营与安全综合监控及应急指挥[M]. 北京：科学出版社，2007

[17] 刘瑞扬，杨京. 铁路客车运行安全监控系统(TCDS)原理及应用[M]. 北京：中国铁道出版社，2005

[18] 北京铁路局. 铁路车务安全知识问答[M]. 北京：中国铁道出版社，2009

图书在版编目（CIP）数据

铁路运输安全管理／秦进主编.—长沙：中南大学出版社，2011.9
（2021.7重印）

ISBN 978-7-5487-0244-3

Ⅰ.铁… Ⅱ.秦… Ⅲ.铁路运输－交通运输安全－安全管理
Ⅳ.U298

中国版本图书馆 CIP 数据核字（2011）第 073215 号

铁路运输安全管理

主编　秦　进

□责任编辑　刘　辉
□责任印制　唐　曦
□出版发行　中南大学出版社

　　　　　　社址：长沙市麓山南路　　　　　邮编：410083
　　　　　　发行科电话：0731-88876770　　传真：0731-88710482
□印　　装　长沙德三印刷有限公司

□开　　本　787 mm×1092 mm　1/16　□印张 14.5　□字数 271 千字
□版　　次　2011 年 9 月第 1 版　□2021 年 7 月第 5 次印刷
□书　　号　ISBN 978-7-5487-0244-3
□定　　价　45.00 元

图书出现印装问题，请与出版社调换